本书系国际关系学院"一带一路"安全研究中心系列成果,受到国际关系学院2021年度"中央高校基本科研业务费专项资金"资助(项目编号:3262021T04)

中亚—西亚经济走廊建设
现状、挑战与前景

罗英杰·任晶晶 等◎著

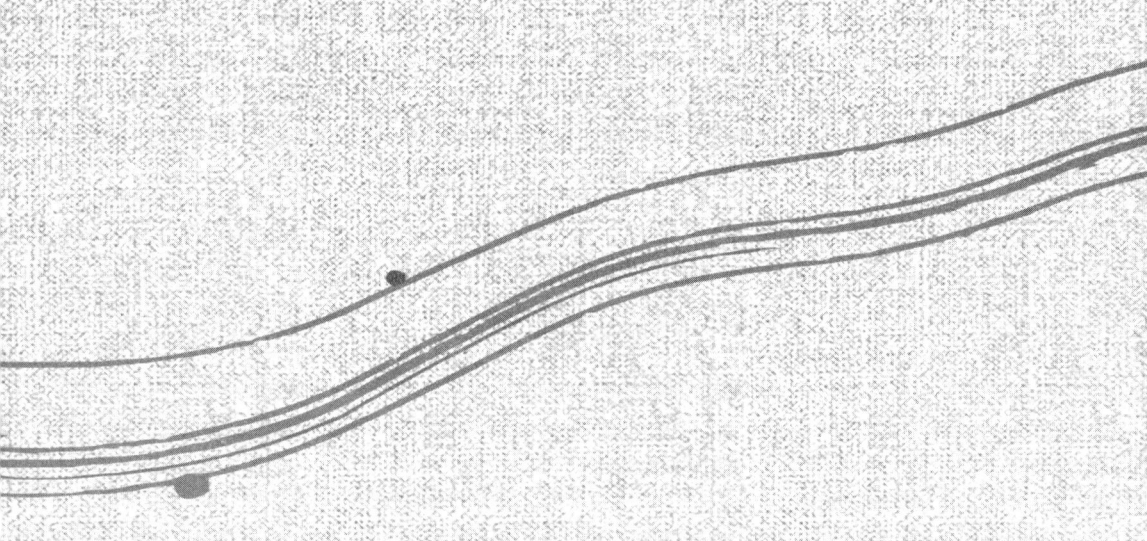

时事出版社
北京

图书在版编目（CIP）数据

中亚—西亚经济走廊建设：现状、挑战与前景/罗英杰等著．—北京：时事出版社，2023.9
ISBN 978-7-5195-0548-6

Ⅰ.①中… Ⅱ.①罗… Ⅲ.①国际金融—国际合作—研究—中国、中亚、西亚 Ⅳ.①F833

中国国家版本馆 CIP 数据核字（2023）第 132007 号

出版发行：时事出版社
地　　址：北京市海淀区彰化路 138 号西荣阁 B 座 G2 层
邮　　编：100097
发 行 热 线：(010) 88869831　88869832
传　　真：(010) 88869875
电 子 邮 箱：shishichubanshe@sina.com
网　　址：www.shishishe.com
印　　刷：北京良义印刷科技有限公司

开本：787×1092　1/16　印张：16.5　字数：207 千字
2023 年 9 月第 1 版　2023 年 9 月第 1 次印刷
定价：98.00 元

（如有印装质量问题，请与本社发行部联系调换）

目 录

第一章　丝绸之路经济带下的中亚—西亚经济走廊 …………（1）

第二章　中亚—西亚经济走廊之中亚 ………………………（4）
　一、中亚经济走廊的建设现状 …………………………………（4）
　二、中亚五国对经济走廊的认知变化 …………………………（18）
　三、中亚经济走廊建设的成果 …………………………………（22）
　四、中亚经济走廊建设的困境 …………………………………（45）

第三章　中亚—西亚经济走廊之西亚 ………………………（64）
　一、西亚经济走廊的建设现状 …………………………………（64）
　二、西亚十九国对经济走廊的认知变化 ………………………（86）
　三、西亚经济走廊建设的成果 …………………………………（92）
　四、西亚地区的大国博弈 ………………………………………（136）
　五、面临的主要问题 ……………………………………………（154）

第四章　中亚—西亚经济走廊之北非 ………………………（166）
　一、北非经济走廊的建设现状 …………………………………（166）
　二、北非七国对"一带一路"的认知变化 ……………………（185）
　三、北非经济走廊建设的成果 …………………………………（192）
　四、北非经济走廊建设的困境 …………………………………（245）

结　论 ……………………………………………………………（258）

后　记 ……………………………………………………………（260）

第一章　丝绸之路经济带下的中亚—西亚经济走廊

2013年9月和10月，习近平主席在哈萨克斯坦纳扎尔巴耶夫大学和印度尼西亚国会先后提出了共同建设丝绸之路经济带和21世纪海上丝绸之路。丝绸之路经济带和21世纪海上丝绸之路简称为"一带一路"倡议。至今，"一带一路"倡议与建设即将走过10年的辉煌历程。

在"一带一路"倡议中，丝绸之路经济带东联21世纪经济最活跃的亚太经济圈，西系发达的欧洲经济圈，被认为是"世界上最长、最具有发展潜力的经济大走廊"。丝绸之路经济带地域辽阔，自然资源、矿产资源、能源资源、土地资源和旅游资源都十分丰富，被誉为21世纪战略能源和资源基地。但是丝绸之路经济带的问题也较多，例如交通不够便利，自然环境较差，经济发展水平与亚太和欧洲经济圈存在巨大落差，整个区域存在"两边高，中间低"的现象，加上近年不断出现的地缘政治冲突风险，给丝绸之路经济带建设增添了许多的不确定性。

在丝绸之路经济带的三大主要走向[①]之中，从中国西北经中亚、西亚至波斯湾、地中海，辐射中亚、西亚和北非有关国家的中国—

---

① 丝绸之路经济带的三大主要走向包括：一是从中国西北、东北经中亚、俄罗斯至欧洲、波罗的海；二是从中国西北经中亚、西亚至波斯湾、地中海；三是从中国西南经中南半岛至印度洋。

中亚—西亚经济走廊是"一带一路"的重要战略支柱，也是优先发展方向。该经济走廊主要涉及中亚五国（哈萨克斯坦、吉尔吉斯斯坦、塔吉克斯坦、乌兹别克斯坦、土库曼斯坦），西亚十九国（沙特阿拉伯、阿联酋、卡塔尔、巴林、阿曼、科威特、伊拉克、也门、叙利亚、黎巴嫩、约旦、巴勒斯坦、伊朗、土耳其、以色列、阿富汗、塞浦路斯、格鲁吉亚和阿塞拜疆）和北非七国（阿尔及利亚、埃及、突尼斯、摩洛哥、利比亚、苏丹和南苏丹）等31个国家。

中国—中亚—西亚经济走廊是"一带一路"倡议的六大走廊之一。作为"一带一路"倡议的重要战略支柱之一，该条走廊将中亚、西亚和北非沿线国家作为中国对外交往的优先和重点对象，推动了"一带一路"倡议的宏伟战略构想的对外实践，对构建丝绸之路经济带人类命运共同体具有重要的战略意义。

到目前为止，中亚、西亚和北非三个方向上，中国与哈萨克斯坦、乌兹别克斯坦、沙特阿拉伯、伊朗、土耳其和埃及等沿线支点国家，以及其他国家在政策沟通、设施联通、贸易畅通、资金融通和民心相通五通方面取得了一系列突出的成就。

2014年6月5日，习近平主席在中国—阿拉伯国家合作论坛第六届部长级会议上提出构建以能源合作为主轴，以基础设施建设、贸易和投资便利化为两翼，以核能、航天卫星、新能源三大高新领域为突破口的中阿"1+2+3"合作格局。这为中国—中亚—西亚经济走廊发展打造了双边合作的样板。2016年G20杭州峰会期间，中哈签署了《关于落实"丝绸之路经济带"建设与"光明之路"新经济政策对接合作规划的谅解备忘录》。中国与塔吉克斯坦、吉尔吉斯斯坦、乌兹别克斯坦等国签署了共建丝绸之路经济带的合作文件，与土耳其、伊朗、沙特阿拉伯、卡塔尔、科威特等国签署了共建"一带一路"合作备忘录。在具体项目上，中国与沿线国家打造了如中油阿克纠宾油气股份公司项目、沙特阿拉伯麦加—麦地那高速铁路项目（麦麦高铁）、沙特阿美吉赞 3850 兆瓦电站项目、安卡拉光伏产业园项目、中国—阿曼（杜库姆）产业园和埃及 EETC500 千伏输电线路项目等许多样板工程。这些为中国—中亚—西亚经济走廊未来的高质量发展奠定了坚实的基础。

从 2020 年开始的三年间，新冠病毒感染疫情肆虐全球，加上美欧俄等大国因素的持续影响，以及乌克兰危机等地缘政治冲突的冲击，中国—中亚—西亚经济走廊建设的不确定性增加，特别是各国的基础设施建设和工程承包项目受到的冲击很大。基于这种情况，经济走廊建设切不可操之过急，不能盲目扩张。我们要以"摸着石头过河"的指导思想，坚持共商共建共享的基本原则，稳中求进，精耕细作，探寻推动经济走廊高质量发展的可靠路径。

古丝绸之路绵亘万里，延续千年。作为在古丝绸之路概念上形成的新的经济发展区域，丝绸之路经济带积淀了以和平合作、开放包容、互学互鉴、互利共赢为核心的丝路精神，这是人类文明的宝贵遗产。[①] 经过 10 年的发展，"一带一路"倡议早已深入人心，"一带一路"建设已经迈出坚实步伐。虽然面临风险与挑战，但是唯有知难而进、乘势而上、顺势而为，才能推动"一带一路"建设行稳致远，迈向更美好的未来。

---

① 《习近平在"一带一路"国际合作高峰论坛开幕式上的演讲》，2017 年 5 月 14 日，中国一带一路网，https://www.yidaiyilu.gov.cn/p/27335.html。

第二章 中亚—西亚经济走廊之中亚

在"一带一路"倡议中，尤其是"丝绸之路经济带"建设中，哈萨克斯坦、吉尔吉斯斯坦、塔吉克斯坦、土库曼斯坦和乌兹别克斯坦等中亚各国由于地理位置极为重要，不仅是中国周边外交战略的优先方向之一，也是"丝绸之路经济带"的必经之地，成为中国推进"一带一路"倡议的重点方向。

一、中亚经济走廊的建设现状

中亚地区指亚洲中部内陆地区，狭义中的中亚地区一般特指"中亚五国"，即哈萨克斯坦、乌兹别克斯坦、吉尔吉斯斯坦、塔吉克斯坦和土库曼斯坦。该地区位于亚欧大陆的中部，联结了亚欧大陆，历史上便是丝绸之路的必经之地，是亚欧大陆板块上重要的交通枢纽。冷战结束后，随着五个原苏联加盟共和国相继独立，该地区的地缘政治意义更显突出，成为大国争相施加影响的战略地区。中亚拥有丰富的油气资源和矿产资源，在勘探开发、能源贸易等方面具有巨大合作发展潜力，但阻碍中亚经济发展的因素很多，包括基础设施落后、缺乏财政和技术手段等。与此同时，该地区国内政治和大国势力干预等因素也严重制约该地区经济的发展。中亚地区与中国在资金、产业和技术等方面形成互补，在经济领域有广阔的合作空间。因此，中国与中亚国家开展经济合作，共建经济走廊，维护地区的安全稳定，不仅是双方经济发展的共同需求，更是中国推动"一带一路"建设，谋求地区安全稳定的重要环节，对中国有十分重要的战略价值。

作为"一带一路"六大经济走廊中的能源大通道，"中国—中亚—西亚经济走廊"将构建包含能源、基础设施建设、贸易等多重经济内涵的合作格局。根据地缘价值和地区影响力，我们将中亚—西亚经济走廊沿线的中亚五国分为支点国家和其他沿线国家。

（一）支点国家：哈萨克斯坦和乌兹别克斯坦

1. 哈萨克斯坦

哈萨克斯坦位于亚欧大陆中部，西濒里海（海岸线长1730千米），北邻俄罗斯，东连中国，南与乌兹别克斯坦、土库曼斯坦、吉尔吉斯斯坦接壤。哈萨克斯坦面积272.49万平方千米，居世界第9位，为世界最大内陆国。东西宽约3000千米，南北长约1700千米。哈萨克斯坦境内多平原和低地，境内60%的土地为沙漠和半沙漠。

哈萨克斯坦全国划分为14个州3个直辖市。3个直辖市分别为首都阿斯塔纳市、阿拉木图市和奇姆肯特市。阿斯塔纳位于哈萨克斯坦中部，伊希姆河畔，是哈萨克斯坦政治、文化教育、经济贸易和旅游中心，人口近100万，从1997年起成为哈萨克斯坦首都。为表彰哈萨克斯坦首任总统努尔苏丹·纳扎尔巴耶夫为国家独立和建设作出的巨大贡献，2019年3月，哈萨克斯坦议会通过宪法修正案，将首都更名为努尔苏丹。2022年9月，哈萨克斯坦再次修宪，重新命名首都为阿斯塔纳。

哈萨克斯坦的自然资源丰富，尤其是固体矿产资源非常丰富，境内有90多种矿藏，1200多种矿物原料，已探明的黑色、有色、稀有和贵重金属矿产地超过500处。不少矿藏储量占全球储量的比例很高，如钨超过50%，铀25%，铬矿23%，铅19%，锌13%，铜和铁10%，许多品种按储量排名在全世界名列前茅。哈萨克斯坦石油储量非常丰富，已探明储量居世界第7位，独联体第2位。根据哈萨克斯坦储量委员会公布的数据，目前哈萨克斯坦石油可采储量40亿吨，天然气可采储量3万亿立方米。

哈萨克斯坦为总统制共和国，独立以来实行渐进式民主政治改革。总统为国家元首，任期7年。国家政权以宪法和法律为基础，根据立法、司法、行政三权既分立又相互作用和制衡的原则行使职能。努尔苏丹·阿比舍维奇·纳扎尔巴耶夫，1991年12月1日当选哈萨克斯坦共和国独立后首任总统。2019年6月9日，托卡耶夫在哈萨克斯坦非例行总统大选中以70.96%的得票率胜出，当选哈萨克斯坦第二任总统。

哈萨克斯坦于20世纪80年代末和90年代初开始实行政治多元化。独立后，即推行多党制进程。2002年7月出台《政党法》，规定只有党员人数超过5万，在全国14个州和两个直辖市（奇姆肯特于2018年成为直辖市）均设有分支机构，且各分支机构成员达到700人以上的政党才可在司法部获准登记。截至2018年，司法部共登记有9个政党，其中主要有：哈萨克斯坦"阿玛纳特"党（前"祖国之光"党，哈萨克斯坦最大政党）、哈萨克斯坦人民党、哈萨克斯坦"光明道路"民主党、哈萨克斯坦爱国者党、哈萨克斯坦共产党、哈萨克斯坦"农村"社会民主党、全国社会民主党、哈萨克斯坦"阿基利特"民主党、精神复兴党。

哈萨克斯坦是一个多民族国家，共有140个民族，主要有哈萨克族、俄罗斯族、乌兹别克族、乌克兰族、维吾尔族等。根据哈萨克斯坦国家统计署公布的最新数据，截至2022年12月31日，哈萨克斯坦人口为1912.24万，其中哈萨克族占68.51%，其余主要民族有俄罗斯族（18.85%）、乌兹别克族、乌克兰族、维吾尔族、鞑靼族、日耳曼族、朝鲜族等。女性占51.9%，男性占48.1%，全国人口平均年龄31.94岁。全国劳动人口占总人口的59%。[①] 哈萨克斯坦人口数量在独联体国家中位居第4。哈萨克斯坦的国家语言是哈萨克语，属于突厥语族。哈萨克语和俄语同为官方语言。掌握哈萨克语的成年人约占总人口的67.5%。

哈萨克斯坦民众普遍信仰宗教。根据2011年颁布的《宗教活动和宗教团体法》该国进行了宗教团体再注册，截至2012年10月25日，经过再注册后的全国宗教派别从46个减至17个，宗教团体从4551个减至3088个。主要宗教有：伊斯兰教、基督教（东正教、天主教、新教）、佛教、犹太教、印度教等。主体民族哈萨克族信仰伊斯兰教，属逊尼派，约占人口总数的69%，为哈萨克斯坦第一大教派。东正教是哈萨克斯坦第二大宗教，信徒约占总人口的30%，主要为俄罗斯族。其他各少数民族分别信仰各自民族的传统宗教。哈萨克宪法规定："哈萨克斯坦共和国是民主的、世俗的、法制的和社会的国家。"这表明哈萨克斯坦实行世俗化的治国方针，奉行政教分离的政策。

哈萨克斯坦武装力量分为陆、海、空三军种和航空机动部队，另外还有火箭军和炮兵两个独立兵种，以及专业兵、后勤力量、军事院校和军事科学机构。另有共和国近卫军、内务部内卫部队、国家安全委员会边防军和紧急情况部部队人员。目前总兵力16万左右。总统为武装力量最高统帅。哈萨克斯坦视俄罗斯为军事外交优先方向，现为集体安全条约组织、独联体联合防空体系和独联体反

[①] 《对外投资合作国别（地区）指南：哈萨克斯坦（2022版）》，http://www.mofcom.gov.cn/dl/gbdqzn/upload/hasakesitan.pdf。

恐中心成员国；为上海合作组织成员国，主张扩大组织成员国的军事交流；积极发展与美国及北约关系，扩大与其在军事领域的合作。

哈萨克斯坦社会治安总体比较稳定，居民生活有安全感。哈萨克斯坦法律规定，居民可以合法持有枪支。近年来恐怖事件时有发生，存在非法宗教极端组织活动。据哈方统计，2018 年，全国共发生刑事案件 58.88 万件，同比减少 10.4%。就各地区而言，阿拉木图市犯罪率高于全国平均水平，其他犯罪率较高的地区包括阿斯塔纳市、库斯塔奈州、西哈州、阿克莫拉州、阿克纠宾州。2022 年年初由于爆发大规模骚乱，社会治安形势急剧恶化，仅阿拉木图一市涉嫌骚乱的刑事案件就有 1000 起。

2. 乌兹别克斯坦

乌兹别克斯坦是位于中亚腹地的"双内陆国"，其自身和周边五个邻国均无出海口。北部和东北部与哈萨克斯坦接壤，东部、东南部与吉尔吉斯斯坦和塔吉克斯坦相连，西部与土库曼斯坦毗邻，南部与阿富汗接壤。国土面积 44.89 万平方千米，东部为山地，海拔 1500—3000 米，最高峰 4643 米；中西部为平原、盆地、沙漠，海拔 0—1000 米，约占国土面积的 2/3。全境平均海拔 200—400 米。

全国共划分为 1 个自治共和国（卡拉卡尔帕克斯坦自治共和国）、12 个州和 1 个直辖市（塔什干市）。按人口数量，首都塔什干市是中亚最大城市，现有常住人口 290 万（2022 年 6 月 1 日）。其他主要城市有撒马尔罕市、布哈拉市、纳曼干市。撒马尔罕市是撒马尔罕州首府，著名旅游城市，位于泽拉夫尚河畔，东北至首都塔什干的铁路距离为 270 千米，南至阿富汗国境 249 千米。面积 51.9 平方千米，人口约 53 万。主要民族是乌兹别克族，还有塔吉克族、俄罗斯族、乌克兰族和朝鲜族等。布哈拉市位于乌兹别克斯坦西南部，泽拉夫尚河三角洲上的沙赫库德运河河畔，布哈拉绿洲中部，人口

27.6万，是布哈拉州的行政、经济和文化中心，东北距首都塔什干434千米。

乌兹别克斯坦资源丰富，矿产资源储量总价值约为3.5万亿美元。现探明有近100种矿产品。其中，黄金探明储量3350吨（位列世界第4），石油探明储量为1亿吨，凝析油已探明储量为1.9亿吨，已探明的天然气储量为3.4万亿立方米，煤储量为19亿吨，铀储量为18.58万吨（位列世界第7），铜、钨等矿藏也较为丰富。截至目前，乌兹别克斯坦天然气开采量居世界第11位，黄金开采量居第7位，铀矿开采量居第5位。非金属矿产资源有钾盐、岩盐、硫酸盐、矿物颜料、硫、萤石、滑石、高岭土、明矾石、磷钙土以及建筑用石料等。动物资源包括97种哺乳动物、379种鸟类、58种爬行类动物和69种鱼。植物资源有3700种野生植物。森林总面积为860多万公顷，森林覆盖率为12%。

乌兹别克斯坦是议会制国家，议会是行使立法权的国家最高代表机关。乌兹别克斯坦议会为两院制，由最高会议参议院（上院）和最高会议立法院（下院）组成。上院共有议员100人，下院有150人，均由职业议员组成。两院议员的任期均为5年。乌兹别克斯坦登记的政党有5个，分别为实业家运动—自由民主党、人民民主党、"公正"社会民主党、"民族复兴"民主党、生态党（前身为2008年2月成立的"乌兹别克斯坦生态运动"，2019年1月正式注册为政党）。现任总统为沙夫卡特·米罗莫诺维奇·米尔济约耶夫，2003年12月起任乌兹别克斯坦政府总理，2016年9月2日，乌兹别克斯坦首任总统卡里莫夫突发中风逝世后，米尔济约耶夫担任卡里莫夫治丧委员会主席、代总统，高票赢得当年12月4日举行的总统大选，成为乌兹别克斯坦独立以来的第二位总统。2021年10月底，乌兹别克斯坦再次举行总统选举，米尔济约耶夫以80.12%的得票率获胜，开启其第二任期。

乌兹别克斯坦是多民族国家，共有 134 个民族。乌兹别克族占 78.8%，塔吉克族占 4.9%，俄罗斯族占 4.4%，哈萨克族占 3.9%，卡拉卡尔帕克族占 2.2%，鞑靼族占 1.1%，吉尔吉斯族占 1%，朝鲜族占 0.7%。此外，还有土库曼族、乌克兰族、维吾尔族、亚美尼亚族、土耳其族、白俄罗斯族等。截至 2023 年 1 月 1 日，乌兹别克斯坦人口 3602.4 万，年同比增长 2.1%。其中男性 1813 万人，占比约 50.3%，女性 1789 万人，占比约 49.7%。城市人口 1833 万人，农村人口 1769 万人。劳动年龄人口占比 56.8%，未达到劳动年龄人口占比 31.7%。乌兹别克斯坦的人口主要集中在中部、东部和南部，西部和北部沙漠地区人烟稀少。乌兹别克斯坦华人数量不足 1 万人，主要集中在塔什干市及塔什干州、锡尔河州、布哈拉州、费尔干纳州等地，开展石油天然气管道、隧道、煤矿、化工厂、电站、建材等项目合作。

乌兹别克斯坦人大多信奉伊斯兰教，多属逊尼派，信徒占人口总数 90% 以上，属政教分离的伊斯兰国家。其次为东正教。乌兹别克语为国语，俄语为通用语。乌兹别克语属阿尔泰语系突厥语族，现使用拉丁字母拼写。

（二）沿线国家：吉尔吉斯斯坦、塔吉克斯坦、土库曼斯坦

1. 吉尔吉斯斯坦

吉尔吉斯斯坦位于中亚东北部，属内陆国家。北部与哈萨克斯坦毗邻，南部与塔吉克斯坦相连，西南部与乌兹别克斯坦交界，东部和东南部与中国接壤，边界线全长 4170 千米，其中与中国的共同边界长 1096 千米。国土面积 19.99 万平方千米。

吉尔吉斯斯坦全国划分为 7 州 2 市：楚河州、塔拉斯州、奥什

州、贾拉拉巴德州、纳伦州、伊塞克湖州、巴特肯州，以及比什凯克市、奥什市。州、市下设区，区行政公署为基层政府机构。比什凯克和奥什市为吉尔吉斯斯坦主要经济中心城市。比什凯克市是吉尔吉斯斯坦首都，全国政治、经济、文化、科学中心，主要的交通枢纽。面积130平方千米，人口约100万。比什凯克市还是中亚地区一个重要的工业城市，电力、机械、仪器、电器制造是工业主导部门。奥什市是吉尔吉斯斯坦第二大城市，人口28.8万，位于南部的费尔干纳盆地中，常常被称作"吉尔吉斯斯坦的南方之都"。该城市拥有至少3000年的历史，且从1939年开始就是奥什州的行政中心。

吉尔吉斯斯坦自称拥有化学元素周期表中的所有元素，还有一些世界级的大型矿床，如库姆托尔金矿、哈伊达尔干汞矿、卡达姆詹锑矿等。目前，得到工业开发的仅是吉尔吉斯斯坦矿产资源的一部分。许多资源的储量和分布情况有待进一步探明，以确定开发前景。据吉尔吉斯斯坦国家地质与矿产署2013年统计，现已探明储量的优势矿产有金、钨、锡、汞、锑、铁。黄金总储量为2149吨，探明储量565.8吨，年均黄金开采量为18—22吨，居独联体第3位，世界第22位。水银储量4万吨，开采量为85吨，居世界第3位。锡矿总储量41.3万吨，探明储量18.68万吨。钨矿总储量19万吨，探明储量11.72万吨。稀土总储量54.9万吨，探明储量5.15万吨。铝矿总储量3.5亿吨，探明储量3.5亿吨。钼矿探明储量2523吨，锑矿探明储量26.4万吨，石油探明储量1.013亿吨。

吉尔吉斯斯坦属政教分离的世俗国家，政治上推行民主改革并实行多党制。根据2010年6月全民公决通过新宪法，国家政体由总统制改为议会制。第一任总统阿卡耶夫（1990年11月—2005年3月）执政时期政治上推行民主改革，经济上实行以市场为导向的改革方针。2005年春，吉尔吉斯斯坦发生非正常政权更迭，阿卡耶夫被迫交权，反对派领导人、前总理巴基耶夫同年 7 月当选新一届总统。2009 年 7 月，巴基耶夫连任成功。2010 年爆发"4·7"革命，巴基耶夫政权被推翻，以奥通巴耶娃为总理的临时政府宣告成立。同年 6 月，吉尔吉斯斯坦全民公决投票通过新宪法，吉尔吉斯斯坦成为议会制国家，奥通巴耶娃正式获得过渡时期总统职权。根据新宪法，总统权力受到削弱，任期 6 年，不能连任。2011 年 10 月，吉尔吉斯斯坦举行总统大选，共 16 位候选人参与角逐，全国登记选民 303 万。过渡时期政府总理阿尔马兹别克·阿塔姆巴耶夫在首轮投票中以 62.52% 的得票率当选总统。2017 年 10 月，吉尔吉斯斯坦举行总统大选，索隆拜·热恩别科夫当选总统。2020 年 10 月，吉尔吉斯斯坦举行议会选举，随即发生大规模骚乱。扎帕罗夫出任总理。10 月 16 日，热恩别科夫辞职，由扎帕罗夫出任临时总统。2021 年 1 月 20 日，吉尔吉斯斯坦中央选举委员会召开会议，确认扎帕罗夫正式当选。

吉尔吉斯斯坦是一个多民族国家，截至 2023 年 4 月，全国有 80 多个民族。其中吉尔吉斯族占 73.33%，乌兹别克族占 14.7%，俄罗斯族占 5.6%，东干族占 1.1%，维吾尔族占 0.9%，塔吉克族占 0.9%，土耳其族占 0.68%，哈萨克族占 0.6%，其他为鞑靼族、阿塞拜疆族、朝鲜族、乌克兰族等民族。70% 以上居民信仰伊斯兰教，多数属逊尼派，部分居民信仰东正教和天主教。在吉尔吉斯斯坦的华人从事一般贸易、经商的较多，经济和社会地位较高。截至 2023 年 4 月，吉尔吉斯斯坦常住人口登记数量为 700 万人。国语为吉尔吉斯语（属突厥语族东匈语支的吉尔吉斯—奇恰克语组）。2010 年 12 月，吉尔吉斯斯坦总统签署修宪法令，确定俄语为国家官方语言。

吉尔吉斯斯坦社会治安状况不佳。当地居民可合法持有枪支。联合国毒品和犯罪问题办事处（UNODC）统计数据显示，2017 年吉尔吉斯斯坦共发生谋杀案件 256 起，每 10 万人比率为 4.20。根据吉尔吉斯斯坦官方公布数据，2018年发生的各类犯罪案件29718起，同比增长7.3%，2011年底前总统阿塔姆巴耶夫上任以来，政局总体趋稳，经济势头较好，犯罪率一度明显下降。近年来，吉尔吉斯斯坦治安环境不容乐观，要案和特大刑事案件仍较多，针对在吉尔吉斯斯坦的中国商人敲诈与抢劫的案件时有发生，中国在吉尔吉斯斯坦企业需高度注意。

2. 塔吉克斯坦

塔吉克斯坦是位于中亚东南部的内陆国家，国土面积14.31万平方千米。境内多山，约占国土面积的93%，有"高山国"之称。其东部、东南部与中国新疆接壤（边境线430千米，首都杜尚别至中国边境口岸距离1009千米），南部与阿富汗交界（边境线1030千米，首都杜尚别至阿富汗边境距离185千米），西部与乌兹别克斯坦毗邻（边境线910千米，首都杜尚别至西部乌兹别克斯坦口岸距离70千米），北部与吉尔吉斯斯坦相连（边境线630千米，首都杜尚别至边境城市卡拉梅克距离368千米）。

塔吉克斯坦全国分为3州1区1直辖市：索格特州（原列宁纳巴德州）、哈特隆州、戈尔诺—巴达赫尚自治州、中央直属区和杜尚别市。首都杜尚别人口约91.6万（2022年8月），坐落在瓦尔佐布河及卡菲尔尼甘河之间的吉萨尔盆地，海拔750—930米，面积125平方千米。夏季最高气温可达40℃，冬季最低气温-20℃。杜尚别是十月革命后由久沙姆别等3个荒僻的小村建立起来的一个新兴城市，1925年起称市，是全国政治、工业、科学及文化教育的中心。全市分为西诺区、伊斯莫伊利—索莫尼区、绍赫曼苏尔区和菲尔达夫锡4个区。杜尚别市工业总产值占全国的9%。

塔吉克斯坦水利资源丰富，占整个中亚的60%左右，居世界第8位，人均拥有量居世界第1位，但实际开发量不足10%。其水源主要来自冰川，主要有三大水系，分别属阿姆河流域、泽拉夫尚河流域和锡尔河流域。长度500千米以上的河流有4条，长度在100—500千米的河流有15条。主要有阿姆—喷赤河（921千米）、泽拉夫尚河（877千米）、瓦赫什河（524千米）、锡尔河（110千米）。国内湖泊颇多，最大的湖泊为凯拉库姆湖（即喀拉湖，素有"塔吉克海"之称），最高的湖泊为恰普达拉湖（海拔4529米），也是独联体最高湖。

塔吉克斯坦矿产资源丰富，种类全、储量大。经过1971—1990年大规模的勘探，发掘出400多个矿带，已探明有铅、锌、铋、钼、钨、锑、锶和金、银、锡、铜等贵重金属，油气和石盐、硼、煤、萤石、石灰石、彩石、宝石等50多种矿物质，其中有30处金矿，总储量达600多吨；银矿多与铅、锌伴生，储量近10万吨，有世界上第二大银矿区，即大卡尼曼苏尔银矿区；锑矿在独联体占领先地位，在亚洲占第3位，仅次于中国和泰国；塔吉克斯坦铅锌矿储量在中亚地区占据主导地位，国内90%的矿藏分布在北部费尔干纳盆地附近的卡拉马扎尔矿区，仅大卡尼曼苏尔和阿尔登—托普坎两矿区就已探明超过10亿吨的铅锌矿储量。锡矿主要分布在泽拉尚河谷和帕米尔南部，初步探明储量2万吨。

塔吉克斯坦议会为两院制议会，是国家最高代表机关和立法机关。上院称"马吉利西·米利"，意为民族院，下院称"马吉利西·纳莫扬达贡"，意为代表会议。上院有33个席位，下院有63个席位。上院和下院任期均为5年。上院议长：埃赫马多伊尔·鲁斯塔姆，拉赫蒙长子，2020年4月17日当选。下院议长：马·佐基尔佐达，2020年3月17日当选。塔吉克斯坦目前有7个主要政党，分别为人民民主党、共产党、社会党、社会民主党、经济改革党、民主党、农业党。总统埃莫马利·拉赫蒙于1994年11月就任总统，1999年、2006年、2013年和2020年四次连任，本届任期至2027年。

塔吉克斯坦是个多民族国家，有86个民族。塔吉克族人口最多，占80%，此外较大的民族有乌兹别克族、俄罗斯族、鞑靼族、吉尔吉斯族、乌克兰族、土库曼族、哈萨克族、白俄罗斯族、亚美尼亚族等民族。截至2022年10月，塔吉克斯坦全国总人口约1000万人，人口较为密集的城市主要包括杜尚别、库利亚布、胡占德、波赫塔尔等。在塔吉克斯坦华人总数约1万人，主要集中在杜尚别市、胡占德市、哈特隆州等地区。塔吉克斯坦80%以上居民信奉伊斯兰教，其中多数属逊尼派（占穆斯林人口的85%以上），帕米尔一带居民多属什叶派伊斯玛仪支派（占穆斯林人口的5%左右），其余居民信奉基督教、犹太教、巴哈依教、东正教等。塔吉克语（属印欧语系伊朗语族）为国家语言，俄语为族际交流语言，也为上海合作组织工作语言。此外还流行乌兹别克语。英语不普及，近几年学习中文的人员有所增加。

3. 土库曼斯坦

土库曼斯坦位于中亚西南部，科佩特山以北，为内陆国家。东接阿姆河，北部和东北部与哈萨克斯坦、乌兹别克斯坦接壤，西濒里海与阿塞拜疆，和俄罗斯隔海相望，南邻伊朗，东南与阿富汗交界。国土面积49.12万平方千米，约80%的国土被卡拉库姆大沙漠覆盖。土库曼斯坦首都阿什哈巴德属于东5时区，比北京时间晚3小时。未实行夏令时。

土库曼斯坦全国分为5个州（阿哈尔、巴尔坎、达绍古兹、列巴普和马雷）和1个直辖市（阿什哈巴德市）。首都阿什哈巴德始建于1881年，意为"爱之城"，是位于卡拉库姆沙漠中的一个绿洲城市，距伊朗边境30余千米，气候干旱，面积约300平方千米，人口约100万，是国家政治、经济、文化和科研中心。该市工业产业有机械制造、电机、玻璃、纺织和食品加工等。阿什哈巴德也是土库曼斯坦乃至中亚地区的重要交通枢纽，与中国、俄罗斯、哈萨克斯坦、白俄罗斯、阿塞拜疆、印度、德国、法国、亚美尼亚、土耳其、英国、阿联酋和泰国13个国家直接通航。

土库曼斯坦的主要城市有：土库曼纳巴特（原名查尔朱），列巴普州首府，位于土库曼斯坦东部阿姆河畔，中亚铁路和外里海铁路在此交汇；达绍古兹，达绍古兹州首府，土库曼斯坦北部城市，位于阿姆河下游达绍古兹绿洲，中亚地区通往俄罗斯的铁路干线上，建有轧棉、榨油、制毯、农机修配厂和食品加工厂等；马雷，马雷州首府，土库曼斯坦东南部城市，在穆尔加布河畔，铁路枢纽和河港，纺织工业中心；土库曼巴什，位于巴尔坎州，是土库曼斯坦西部最大城市、里海东岸最大港口，附近盛产石油，建有大型炼油厂，还有船舶修理厂、热电厂及鱼类、肉类加工厂等。

土库曼斯坦矿产资源丰富，主要有天然气、石油、芒硝、碘、有色及稀有金属等，另有少量天青石、煤、硫磺、矿物盐、陶土、膨润土、地蜡等矿产资源。据英国石油公司（BP）发布的《世界能源统计年鉴（2018年）》显示，天然气探明储量19.5万亿立方米，居世界第4位。据土库曼斯坦官方统计，土库曼斯坦天然气储量逾50万亿立方米，其中世界第二大单体气田——复兴气田及其周边气田天然气储量合计逾27万亿立方米。土库曼斯坦具备每年开采天然气2400亿立方米、石油8000万吨的潜能。土库曼斯坦还储备着原苏联境内70%的碘和溴，以及硝、锶、钾盐（50亿吨）、食用盐（18亿吨）和硫酸钠等。

2012年，土库曼斯坦颁布政党法，允许公民自由结社建党。目前土库曼斯坦主要政党有民主党、工业家和企业家党、农业党。土库曼斯坦首任总统为尼亚佐夫，2006年去世。时任副总理的库尔班古力·别尔德穆哈梅多夫接任。2022年3月，别尔德穆哈梅多夫的长子谢尔达尔·库尔班古力耶维奇·别尔德穆哈梅多夫当选土库曼斯坦总统，任期7年。

土库曼斯坦主要民族有土库曼族（94.7%）、乌兹别克族（2%）、俄罗斯族（1.8%），此外，还有哈萨克族、亚美尼亚族、鞑靼族、阿塞拜疆族等120多个民族（共1.5%）。在土库曼斯坦的华人较少，约1000人，主要集中在首都阿什哈巴德和中土天然气项目所在地的列巴普州、马雷州，主要为各公司派驻代表和项目施工人员，个体经商业者极少。当地政府部门和居民对中国人员态度总体友好。土库曼斯坦人口总量约572万（2020年6月统计）。除首都阿什哈巴德（约100万人）外，土库曼纳巴特、马雷、达绍古兹等城市人口也较为集中。土库曼斯坦绝大多数居民信仰伊斯兰教（逊尼派），俄罗斯族和亚美尼亚族信仰东正教。官方语言为土库曼语，俄语为通用语言。英语普及程度不高。

土库曼斯坦社会治安总体较好，不允许居民拥有枪支。但近年来，社会治安呈现恶化趋势，吸毒、偷盗等案件逐年增多。土库曼斯坦地处恐怖活动猖獗的中亚地区，与阿富汗、塔吉克斯坦和巴基斯坦等恐怖袭击多发国家毗邻，反恐形势较为严峻。近年来，土库曼斯坦国内虽未发生直接针对中国企业或公民的恐怖袭击及绑架案件，但土阿边境土库曼斯坦边防军与武装分子发生过多次交火。土库曼斯坦官方未公布本国刑事犯罪率及刑事案件数量。

土库曼斯坦货币为马纳特。由于国家实行外汇管制，自2016年1月，土库曼斯坦各金融机构和货币兑换点已停止销售外汇，外汇交易只允许使用银行卡方式。人民币与马纳特不可直接兑换。自2008年以来，土库曼斯坦政府实行了汇率并轨政策，并在短期内4次变更了马纳特兑美元汇率。2009年1月1日起土库曼斯坦政府开始发行新马纳特，官方公布的汇率为1美元兑2.85马纳特，此后5年汇率保持不变。自2015年1月1日起，美元兑马纳特汇率上涨23%，即1美元兑换3.5马纳特，汇率上涨与国际油气价格大幅下跌并低位徘徊有关，同时此举也是为了缓解土库曼斯坦外汇紧缺压力。此后美元兑马纳特官方汇率一直保持稳定，2017年4月，土库曼斯坦总统别尔德穆哈梅多夫在内阁会议上强调，要确保国家货币马纳特的稳定性和购买力。美元兑马纳特汇率仍为1∶3.5，欧元对马纳特汇率为1∶3.9288。

二、中亚五国对经济走廊的认知变化

"一带一路"倡议提出后，中亚国家对此高度评价，积极响应。目前中亚五国都与中国签署了共建"一带一路"合作协议，将本国的发展战略与"一带一路"进行紧密对接，希望借"一带一路"合作之"东风"，实现本国现代化。

"中国—中亚—西亚经济走廊"是中国推动"一带一路"倡议构建的六大经济走廊之一。虽然目前已经取得了一定的成绩，但相较于其他五条经济走廊，中亚—西亚经济走廊的建设程度明显滞后。中亚国家自身的情况与态度占了很大因素。中亚国家对"一带一路"倡议的态度均属于有意愿参与但缺乏能力，其中各国情况又有所不同。

（一）中亚国家是古丝绸之路的重要通道，复兴"丝绸之路"的愿望强烈

中亚地区地处欧亚大陆的中心地带，是欧亚大陆东—西、南—北的交通要道。古丝绸之路曾经造就中亚地区的辉煌，撒马尔罕、布哈拉、希瓦、马雷、胡占德等城市都随着丝绸之路的兴盛而繁荣，成为古丝绸之路上的一颗颗明珠。中亚地区也曾在东西方文明的交往中发挥了重要作用，撒马尔罕在唐代就掌握了造纸术，随后由中亚传入欧洲；佛教也通过中亚传入中国，来自西域的音乐、绘画等

也曾在中原风靡一时。在帖木儿帝国时期，中亚地区的文化曾高度繁荣，在宗教、天文、医学等方面居世界领先地位。但随着航海时代的开启和"丝绸之路"的衰落，中亚地区也不断衰败，成为"被遗忘的角落"。20世纪90年代初，中亚各国独立后，为实现民族复兴、推动国家的发展，中亚各国也纷纷提出了复兴"丝绸之路"的倡议，乌兹别克斯坦已故总统卡里莫夫在20世纪90年代就多次提出复兴"丝绸之路"的建议，哈萨克斯坦首任总统纳扎尔巴耶夫也多次提出类似的想法，但受制于中亚国家经济的影响力，这些倡议都没有得到国际社会的重视和响应。可以说，中亚国家对"一带一路"倡议高度期待，承载着中亚国家发展与复兴的历史夙愿。

（二）"一带一路"倡议可弱化中亚国家的自然地理劣势和经济地理劣势

无论是重商主义者，还是经济自由主义者，都高度重视贸易的作用。中亚位于欧亚大陆交通要道，陆上贸易线路的繁荣曾经创造了古中亚的辉煌。但15世纪以来，奥斯曼帝国的兴起、大航海时代的到来以及后来的工业革命的出现，让国际贸易线路逐渐从陆路转移至海路。中亚的地缘优势变成了地理劣势。随后，钢铁革命、信息革命接踵而至，全球形成一个资本、商品等生产要素迅速交换的商品链体系。这种商品链体系包罗万象且等级森严，主要体现在两个方面：一是形成"沿海港口贸易城市—外流河港口贸易城市—内流河港口贸易口岸—内陆其他贸易城市—内陆其他居民点"的商品链居民圈体系。前者是后者资源、财富的流向地和集散地，其中最高级居民圈主要是纽约—华盛顿城市圈、西欧城市圈、东京湾城市圈、长三角城市圈、广州湾城市圈和波斯湾城市圈等。中亚国家城市在这个体系中处于中等偏下的地位。二是形成"货币—研发—加工—原材料"的商品链产业体系。上游国家掌握了货币霸权,而下游国家则提供最初级的低附加值产品。中亚五国在这个商品链产业体系中也是处于中等偏下,甚至是最低端水平。但是"一带一路"倡议从某种程度上改变了中亚国家的窘境,主要体现在三个方面:一是"一带一路"倡议改变了以海权论为核心的国际物流规则,进而转变中亚居民圈的地位和属性。上述商品链居民圈成立的先决条件是海权论。但是"丝绸之路经济带"以打破欧亚大陆陆路交通为宗旨,如果顺利实现,将重新焕发古丝绸之路的荣光。而就在这条路上,发挥资源集散地作用的不再是水路口岸,而是陆路要冲。而中亚国家就处在这些陆路要冲之上。二是提升中亚国家在商品链居民圈体系中的地位。焕发古丝绸之路的荣光固然是好事,但这是长期过程,短期内难以一蹴而就。不过"一带一路"倡议可在短期内提升中亚国家在商品链居民圈体系中的地位,拉近中亚与世界的联系,提高中亚地区民众的福祉。如哈萨克斯坦已通过"一带一路"合作获得了连云港的出海口,将阿拉木图和阿斯塔纳市从"内陆其他贸易城市"直接变成了"沿海港口城市"的辐射区,大大提升了哈萨克斯坦对外出口的潜力。三是提升中亚国家在商品链产业体系中的地位。中亚国家均处于经济转轨阶段,都在努力从原材料提供地向加工地迈进。"一带一路"的直接投资和技术转化将助推中亚国家经济转型。

(三)"一带一路"倡议与中亚国家的发展战略高度契合

如上文所述,中亚当前正处于经济转型期,这种转型主要体现在基础设施便利化、产业工业化、经济多元化和国家现代化。为实现"四化",中亚国家纷纷提出自己的发展战略。如哈萨克斯坦的"光明大道"新经济政策、乌兹别克斯坦的《2017—2021年国家五大优先发展领域行动战略》、吉尔吉斯斯坦的《2018—2040年国家发展战略》和塔吉克斯坦的《2030年前国家发展战略》。"一带一路"倡议以基础设施建设合作和产能合作为重点，与中亚国家发展战略高度契合，有助于中亚国家加速实现"四化"：一是基础设施建设有助于打破物流桎梏，提高生产要素的利用效率。中亚地区基础设施硬件和软件都存在较大缺口。从硬件上看，铁路电气化和公路标准化程度较低，仓储、口岸等物流必备设施老化严重；从软件上看，中亚国家的物流信息化水平低下。"一带一路"关于基建合作的倡议可帮助中亚国家破解上述难题。二是产能合作有利于加速推动工业化，提高经济多元化水平。中亚国家出口产品以能源、矿产等原材料为主。这种经济模式有三大弊端：首先，原材料企业难以容纳大量的就业，而中亚国家的人口增长率位居世界前列；其次，单一经济体抗风险能力较弱，不利于民众福祉的稳步提高；最后，原材料商品是低附加值产品，处于"剪刀差"的下端，世界价格并不能很好地反映其自身价值。"一带一路"的产能合作可以在一定程度上帮助中亚国家解决工业化过程中遇到的问题，特别是中国提倡的非能源领域投资深受中亚国家好评。

（四）俄乌冲突对"一带一路"持续推进带来诸多挑战

2022年2月，俄乌冲突发生后，动荡的地区局势给中国与中亚合作带来诸多问题：一是陆路交通与中欧班列不畅。受冲突影响，过境中亚前往欧洲的中欧班列运行减少，需开发新线路。二是中亚国家自身经济形势不佳，对华合作意愿与能力减弱。受西方对俄罗斯制裁影响，中亚国家经济下行压力增大，在"一带一路"框架内难有新合作项目。三是"中国威胁论"尘嚣再起。冲突发生后，欧亚地区类似"中国将趁机攫取中亚资源""中俄将瓜分中亚"等言论重新抬头，对中国推进"一带一路"建设造成负面影响。四是中亚自身安全形势不佳影响"一带一路"建设。2022年1月初，哈萨克斯坦国内爆发大规模骚乱，引发动荡局势。6月，乌兹别克斯坦西部卡拉卡尔帕克斯坦共和国也爆发大规模骚乱，多人死伤。塔吉克斯坦、土库曼斯坦完成或面临权力交接，国内动荡可能性增大。这些不利因素均影响中国与中亚各国合作的推进。

三、中亚经济走廊建设的成果

中亚—西亚经济走廊作为"一带一路"倡议的成果之一，尽管受中亚、西亚等国国情和一些客观因素制约，但该经济走廊在新的历史时期克服种种不利因素，在关键领域取得了一些建设成果。"中国—中亚—西亚经济走廊"作为以能源合作为主的经济合作大通道，沿线国家的投资项目集中在能源合作和基础设施建设领域。由于中亚地区的油气资源丰富，能源合作是中亚经济走廊建设的主体。由于各国实际情况不同，以下将按国别具体探讨中亚各国在参与"一带一路"倡议及中亚段经济走廊建设中取得的成果。

（一）中国与哈萨克斯坦

1. 中哈合作概况

中国是哈萨克斯坦外交的优先方向之一。哈萨克斯坦积极参与"一带一路"建设，中哈各领域合作发展顺利。

一是政治互信不断加深。哈萨克斯坦奉行对华友好政策，中哈在彼此核心利益问题上相互支持。2011年，中哈全面战略伙伴关系的建立，标志着两国关系发展到新高度。两国高层互动频繁，2013

年，习近平主席访问哈萨克斯坦，提出共建"丝绸之路经济带"的合作倡议。2015 年，纳扎尔巴耶夫总统访华出席抗战暨反法西斯战争胜利 70 周年纪念活动。2016 年 6 月，习近平主席参加上海合作组织塔什干峰会时与纳扎尔巴耶夫举行会晤；9 月，纳扎尔巴耶夫总统出席 G20 杭州峰会时与习近平主席会晤。2017 年 5 月，纳扎尔巴耶夫总统出席"一带一路"国际合作高峰论坛时与习近平主席会晤；6 月，习近平主席出席上海合作组织努尔苏丹峰会并对哈萨克斯坦进行国事访问。高层频繁互动推动中哈战略互信不断加深，有力地促进了各领域合作的深化。2019 年 3 月中旬，纳扎尔巴耶夫总统突然宣布辞职，由托卡耶夫任总统，并于 6 月 9 日举行选举。纳扎尔巴耶夫仍保留国家安全委员会主席和"祖国之光"党主席职务，仍是哈萨克斯坦的最高领袖。托卡耶夫精通中文，熟悉中国，高度评论"一带一路"建设。因此哈萨克斯坦的权力交接没有影响中哈"一带一路"合作。2020 年，面对疫情，中哈守望相助。习近平主席与托卡耶夫总统保持电话沟通，就共同抗击疫情做出规划部署。哈萨克斯坦发生疫情后，中国最早积极主动地提供了人员和医疗物资援助，派遣医疗组赴哈萨克斯坦。2022 年 9 月，习近平主席应邀对哈萨克斯坦进行国事访问。此次出访是疫情发生以来习近平主席首次外访，又逢二十大召开前夕，时机特殊，意义重大，充分彰显中国对中亚国家和上海合作组织的高度重视。

二是两国已经建立完整的政府间合作机制。目前涉及政府间合作机制主要有 3 份文件：《关于建立中哈政府间经贸、科技合作委员会的协定》（1992 年 2 月）、《中华人民共和国政府和哈萨克斯坦共和国政府关于成立中哈合作委员会的协定》（2004 年 5 月）、《中华人民共和国和哈萨克斯坦共和国关于全面发展战略伙伴关系的联合声明》（2011 年 6 月 13 日）等。2004 年，两国将副部级"经贸合作委员会"升级为副总理级的"中哈合作委员会"，下设经贸、交通、铁路、口岸和海关、科技、金融、能源、地质矿产、人文、安全10个分委会，2012年再次升级为"总理定期会晤机制"。目前两国在中央政府层面已经形成以"总理年度会晤+中哈合作委员会+10个分委会"为主导的官方合作平台。除双边外，两国还在上海合作组织、亚信会议等多边框架内进行合作。因此，两国从中央到基层各层次的定期会晤机制健全且通畅，可及时协调沟通几乎所有问题。

三是战略合作有序推进。关于两国战略合作的文件主要有6份：《中华人民共和国和哈萨克斯坦共和国2003年至2008年合作纲要》(2003年6月)、《中哈21世纪合作战略》(2002年12月)、《中哈经济合作发展构想》(2006年12月20日)、《中哈非资源经济领域合作规划》(2007年8月)、《加强产能与投资合作政府间框架协议》(2015年8月31日)、《中华人民共和国政府和哈萨克斯坦共和国政府关于"丝绸之路经济带"建设与"光明之路"新经济政策对接合作规划》(2016年9月2日)。可以说，《中哈21世纪合作战略》作为总体指导战略，而《中华人民共和国政府和哈萨克斯坦共和国政府关于"丝绸之路经济带"建设与"光明之路"新经济政策对接合作规划》则是在前面文件的基础上，结合新时代、新要求对中哈战略合作的全面提升。

四是经贸合作稳步推进。近年来中哈贸易额持续增长。2023年2月，据哈萨克斯坦国家统计局公布的数据，2022年全年中哈贸易额为241.5亿美元，同比增长34.1%，其中哈萨克斯坦出口131.7亿美元，同比增长34.7%，哈萨克斯坦进口109.8亿美元，同比增长33.5%。中方对哈萨克斯坦主要出口机电、轻纺和高新技术产品等，自哈萨克斯坦主要进口矿产品、贱金属及其制品、化工产品等。[1]

---

[1] 哈萨克斯坦国家统计局发布2022年哈中贸易数据，2023年2月17日，中华人民共和国驻哈萨克斯坦共和国大使馆经济商务处，http：//kz.mofcom.gov.cn/article/jmxw/202302/20230203391443.shtml。(上网时间：2023年2月17日)

2. 中哈合作重点项目

能源合作。能源领域合作是中哈经济合作的主要内容，中国对哈萨克斯坦投资多集中于能源领域。一是顶层设计和合作机制健全。目前，中哈在政府间合作委员会下设立了能源合作分委会，2017年4月第十次分委会会议在北京召开，会议签署了《中哈能源合作分委会第十次会议纪要》。二是参与度广。中国在哈萨克斯坦主要的能源项目有哈萨克斯坦石油公司（Petro Kazakhstan，PK）项目、中油阿克纠宾油气股份公司项目、北部扎奇项目、中信资源控股有限公司卡拉赞巴斯（Karazhanbas）油田项目、中信国安集团哈萨克斯坦东莫尔图克油田（EM）项目等。其中PK项目是中国公司迄今为止最大的海外能源并购项目。三是未来合作前景广阔。未来中哈将在现有油气贸易的基础上，拓展油气装备制造、核能、新能源等三大能源领域合作。

物流合作。物流合作是中哈合作的新亮点。连云港国际物流公司是中哈两国共建"丝绸之路经济带"的首个实体平台，也是连云港贯彻落实"一带一路"倡议的首个国际经贸项目。项目一期工程已于2014年5月19日经中哈两国元首共同见证实现启用，工程总投资6.06亿美元，建设集装箱堆场22万平方米、1763个集装箱位，铁路专用线3.8千米，日均装卸能力10.2列，年最大装卸能力41万标箱。二期项目投资4亿美元，扩建粮食泊位和筒仓，为哈萨克斯坦小麦等农产品出口提供港口装卸、仓储等配套服务。三期项目计划投资20亿美元，拟在上海合作组织（连云港）国际物流园内与哈萨克斯坦合作建设物流场站、保税仓库以及大宗散货交易中心。

产能合作。中哈产能合作是"一带一路"建设中的一大亮点。中哈已经形成了总金额达270亿美元的重点合作项目清单，同时成立了20亿美元的中哈产能合作基金，丝路基金在当中发挥了重要作用，设立了 150 亿美元的中哈产能合作专项贷款。截至 2018 年底，中哈产能合作共纳入 51 个大项目，其中约 10 个已经完工，其余正在建或筹备中。完工项目中具有代表性的是阿克托盖 2500 万吨/年铜矿选厂、奇姆肯特炼油厂改造项目、阿拉木图清洁能源电站和克孜勒奥尔达水泥厂，这四个项目代表了中哈产能合作的四个不同领域。2017 年 3 月，中色股份与哈萨克斯坦铜业公司合建的阿克托盖铜矿选厂正式竣工，这是该国最大的铜矿选厂，这是资源矿产项目的优秀代表。2018 年 9 月，由中国石油集团公司承建的奇姆肯特炼油厂改造二期工程完工，纳扎尔巴耶夫总统亲自出席竣工仪式。2018 年 11 月，由中信建设有限责任公司承建的 1 兆瓦太阳能电站及 5 兆瓦风能电站交接仪式在哈萨克斯坦南部城市阿拉木图举行。项目于 2017 年 12 月开工建设，2018 年 11 月提前竣工投产。其中，风能发电站建在阿拉木图州的马萨克农业区，太阳能发电站位于阿拉木图市的阿拉套创新技术园区。2018 年 12 月，由中国葛洲坝集团投资建设的哈萨克斯坦首个特种水泥厂在哈萨克斯坦南部克孜勒奥尔达州竣工投产，该厂将生产油井水泥和通用水泥，年产量将达到 100 万吨。

除了产能领域的合作，中国在哈萨克斯坦也承包了部分基础设施建设项目，如"腾太科河 5 座梯级水电站项目""阿拉木图工程和住宅项目""现代农作物深加工综合体项目"等。

农业合作。农业合作是两国合作的新增长点。一是农产品贸易合作。目前，陕西西安爱菊公司成为哈萨克斯坦北部地区小麦的主要国际卖家之一。该公司采用"订单农业"模式，利用北哈萨克斯坦的物流仓库和中哈霍尔果斯保税区口岸，实现"种植、仓储、物流、加工"一条龙服务，在没有小麦进口配额的前提下，仍可取得可观的社会和经济效益。二是园区合作。2015 年 5 月，位于哈萨克斯坦阿拉木图州的中哈现代农业产业创新示范园建成，这一示范园由陕西省杨凌农业高新技术产业示范区与哈萨克斯坦国际一体化基金会共同开发建设。有"杨凌技术"的支撑，2016年园区种植的小麦品种亩产最高达到319千克，远远超过当地品种亩产的175千克，增产近1倍。三是农产品贸易便利化合作。近年来，通过两国政府的不懈努力，中哈农业合作的便利化程度大为提升。2017年，中哈签署了旨在深化"信息互换、监管互认、执法互助"的海关合作协议，中哈质量监督检验检疫部门签署了检验检疫合作协议，以及《关于加强标准合作，助推"一带一路"建设联合倡议》。这些成果文件促进了中哈农业合作，减少了贸易壁垒。2017年，中哈还签署了"哈对华出口蜂蜜所需的卫生要求检验和检疫相关议定书"，哈萨克斯坦出口商可根据该议定书，在了解和掌握中国市场要求的前提下，向中国顺畅地出口品质纯正的蜂蜜产品。四是农产品国际物流转运合作。中哈农业合作的事业并不局限于两国范畴。借助"一带一路"建设，哈萨克斯坦欲扮演农业产品跨境流通的枢纽。哈萨克斯坦希望中国成为其小麦发往东南亚市场的中转站，因为哈萨克斯坦小麦通过铁海联运过境中国运至东南亚国家仅需20天左右，交货期限大大缩减，从而提升了哈萨克斯坦小麦的市场竞争力。目前，中哈已经初步实现通过连云港向东南亚国家转运哈萨克斯坦小麦的计划。

　　金融合作。哈萨克斯坦是中国在中亚地区的重要金融合作伙伴。一是银行间合作。截至2018年底，共有2家中资银行在哈萨克斯坦设立了全资子行，分别是中国工商银行（阿拉木图）股份公司和哈萨克斯坦中国银行。这也是中国在中亚地区仅有的两家中资银行分行。此外，2016年11月，中信银行与哈萨克斯坦人民银行签署股权买卖备忘录，拟从该银行购买其全资持有的"Altyn"银行60%股权，中信银行成为中国首家在哈萨克斯坦收购银行的股份制商业银行。二是中哈签署本币互换和结算协议。中国人民银行与哈萨克斯坦国家银行在 2014 年 12 月就签署了双边本币互换协议，同时签署新的双边本币结算与支付协议。双边本币互换规模为 70 亿元人民币/2000 亿坚戈，协议有效期为 3 年，经双方同意可以展期。双边本币结算与支付协议签署后，中哈本币结算从边境贸易扩大到一般贸易，两国经济活动主体可自行决定用自由兑换货币、人民币或坚戈进行商品和服务的结算与支付。三是证券交易所的合作。目前，上海证券交易所与哈萨克斯坦阿斯塔纳国际金融中心（AIFC）管理局签署合作协议，共同投资建设阿斯塔纳国际交易所。根据合作协议，上海证券交易所作为 AIFC 管理局的战略合作伙伴，持有阿斯塔纳国际交易所的 25.1% 的股份，并将在技术咨询、业务规划、产品设计、市场推广等方面对该交易所的筹建给予全方位支持。

（二）中国与乌兹别克斯坦

1. 中乌合作概况

中国是乌兹别克斯坦外交的优先方向之一。乌兹别克斯坦对"一带一路"建设态度务实，中乌在具体项目推动上进展顺利。

一是中乌政治高度互信。1992 年中乌建交以来，两国关系发展顺利。中方支持乌兹别克斯坦主权独立，尊重其走适合本国国情的道路。乌兹别克斯坦坚定奉行一个中国的立场，在涉台、涉藏、涉疆等问题上予以中国高度支持。2012 年 6 月，中乌宣布建立战略伙伴关系。2014 年 8 月 19 日，两国签署《中乌战略伙伴关系未来 5 年发展规划》。2016 年中乌领导人将两国关系提升至全面战略伙伴关系。乌兹别克斯坦总统米尔济约耶夫推崇"中国模式"，曾研读《习近平谈治国理政》，并给予高度评价。目前，该书乌兹别克语版已经出版。2017年5月，米尔济约耶夫访华并出席了"一带一路"高峰合作论坛，这是他作为国家元首首次访华，也是其与习近平主席的首次会晤，双方签署了总额达230亿美元的投资和经贸协议，中乌关系迎来全面发展的新时期。

2020年，面对疫情，中乌两国勠力同心、携手抗疫，取得了疫情防控和双边关系发展的"双胜利"。5月，习近平主席同米尔济约耶夫总统通电话，为两国关系下一步发展做出重要战略规划。中共中央政治局委员、中央外事工作委员会办公室主任杨洁篪成功访乌。两国外长在"一带一路"国际合作高级别视频会议和"中国+中亚五国"、上海合作组织等框架内保持密切沟通协调。中乌社会各界在彼此抗疫关键时刻相互提供物资援助并开展经验交流。

2022年9月，习近平主席应邀对乌兹别克斯坦进行国事访问，并出席上海合作组织框架下的系列多边会议，还与中亚五国元首分别举行双边会晤。乌兹别克斯坦总统米尔济约耶夫称习近平主席来访是"历史性国事访问"。

二是中乌经贸合作稳步发展。根据乌兹别克斯坦国家统计委员会数据，中国继续保持乌兹别克斯坦最大贸易伙伴国地位，2022年双边贸易额89.2亿美元，同比增长19.7%，占乌兹别克斯坦外贸总额的17.8%。其中，中方出口64亿美元，同比增长30%；中方进口25.2亿美元，同比下降0.4%。中国为乌兹别克斯坦第一大进口来源国和第二大出口目的地国（仅次于俄罗斯）。[①] 根据乌兹别克斯坦国家统计委员会数据，截至2020年8月1日，在乌中企数量达1736家，排名第2位。中国企业主要从事油气勘探、管道运输、基

[①] 《2022年乌兹别克斯坦与中国贸易额为89.2亿美元》，中华人民共和国驻乌兹别克斯坦共和国大使馆经济商务处，2022年1月31日，http://uz.mofcom.gov.cn/article/jmxw/202301/20230103381306.shtml。（上网时间：2023年1月15日）

础设施、电信、纺织、化工、物流和农业等领域。①

2. 中乌合作重点项目

工业园区合作。近年来，乌兹别克斯坦形成了以工业园带动地方发展的经济模式，建有吉扎克工业特区等十余个工业园区。其中，中国鹏盛工业园作为吉扎克工业特区的分区也享有诸多政策优惠。目前，吉扎克工业特区里华为、中兴等知名企业已入驻，总投资近5亿美元。中国鹏盛工业园是中乌合作的典范。该工业园位于乌兹别克斯坦锡尔河州，成立于2009年9月，由中国温州金盛贸易公司投资建设。园区占地102公顷，为首个由中国民营企业直接在乌兹别克斯坦投资的大型项目，2013年被列入乌兹别克斯坦吉扎克工业特区锡尔河分区，享受乌兹别克斯坦政府优惠政策，2014年被浙江省人民政府定为省级境外工业园，2016年8月被评为中国国家级境外经济合作区。截至2018年初，中国鹏盛工业园累计投资1.38亿美元，有16家中企在园区内落户，涉及陶瓷、阀门、手机制造、肠衣、皮革、轧钢等领域，2018年产值1亿多美元，员工总数1500多人，85%为当地员工。

能源矿产领域。乌兹别克斯坦油气资源丰富，石油探明储量为5.84亿吨，已探明的天然气储量为2.1万亿立方米。乌兹别克斯坦在中亚—中国天然气管道过境运输中发挥着重要作用。中国—中亚天然气管道A、B、C线均已建成通气，都过境乌兹别克斯坦，计划中的D线管道也将过境乌兹别克斯坦。2013年，乌兹别克斯坦开始通过中亚天然气管道对华输气，2015年乌兹别克斯坦决定将对华天然气供应量提高至100亿立方米/年。

---

① 《截至2020年8月1日在乌中企1736家》，中华人民共和国驻乌兹别克斯坦共和国大使馆经济商务处，2020年8月11日，http：//uz.mofcom.gov.cn/article/jmxw/202008/20200802991509.shtml。（上网时间：2020年8月11日）

油气勘探领域。中石油与乌方签署了关于勘探乌斯秋尔特、布哈拉—希瓦、费尔干纳地区等5个投资区块的协议。2017年5月,米尔济约耶夫访华时,中乌企业签署了50亿美元的中期供气合同。6月,中乌合作开发的布哈拉州卡拉库利区块气田地面工程项目举行开工典礼,该项目投资3.7亿美元,2018年初投产。

煤矿领域。2018年6月,中铁隧道局集团有限公司与中国煤炭科工集团有限公司联合体以EPC模式承揽的乌兹别克斯坦沙尔贡煤矿现代化改造项目开工,这标志着乌兹别克斯坦境内第一座现代化煤矿建设全面启功。据悉,沙尔贡煤矿地处苏尔汉河州北部,毗邻塔吉克斯坦和阿富汗边境,目前年开采硬煤16万吨,升级改造后的产能将提升至每年90万吨。该项目使用中国政府的优惠出口买方信贷,由中国进出口银行承办,EPC合同总造价为9450万美元,预计工期为38个月。

电力领域。乌兹别克斯坦安格连1×150兆瓦燃煤电厂工程项目是哈尔滨电气工程有限责任公司与乌兹别克斯坦国家能源股份有限公司于2012年9月26日签订的火力发电总承包项目。项目厂址位于乌兹别克斯坦的安格连市南郊老安格连市火力发电厂内,合同工期36个月,质保期2年。2016年8月21日,该项目成功并网发电,成为中乌"一带一路"合作的标志性工程。

2017年乌兹别克斯坦总统米尔济约耶夫访华期间,中乌政府又签署了水电领域的合作文件,其中包括在萨尔多巴水库建设总功率15兆瓦的小型水电站等项目。

此外,中乌在光伏发电领域也在开展合作。2016年12月底,珠海兴业绿色建筑科技有限公司中标乌兹别克斯坦撒马尔罕州100兆瓦光伏电站建设项目(不含设备供应部分)。珠海兴业绿色建筑科技有限公司作为该项目的总承包商,负责光伏电站的设计、建设和运营,该部分合同金额约1.47亿美元。

2019年，中国华立科技公司与乌兹别克斯坦政府签署合作备忘录，投资9600万元人民币用于乌兹别克斯坦国家智能电网改造项目。这也是目前中乌在"一带一路"框架下在建的重点项目之一。

交通基础设施领域。乌兹别克斯坦位于中亚地理中心，是中国—中亚—西亚交通走廊的必经国。因此，乌兹别克斯坦十分希望与中国开展交通合作，获得对外出海口。2013年9月，习近平主席在访问中亚期间，提出建设"丝绸之路经济带"的合作倡议，乌兹别克斯坦对此回应积极。2016年8月，中铁隧道集团参与修建的安格连—帕普铁路19千米的隧道完工。2018年2月，中吉乌国际公路正式通车。中吉乌国际公路东起新疆喀什，穿过吉尔吉斯斯坦南部城市奥什市，最终到达乌兹别克斯坦首都塔什干，全场约950千米，是新疆塔里木盆地到中亚阿姆河流域的一条重要公路。中吉乌国际公路的建成，为建设横贯欧亚，可抵达高加索、伊朗、阿富汗等地的货运道路打下了基础。

加工制造领域。2017年1月，中国明源丝路实业有限公司投建的玻璃制造与深加工项目在乌兹别克斯坦吉扎克工业园区奠基。该项目总额约1.1亿美元，2019年9月实现全线生产，届时该厂将成为中亚地区规模最大且具国际水准的平板玻璃制造厂。

保利科技有限公司在乌兹别克斯坦承建的橡胶厂项目获得乌兹别克斯坦领导人的高度关注。该项目系2014年8月乌兹别克斯坦卡里莫夫总统访华期间，保利科技有限公司与乌兹别克斯坦国家化工公司签署的合作项目，总金额近1.84亿美元，为EPC总承包合同。项目首期为年产300万条各种规格的半钢子午线轿车轮胎、20万条斜交农用胎和10万延米输送带的交钥匙建设工程，将解决乌兹别克斯坦轮胎长期需要进口的问题。

中工国际工程股份有限公司与乌兹别克斯坦纳沃伊氮肥股份公司合作建设的氮肥厂也是中乌合作的标志性项目。该项目总金额为

4.398亿美元，目前正在建设中，项目建成后可年产10万吨聚氯乙烯、7.5万吨烧碱和30万吨甲醇。

（三）中国与吉尔吉斯斯坦

1. 中吉合作概况

一是政治互信不断加深。1992年1月5日中吉建交以来，双边关系健康顺利发展，彻底解决了历史遗留的边界问题。2002年，两国签署《中华人民共和国和吉尔吉斯共和国睦邻友好合作条约》，各领域合作不断扩大，在联合国和上海合作组织等多边领域互相支持，密切配合。2013年9月，中国国家主席习近平访问吉尔吉斯斯坦期间，两国元首签署《中华人民共和国和吉尔吉斯共和国关于建立战略伙伴关系的联合宣言》，标志着两国关系实现战略升级。

二是经贸合作不断加强。近年来，吉尔吉斯斯坦从中国进口主要商品为鞋类、服装、化纤、食品等，向中国出口主要商品为矿石、精矿、贵金属。根据吉尔吉斯斯坦国家统计委员会数据，2021年，中国和吉尔吉斯斯坦的贸易额为75亿美元，比较2019年的63.7亿美元增长了18%。[1] 在吉尔吉斯斯坦运营的中国企业约400余家，主要经营领域为制造业、批发零售业等。

2. 中吉合作重点项目

矿产领域。矿产领域是中吉合作的主要领域。目前主要运营的是塔尔德—布拉克左岸金矿。该金矿是吉尔吉斯斯坦第三大金矿，

---

[1] 《中吉贸易额今年底有望达90亿美元》，http://gongbei.customs.gov.cn/harbin_customs/zw18/xwdt87/zoyhgdt/4602916/index.html。（上网时间：2022年9月27日）

黄金储量约 78 吨，开采期为 22 年，项目自 2012 年 7 月开工建设，中方累计投资 2.2 亿美元。塔尔德—布拉克左岸金矿的开采权系奥同克公司所有，而奥同克公司 60% 股权为中国的紫金矿业集团拥有，40% 为吉尔吉斯斯坦黄金公司所有。2015 年 7 月 29 日，金矿举行投产仪式，可年产黄金 3.7 吨，实现年产值 1.5 亿美元，每年为吉尔吉斯斯坦地方和中央财政带来 2400 万美元的收入，并可为当地解决近 1000 人就业。

能源领域。2013 年 9 月，习近平主席访问中亚期间，中国分别与乌兹别克斯坦、吉尔吉斯斯坦、塔吉克斯坦签署了关于中亚天然气管道 D 线建设运营的合作协议。中亚天然气管道 D 线与此前已建成投产的中亚天然气管道 A、B、C 线的不同之处在于，D 线不再过境哈萨克斯坦，从乌兹别克斯坦至塔吉克斯坦，然后经吉尔吉斯斯坦到中国南疆的乌恰县入境。

陕煤化中大石油公司是中国在吉尔吉斯斯坦最大的直接投资项目，也是目前吉尔吉斯斯坦境内最大的加工企业。该项目建于 2009 年，2014 年投产，总投资额约为 5 亿美元。设计年加工原油 80 万吨，加工重油 20 万吨，年可生产汽油约 46 万吨、柴油约 38 万吨、石油液化气约 7.4 万吨。目前中大石油公司已经建成集炼油、销售为一体的全产业链模式，占据吉尔吉斯斯坦国内约 30% 的成品油市场。除中大石油以外，中国新疆国际实业公司投资并建设了吉尔吉斯斯坦托克马克炼油厂。该项目于 2012 年 11 月动工，估值 5000 万—6000 万美元，设计产能每年 50 万吨，创造就业岗位 300 多个，主要生产汽油、轻型柴油、液化气、伴生气、石蜡油等。

基建领域。中国承建了吉尔吉斯斯坦国内多个领域基建项目，如"北—南"公路、"达特卡—克明"输变电线和比什凯克热电站改造等，基本取得了不错的经济和社会效应。但由新疆特变电工公司承包的比什凯克热电站改造工程在竣工一年后发生大面积宕机，造成恶劣影响。

吉尔吉斯斯坦"北—南"公路总长433千米，是连接吉尔吉斯斯坦北部和南部的重要交通大动脉，项目分三期实施：一期已由中国进出口银行融资4亿美元，建设154千米总长路段，项目于2014年5月开工；二期项目建设"阿拉尔—卡扎尔曼"段，总长96千米，其中包括一条700米长的隧道。中国政府优惠贷款和中国进出口银行优买贷款总金额约3亿美元；三期建设"巴雷克奇—克泽尔热尔德兹"段，总长183千米，融资问题尚未解决，一、二期工程由中国路桥工程有限责任公司承建。

"达特卡—克明"输变电线，即"达特卡—克明500千伏输变电项目"，由中国新疆特变电工公司承建。2015年8月29日，在楚河州克明区的克明变电站举行了竣工仪式，标志着该项目全部竣工，吉尔吉斯斯坦实现南北部电网的全面贯通。该项目使用上海合作组织框架内优买贷款，总金额为3.89亿美元。

比什凯克热电站改造项目由中国新疆特变电工公司承建。2014年5月开工，2017年8月完工，但很快便发生事故，机组大面积宕机，引发一系列政治问题。

中吉乌铁路项目。此项目早在20世纪90年代初就已提出，但一直未能落实。近年来，项目在中国、吉尔吉斯斯坦、乌兹别克斯坦三方共同努力下，取得阶段性积极进展。在俄乌冲突背景下，俄罗斯对吉尔吉斯斯坦的控制有所减弱，给中国推进中吉乌铁路带来机遇。受俄乌冲突影响，吉尔吉斯斯坦、乌兹别克斯坦两国均认识到应加强与中方的交通联系，发挥中亚"中转站"作用。因此，该项目得以加速推进。2022年8月2日，受吉方委托，中方技术专家飞抵吉尔吉斯斯坦，开启中吉乌铁路项目外业勘察工作，标志着项目可研工作全面启动。习近平主席参加上海合作组织峰会期间，停滞25年的中吉乌铁路项目也在本次峰会取得重大进展。三国有关部门签署了《关于中吉乌铁路建设项目（吉境内段）合作的谅解备忘录》。

农业合作。农业合作是中吉合作的新增长点。目前，中吉农业合作不仅体现在贸易往来，更有绿地投资，后者主要以"亚洲之星"农业示范区为主。"亚洲之星"农业合作区位于吉尔吉斯斯坦楚河州，占地 5.67 平方千米，由河南贵友实业集团有限公司全资持有，为商务部、财政部批准的国家级境外经贸合作园区，也是河南省第一个获批的国家级境外经贸合作园区。该园区第一批建设项目投资总额约 1.2 亿美元，主要包括牛羊屠宰场、速冻食品及熟食生产线、冷库、粮食储备库、面制品加工线、污水处理设施、铁路专用线、综合办公楼及其他园区配套设施等。

（四）中国与塔吉克斯坦

1. 中塔合作概况

中国是最早承认塔吉克斯坦独立的国家之一。1992 年中塔建交以来，两国高层互访频繁，签署了一系列协议，睦邻友好关系顺利发展。拉赫蒙总统多次强调，中国是塔吉克斯坦的好邻居、好伙伴，是塔吉克斯坦外交的优先方向。2002 年，中塔妥善解决了领土问题，最终划定了边界。2007 年，两国签订《中华人民共和国和塔吉克斯坦共和国睦邻友好合作条约》，为新阶段双边关系发展指明了方向。2013 年 5 月，拉赫蒙总统访华，两国领导人共同将中塔关系提升为战略伙伴关系。2015 年 9 月，拉赫蒙总统赴北京参加中国抗日战争胜利 70 周年庆祝活动，并派方队参加阅兵，彰显中塔两国战略伙伴和高度互信。

2020 年，中塔之间抗疫合作亮点不断。在面临疫情威胁时，习近平主席和拉赫蒙总统多次互致慰问，两国互赠援助，彼此予以坚定支持。塔吉克斯坦疫情最严重之际，中国政府迅速派出联合工作组，于5月24日凌晨抵达塔吉克斯坦首都杜尚别，开展为期9天的抗疫经验交流与合作。中国政府对塔吉克斯坦提供多批抗疫援助物资，包括核酸检测试剂盒、呼吸机、医用口罩等。塔吉克斯坦卫生部第一副部长乌马尔佐达表示，塔吉克斯坦衷心感谢中国政府向塔派出医疗专家并提供抗疫物资，这对塔吉克斯坦最终战胜疫情起到重要作用。塔吉克斯坦将向中国专家学习抗疫实战经验，加强医疗合作。[1] 同时，中塔之间数次举行医疗专家视频会议，中国成为疫情期间对塔援助最多的国家。应塔吉克斯坦政府请求，中方在做好各项防疫措施的前提下，及时安排包机组织大批中国专家和员工返塔吉克斯坦复工复产，为塔吉克斯坦提振经济、改善民生作出突出贡献，得到塔吉克斯坦官民各界高度肯定和一致赞誉。中塔在抗疫背景下多领域合作中展现出高度互信、守望相助，中塔全面战略伙伴关系不断升温，两国发展和安全共同体理念更加深入人心。[2]

中塔经贸合作也日益密切，近年来双边贸易额不断增长。2020年，受疫情影响，经贸额有所下降。根据塔方统计，2020年上半年双边贸易额为2.32亿美元。中国也从塔吉克斯坦第三大贸易伙伴国滑落至第四大贸易伙伴国，次于俄罗斯、哈萨克斯坦与瑞士。[3] 据塔方统计，截至2019年年底，中国对塔吉克斯坦各类投资2.1亿美元，累计投资23.98亿美元，占塔吉克斯坦吸引外资总额的50.5%，继续保持塔吉克斯坦第一大投资来源国地位。中国在塔吉克斯坦实际投资项目

---

[1] 《中国政府联合工作组抵达塔吉克斯坦开展抗疫合作》，新华网，2020年5月24日，http://www.xinhuanet.com/world/2020-05/24/c_1126026688.htm。（上网时间：2020年5月24日）

[2] 《驻塔吉克斯坦使馆举行国庆71周年线上招待会》，中华人民共和国外交部官网，2020年10月3日，https://www.fmprc.gov.cn/zwbd_673032/gzhd_673042/202010/t20201003_7515469.shtml。（上网时间：2020年10月3日）

[3] 《今年上半年塔外贸额达21亿美元》，中华人民共和国驻塔吉克斯坦共和国大使馆经济商务处，2020年7月30日，http://tj.mofcom.gov.cn/article/jmxw/202007/20200702987802.shtml。（上网时间：2020年7月30日）

14个，国际承包工程项目5个，涵盖塔吉克斯坦交通、基础设施建设、能源、矿产、农业和轻工业等国家经济发展优先领域。一批带动塔吉克斯坦经济增长、创造就业岗位的重大项目纷纷落地。①

2. 中塔合作重点项目

电力改造。新疆特变电工公司利用中国政府出口优惠买方信贷实施的"罗拉扎尔—哈特隆"220千伏（2008年6月完工）和"南—北"550千伏输变电线项目（2009年9月完工），总金额约3.4亿美元。2012年9月，新疆特变电工公司又以金矿换建方式投资3000万美元承担了塔吉克斯坦杜尚别2号火电站项目。2014年9月，习近平主席访问塔吉克斯坦时亲自出席了杜尚别2号热电厂一期工程竣工仪式和二期工程开工仪式。2016年杜尚别2号热电厂二期工程竣工。目前，该发电厂装机总容量达到400兆瓦，年总发电量达22亿千瓦时，供暖430万平方米，可保障杜尚别地区70多万居民冬季大部分电力供应和取暖需求。此外，中国水电建设集团也正承担塔吉克斯坦沙勒班水电站技术改造项目等。

交通基础设施。中国路桥工程有限公司承担了"杜尚别—恰纳克"公路（塔—乌公路）修复改造工程，包括建设"沙赫里斯坦"隧道、"马胡拉"隧道，该项目已于2010年顺利完工交付使用。此外，亚洲开发银行拨款的塔吉克斯坦—吉尔吉斯斯坦公路（塔—吉公路）修复项目主要由中国路桥工程有限公司和中铁五局共同承担，目前项目进展顺利。中国路桥工程有限公司还参与了塔中公路（从杜尚别至塔中边境阔勒买口岸）部分路段的修复项目。

中国中铁十九局集团承建的"瓦赫达特—亚湾"铁路项目，系

---

① 《驻塔吉克斯坦大使刘彬接受塔吉克斯坦〈商业与政治〉报专访》，中华人民共和国外交部官网，2020年1月10日，https://www.fmprc.gov.cn/web/dszlsjt_673036/202001/t20200110_5365104.shtml。（上网时间：2020年1月10日）

中国政府优惠出口买方信贷项目，由中国进出口银行提供贷款，包括3座单线铁路隧道、5座桥梁等。2016年8月该段铁路已经完工，将塔中部铁路与南部铁路相连。

此外，中国路桥工程有限公司还承担了库利亚布和库尔干秋别市内道路维修和改造项目。该项目分两期完成：一期为改造杜尚别—胡占德—恰纳克公路和杜尚别—丹加尔公路，其中后者修建了哈特隆隧道，是塔吉克斯坦第二条公路隧道，将杜尚别与瓦哈达特、努列克、丹加尔和库利亚布相连。改造后，杜尚别到恰纳克距离缩短了46千米。二期工程对库利亚布和库尔干秋别两市的22千米街道改造，包括15条街道和4个桥梁。两期工程均由中国政府提供资金援助，共计拨款约1.2亿人民币。

矿业开采。塔吉克斯坦是山地国家，矿产资源丰富，矿业开采加工是中塔合作的重要领域。例如，中国紫金矿业集团控股的中塔合资企业——泽拉夫尚公司系塔吉克斯坦最大黄金公司，目前年产黄金超过3吨，占塔吉克斯坦黄金总产量的2/3。

中国中色国际矿业股份有限公司获得了塔吉克斯坦帕鲁特金矿项目，采矿许可证有效期至2030年11月。该项目包括矿山建设、选矿厂、冶炼厂、外部供电厂、道路改造等工程。自2018年项目生产设施全部完成后，帕鲁特公司即精心组织，统筹协调，积极推进工程建设验收有关准备工作。但由于疫情暴发，工程验收工作不得不一再推迟。经过帕鲁特公司与塔吉克斯坦政府有关部门的反复协调沟通，在推迟两年后，2023年5月塔方国家验收委员会开展了项目竣工验收，从而为帕鲁特公司后续生产运营有效有序进行创造了条件。

作为建设杜尚别2号火电站的交换条件，新疆特变电工公司获得了塔吉克斯坦东杜奥巴金矿及东杜奥巴侧翼、上库马尔克金矿。三个金矿点已探明的储量是51.7吨，有待勘察的储量是117.16吨。

目前，新疆特变电工公司已经完成了对上库马尔金矿的地质勘探并修建了 30 千米长的道路。

新疆塔城国际公司旗下塔中矿业公司拥有塔派—布拉克、阿尔登—托普坎铅锌矿采矿权和北阿尔登—托普坎铅锌矿勘探权。

2014 年中国重型机械有限公司与塔吉克斯坦铝公司合作成立的塔铝资源公司一直运营良好。目前，卡捷煤矿迎来了从一期露天开采转为二期井下建设开采的阶段性成果。"一带一路"国际合作高峰论坛期间，中塔有关方面就卡捷煤矿二期项目合作举行了签约仪式。未来，卡捷矿区建成后拥有 90 万吨的年生产能力，后续还会对日日克鲁德矿区进行井下建设，最终整个煤矿项目将形成不低于 270 万吨的年生产量，在满足塔吉克斯坦能源内需的同时，还能为邻国进行煤炭输出。塔铝资源有限公司也将成为塔吉克斯坦国内最大的煤矿企业，是塔吉克斯坦国内能源结构转型的基础能源支柱性企业。

农业领域。2012 年 9 月河南省经研银海公司与塔吉克斯坦农业部签署全面农业合作协议。该公司在塔吉克斯坦投资的农业示范项目对改善塔吉克斯坦育种和种植技术落后、农业产量低等问题发挥了积极作用，受到塔吉克斯坦领导人的重视。2011 年，新疆建设兵团成立的塔吉克斯坦海力公司在塔吉克斯坦首次种植水稻获得丰收，平均亩产近 500 千克，大大超过该国当地水平，受到当地政府特别关注。

新疆中泰集团有限责任公司投资 20 亿元人民币，在塔吉克斯坦哈特隆州建设的中泰新丝路塔吉克斯坦农业纺织产业园项目进展顺利。该项目分两期实施：一期项目包括种植 20 万亩棉花以及 16 万锭纱锭、3 座轧花厂；二期项目将投资建设 4 万锭纱锭、织布、印染深加工等。目前，一期项目已基本竣工投产，产品已远销埃及、土耳其、意大利、德国、俄罗斯、白俄罗斯、伊朗、乌克兰、吉尔吉斯斯坦等 10 余个国家。整个项目建成后可年生产面纱 2.5 万吨，生产棉布 5000 万米，配套种植 20 万亩棉花，年生产籽棉 8 万吨，实现年销售收入 20 亿美元，解决当地 3000 余人就业。

通信领域。中国的华为、中兴两家公司在塔吉克斯坦与当地各运营商建立起良好的合作关系，已成为塔吉克斯坦通信领域主要的设备提供商。另外，中兴公司在塔吉克斯坦成立的塔中电信 TK-MOBILE 合资公司发展较快，目前该公司已经成为塔吉克斯坦主要运营商之一。

2005 年华为公司在杜尚别开设办事处，"Tajiktelecom" "Babilon" "TT-mobile" "Tcell" 等主流运营商陆续成为华为客户。2009 年华为成立子公司。目前，塔吉克斯坦 500 多万移动用户使用着华为提供的无线网络和移动互联网通信。华为公司还带动了当地就业，目前当地员工占比超过 95%。

水泥行业。塔吉克斯坦为山地国家，境内建材原料资源丰富，但开发利用不足。近年，中国的华新水泥股份有限公司率先走出去，在塔吉克斯坦修建投产了两个年产 100 万吨的水泥厂，极大地提升了塔吉克斯坦国内水泥产量。目前，塔吉克斯坦水泥年产量提高到 400 万吨，不但可以满足塔吉克斯坦国内需求，还可向乌兹别克斯坦、吉尔吉斯斯坦、阿富汗等邻国出口创汇。

天然气管道领域。中国—中亚天然气管道 D 线在塔境内 410 千米，中国将投资 30 多亿美元，可为塔吉克斯坦创造 3000 多个工作岗位。塔吉克斯坦对中国—中亚天然气管道 D 线高度重视，中石油与塔吉克斯坦天然气运输公司已成立了合资公司，塔吉克斯坦境内段已于 2014 年秋季开建，但项目进展缓慢。

旅游领域。塔吉克斯坦境内山地旅游资源丰富，中塔在该领域的合作已经起步。2016 年 8 月，塔吉克斯坦举行帕米尔投资峰会，戈尔诺-巴达赫尚州与中国德丰利达集团签订了两项投资合作备忘录：一项是帕米尔高原旅游项目合作，包括高山滑雪、探险、狩猎、温泉等项目的开发；二是萨雷兹湖水电资源与"西水东引"项目开发。目前，两个项目已进入后续的可行性研究阶段。

（五）中国与土库曼斯坦

1. 中土合作概况

一是政治互信不断加深。自 1992 年中土建交以来，中土关系发展顺利。别尔德穆哈梅多夫总统执政后重视发展对华关系，强调中国是"亲密朋友和可靠伙伴"，是土库曼斯坦对外关系的优先方向。土库曼斯坦在涉台、涉藏和打击"东突"等问题上给予中国坚定支持。近年来，双方高层往来频繁，两国元首每年平均会面 2—3 次。别尔德穆哈梅多夫总统曾多次来华访问，2015 年 11 月别尔德穆哈梅多夫总统再次访华，与习近平主席举行会谈，并祝贺中国人民抗日战争暨世界反法西斯战争胜利 70 周年。两国元首表示将共同努力提升各领域合作水平，不断充实中土战略伙伴关系内涵，造福两国人民。2015 年 12 月 12 日，国家副主席李源潮作为特使，访问土库曼斯坦并参加土库曼斯坦"永久中立国"20 周年庆典活动。2016 年 6 月 23 日，习近平主席在塔什干参加上海合作组织峰会期间，与别尔德穆哈梅多夫总统会见。中方赞赏土库曼斯坦积极支持和参与"一带一路"建设，欢迎土方为改善地区交通基础设施条件、促进物流运输效率提升采取的措施，愿推动中方企业积极参与相关合作。2017 年 6 月 9 日，习近平主席与别尔德穆哈梅多夫总统在努尔苏丹会晤，并就中土双边合作交换意见。别尔德穆哈梅多夫总统表示，中土建交 25 年以来，两国关系发展良好。双方在彼此核心关切问题和国际事务中相互支持，经贸合作富有成果。

2020 年以来，中方高度关注土库曼斯坦防疫形势，1 月份中国驻土库曼斯坦使馆即同土库曼斯坦外交部建立疫情防控工作联系机制，中方是最早同土方开展卫生专家经验交流的国家之一。中方多次主动向土方发送新冠病毒感染防控诊疗方案、预防短视频以及复工复产经验做法，为土方开展防疫工作提供有益借鉴。此外，中方还努力帮助在华土库曼斯坦公民解决实际困难，特别对在湖北省和武汉市的土库曼斯坦留学生给予关心和帮助。

2022年1月，土库曼斯坦新任总统谢尔达尔·别尔德穆哈梅多夫访华，双方建立全面战略伙伴关系。两国元首在热烈友好的气氛中举行会谈，就中土关系、两国各领域合作以及共同关心的国际和地区问题深入交换意见，达成广泛共识。双方高度评价两国建交30年来各领域合作发展取得的丰硕成果，一致认为两国关系已进入全面发展的新阶段。基于两国合作的高水平，以及提升两国关系定位的共同意愿，双方宣布建立中土全面战略伙伴关系，持续深化中土全方位合作。

二是经贸合作快速发展。在政治互信不断加深的同时，中土经贸合作也发展迅速。中国与土库曼斯坦的双边贸易结构由两国的经济结构决定。中国是农业大国，建立了较为完善的工业体系，高新技术产业发展迅速。土库曼斯坦经济以能源为支柱，农业基本可以满足自身的粮食安全需要，工业以石油化工、纺织、电力和食品为主，高新技术产业尚在起步阶段。中土双方在能源、化工、交通、电信、纺织、建筑等领域合作密切。中国海关总署统计数据显示，2022年，中土两国贸易额逾111.81亿美元，同比增长52%。其中，土库曼斯坦对华出口额逾103亿美元，主要出口产品为管道天然气；土自华进口额逾8.68亿美元。在土库曼斯坦运行的中国企业约20余家，集中在能源行业。

2. 中土合作重点项目

能源领域。能源领域是中土合作的最重要领域，目前在土库曼斯坦中国企业近六成直接参与能源行业，如中石油阿姆河天然气勘探开发有限公司、中国石油集团川庆钻探工程有限公司土库曼斯坦分公司、中国石油集团工程设计有限责任公司土库曼斯坦分公司、中国石油建设工程公司土库曼斯坦分公司、中国石油天然气运输公司土库曼斯坦分公司、山东科瑞石油装备有限公司土库曼斯坦分公司等。其中以中土天然气管道为最大的合作项目。该管道起于阿姆河右岸的土乌边境，经乌兹别克斯坦中部和哈萨克斯坦南部，从霍尔果斯进入中国，成为"西气东输二线"。管道全长约10000千米，其中土库曼斯坦境内长188千米，乌兹别克斯坦境内长530千米，哈萨克斯坦境内长1300千米，其余约8000千米位于中国境内。管道A线于2008年2月开工，2009年12月投入运行，B线2010年10月投入运行，A、B两线输气能力共计每年300亿立方米。C线于2012年9月开工，2014年6月建成通气，输气能力为250亿立方米。D线目前正在建设中，每年可增供250亿立方米天然气，使土库曼斯坦向中国总供气能力达到每年800亿立方米。土库曼斯坦作为中国—中亚天然气管道的主要气源国，高度重视该管道项目。该管道为土库曼斯坦天然气出口多元化战略实施发挥重要作用。中土天然气合作具有战略性、长期性、优势互补、互利共赢的特点，不仅符合两国共同利益，也对管道沿线国家和本地区发展稳定发挥着重要作用。土库曼斯坦总统别尔德穆哈梅多夫曾表示，中土天然气合作项目的实施，实现了能源管道项目所有参与方——生产国、过境国、消费国合作共赢、利益共享的目标。

铁路建设领域。2013年，江苏国泰集团与土库曼斯坦签署铁路客车车厢进出口协议。为保证项目顺利落实，江苏国泰集团在土库曼斯坦注册了两家分公司，即江苏国泰力天实业公司土库曼斯坦分公司和江苏国泰国际集团恒源投资发展有限公司，分别负责机车通信设备调试和机车整车出口。此外，目前中国华为公司正在帮助土库曼斯坦提升铁路调度能力，预计到 2025 年可完成一期工程。

四、中亚经济走廊建设的困境

（一）区域内国家政局动荡风险

1. 哈萨克斯坦政局动荡风险

2019 年 3 月 19 日，哈萨克斯坦首任总统纳扎尔巴耶夫突然宣布辞职，尽管他仍将在哈萨克斯坦政治生活中发挥重要作用，但"后纳时代"已然开启，哈萨克斯坦内外政策调整将备受关注。按照纳扎尔巴耶夫的设想，哈萨克斯坦将形成相对制衡的"集体领导制"，新总统将不会拥有与纳扎尔巴耶夫一样的"超级权力"，其任期 5 年，且不得连任两次，总统仅可任命外交部长和强力部门领导人，政府其他成员由总理向议会提名。哈萨克斯坦传统上分为三大"玉兹"（部落联盟），部族问题复杂。独立后，其经济发展模式又滋生了庞大的利益集团，集体领导制可平衡各派利益，有利于国家稳定。

纳扎尔巴耶夫辞职后，因其控局能力依然强，哈萨克斯坦权力交接有序进行，政局相对平稳。2020 年，托卡耶夫总统力推哈萨克斯坦国内改革：一是成立最高改革委员会，其亲任主席；二是修改政党和选举法，建设"倾听型国家"，增强政府与社会的对话，让民众参与国家治理。此外还探讨基层自治新模式，强调权力下放。然而疫情当前，哈萨克斯坦改革之路阻力重重，并引发权力斗争。2020 年 5 月，托卡耶夫终止了纳扎尔巴耶夫大女儿达丽加·纳扎尔巴耶娃的议员资格，其上院议长职位自动被解除，引发高度关注。哈萨克斯坦政治进入独立以来最动荡的时期。托卡耶夫总统本身背后没有利益集团扶持,这与哈萨克斯坦现有利益集团产生冲突。这些集团利益交错,绝大多数与首任总统纳扎尔巴耶夫有关联。他们尚不愿退出历史舞台,与托卡耶夫总统有激烈矛盾。

2022年1月,双方矛盾终于激化,哈萨克斯坦遭遇独立以来的最严重骚乱。2022年1月2—11日,局势变化激烈。骚乱从曼吉斯套州蔓延至全国,民众的诉求也从民生问题扩展至政治领域,并逐渐暴力化。哈萨克斯坦政府反应迅速,逮捕多名高官,并依靠集安组织军事力量平息骚乱。此次骚乱有多重原因,既有高层内斗影响,也有社会矛盾因素。此后,俄乌冲突爆发,哈萨克斯坦此时刚从骚乱中恢复,国内形势正趋于稳定,冲突使得哈萨克斯坦国内外形势再次紧张。托卡耶夫总统迅速改组内阁,并于3月发表国情咨文。在咨文中,托卡耶夫强调独立与稳定,指出国内稳定是一切发展的基础。托卡耶夫还提出"新哈萨克斯坦"改革计划,将原来的超级总统制改为"强议会弱总统"制度,扩大议会权限,加强地方自治,同时完善社会财富分配机制,缩小贫富差距,增强社会公平。托卡耶夫此举意在缓和国内矛盾,减少因俄乌冲突给哈萨克斯坦经济带来的冲击,避免因经济问题再次出现类似1月骚乱的情况,给外部势力可乘之机。2022年6月,哈萨克斯坦举行1995年以来首次全民公投,修订宪法。新的宪法修正案规定哈萨克斯坦总统任职期限由5年延长到7年,且不得连任。此外,将首任总统纳扎尔巴耶夫的影响减少。修宪有力地保障哈萨克斯坦未来几年的政治稳定,消除了反对派及外部势力对于哈萨克斯坦的干预。2022年11月中旬,哈萨克斯坦提前举行总统选举,托卡耶夫当选。至此,哈萨克斯坦正式进入托卡耶夫时代。

2. 吉尔吉斯斯坦政局动荡风险

吉尔吉斯斯坦国内存在南北和部族差异问题,缺乏统一的政治认同。自改行议会制以来，吉尔吉斯斯坦陷入"低度民主陷阱"，国内政党间博弈不断，民众示威游行不断，缺少法治保障，国家秩序混乱，执政效率严重弱化。2017 年 11 月 24 日，热恩别科夫出任总统后，有意加强总统权力，减弱前总统阿坦巴耶夫的潜在影响力，两者博弈导致最大执政党社会民主党的分裂，加剧了吉尔吉斯斯坦国内政局不稳。

2020 年 10 月，吉尔吉斯斯坦政权再次非正常更迭。事件起因是议会选举舞弊，反对派拒绝承认选举结果，并发动民众上街游行，冲击议会大楼。热恩别科夫总统出逃，并被迫辞职。同时，反对派分裂内斗，吉尔吉斯斯坦一度陷入无政府状态，一些不法分子趁机实施暴力。此后，宣扬民族主义的政客扎帕罗夫出山，当选总理，随后出任代总统，将总理与总统大权集于一身。扎帕罗夫力主修宪，提高总统职权，遭到反对。他将议会重新选举推迟至 2021 年 3 月，并决定参加 2021 年初的总统选举。目前，吉尔吉斯斯坦面临总统大选、修宪与议会重选三大任务，未来每走一步均困难重重，可能迎来新一轮政治动荡。在总统选举中，2020 年骚乱中"脱颖而出"的代总统扎帕罗夫秉持民族主义，并无十足的胜算；老牌政客马杜马罗夫虽然在南部威望较高但在北方影响不足；其他参选人没有全国影响力。议会选举中，一方面各派势力已经就降低议会选举门槛达成共识，将会有更多的政党有机会进入议会；另一方面各方尚未能就如何处置 2020 年选举舞弊的政党达成共识，这将是政治斗争的引爆点。

吉尔吉斯斯坦国内秩序混乱对中国公司在吉尔吉斯斯坦运营构成严重影响。近年来，吉尔吉斯斯坦境内发生十多起针对中国公司的群体性事件。此外，中国公司进入吉尔吉斯斯坦后，被卷入政治斗争的情况屡见不鲜。吉尔吉斯斯坦前总理萨特尔巴耶夫、萨利耶夫等高官去职均被指责与中国公司有关。目前，吉尔吉斯斯坦国内热议的比什凯克市热电站便与中国的新疆特变电工集团有所牵连，造成多名中国员工被控制。

2022年俄乌冲突使吉尔吉斯斯坦外部环境更加困难，导致内部政治氛围也持续紧张。俄经济受俄乌冲突影响，对吉尔吉斯斯坦支持与管控减弱。在此背景下，吉尔吉斯斯坦与邻国间长期以来积累的划界问题开始发酵。9月，吉乌完成初步划界，但反对派指责政府出卖国家利益，并推动议长马梅托夫辞职。10月，反对派继续发动多场示威，反对边界划定。政府逮捕了数十名反对派领导人。虽然当选总统扎帕罗夫积极平衡总统与议会间权力，但困扰政坛多年的朝野之争仍未停息。当前吉尔吉斯斯坦经济凋敝、民生困难，在俄乌冲突背景下，其处境愈发艰难。

3. 塔吉克斯坦政权交接临近

近年来，塔吉克斯坦总统拉赫蒙强势打压国内反对派，将原伊斯兰复兴党取缔，导致该党部分成员再度极端化。政府和军方内部存在的潜在风险逐渐暴露。2015年5月，塔吉克斯坦内务部特警局局长哈利莫夫叛逃"伊斯兰国"；9月，塔吉克斯坦国防部副部长纳扎尔佐达率部叛乱被镇压。同时，东部戈尔诺—巴达赫尚自治州局势依然不稳。2018年9月，拉赫蒙到访该州，指责当地政府工作不力，导致部分内战时期的军官实际控制了地方局势。之后该州州长、副州长、内务局局长、法院及检察院院长均被撤换。此后，当地政府进行了一个月的武器清缴，缴获183支枪和4862发子弹。10月22日，当地7名前作战指挥官被州检察院传唤。同时，当局触动地方势力利益也引发了一定反弹。11月4日晚，戈州首府霍罗格市警务站遭到攻击，警方与袭击者交火，两人受伤。6日，当地数百人到州政府前游行，指责警方无故伤民，要求警方撤离该州。

拉赫蒙总统在打压反对派的同时，不断强化家族统治。2015年

12月，塔吉克斯坦议会下院通过了《民族领袖法》，授予拉赫蒙"民族领袖"称号。2016年5月22日，塔吉克斯坦再次举行宪法修正案全民公投，并以94.7%的支持率通过，拉赫蒙获得无限期连任总统的资格。与此同时，拉赫蒙总统的家族统治不断巩固。拉赫蒙有7个女儿、2个儿子，除小儿子在读中学外，其余子女或担任政府要职，或与政、企要员联姻。拉赫蒙的大儿子鲁斯塔姆（1987年出生）目前为国内"二号人物"，二女儿奥佐达目前任塔吉克斯坦总统办公厅主任。2020年10月，塔吉克斯坦举行总统选举，拉赫蒙得票率为91%，第五次出任总统。当前，塔吉克斯坦是独联体地区唯一老一辈领导人仍在位的国家，拉赫蒙总统年逾七旬，对国事愈感力不从心。俄乌冲突尤其是土库曼斯坦完成权力交接后，塔吉克斯坦也将平稳完成权力交接作为当前最重要的政治任务。拉赫蒙长子鲁斯塔姆作为"二号人物"，目前担任塔吉克斯坦上院议长兼首都杜尚别市市长。2022年，拉赫蒙有意让鲁斯塔姆在国际舞台上多多亮相，先后派其出访阿塞拜疆等国，为鲁斯塔姆接班做准备。在俄乌冲突大背景下，塔吉克斯坦国内分裂势力蠢蠢欲动。东部戈尔诺—巴达赫尚自治州反政府武装5月袭击当地强力部门。塔吉克斯坦当局随即强力反恐。9月，塔吉克斯坦与邻国吉尔吉斯斯坦边境地区爆发大规模民族冲突，造成数百人死亡，经过两国高层会晤方才停息。

4. 土库曼斯坦权力交接完成，但仍存风险

2022年，土库曼斯坦的权力交接迈出实质一步。2022年2月，俄乌冲突爆发前夕，土库曼斯坦总统别尔德穆哈梅多夫突然宣布提前两年举行总统大选。其长子谢尔达尔最终以超过70%的得票率胜出，任期至2029年。土库曼斯坦长期实行家族统治，别尔德穆哈梅多夫2007年上台以来，对内实行高福利政策，改善民生，对外开展平衡外交，为土库曼斯坦在动荡中谋求发展空间，获得民众支持。

谢尔达尔年富力强，形象较佳，从未出现过丑闻，民众对其支持较强。在俄乌冲突背景下，土库曼斯坦加速权力交接进程，避免了国家内部出现动荡，成功过渡到"太子登基"阶段。交权后，别尔德穆哈梅多夫仍继续担任上院议长，起到"监国"的作用，对其子"扶上马，送一程"。然而，在经济与地区动荡的双重作用下，谢尔达尔能否有效控局仍值得观察。

5. 乌兹别克斯坦内部出现动荡

乌兹别克斯坦总统米尔济约耶夫上台后，提出"新乌兹别克斯坦"改革计划。2021年10月，米尔济约耶夫成功连任，任期至2026年。2022年1月，乌兹别克斯坦公布《新乌兹别克斯坦发展战略2022—2026年》，启动"新乌兹别克斯坦"改革，确定了7个优先发展领域。2月俄乌冲突发生后，乌兹别克斯坦政府高度重视维持国内稳定、保障发展势头，因此加速了改革的推进进程。乌兹别克斯坦政府希望在确保经济高速发展的同时，消除司法领域的腐败，同时提升社会公平水平，缩短贫富差距，增强民众凝聚力，避免出现类似乌克兰的东西部民族矛盾与发展不平衡问题。乌兹别克斯坦于5月成立宪法委员会，启动修宪工作，6月，修宪草案公布，总统任期由5年延长至7年。

然而，修宪草案在西部卡拉卡尔帕克斯坦自治共和国引发强烈不满，并最终导致大规模骚乱，造成多人死伤。2022年7月1—2日，该自治共和国首都努库斯发生了大规模抗议活动。抗议人群涌上街头，反对近期通过的修宪提案。此次修宪提案规定卡拉卡尔帕克斯坦共和国归属于乌兹别克斯坦中央政府，不再享有此前的"可随时退出国家序列"的特权。抗议遭到当地军警的镇压，造成多人死伤。根据不完全统计，有20余人丧生，约300人受伤，500余人被捕。暴乱发生后，米尔济约耶夫亲赴该地，意在缓和局势，平定内乱。承诺撤回此前的修宪提案，同时宣布此次大规模抗议背后或有外国势力参与其中。为尽快平定局势，预防此后可能出现的动乱，该地区宣布进入紧急状态30天，同时进行网络与信息限制，一切和平集会、娱乐等活动都将被禁止，同时乌兹别克斯坦军队也将进驻当地维护治安。乌兹别克斯坦议会于7月4日确认了放弃改变卡拉卡尔帕克斯坦自治共和国地位的决定。借此机会，西方指责乌兹别克斯坦无视人权，威胁对其制裁。为此米尔济约耶夫果断应对，实施紧急措施，镇压暴乱分子，同时承诺修改修宪草案。乌兹别克斯坦此举成效显著，国内社会秩序迅速恢复。为避免出现国内动荡与外部势力干涉，乌兹别克斯坦放缓宪法改革进程，与民众加强沟通。

（二）大国博弈与地缘政治风险

中亚国家独立至今，中国与中亚各领域合作不断加深，中国在中亚的利益也不断上升。目前，中国在中亚的利益主要包括：首先，安全利益。中亚与中国新疆接壤，中亚的安全直接关系到中国西部边疆的稳定。其次，能源利益。中亚油气资源丰富，需要对外出口；中国能源长期以来谋求能源进口多元化。目前，中亚天然气进口约占中国天然气管道进口总量的50%左右，保障西部能源通道是中国在中亚的重要利益。最后，通道利益。中亚位于欧亚大陆的中心，是欧亚陆路交通枢纽，是中国前往中东、欧洲的重要通道。2013年9月，习近平主席在哈萨克斯坦提出共建"丝绸之路经济带"倡议，进一步提升了中亚对中国国际走廊的意义。但中国在中亚存在的上升不可避免地与俄罗斯、美国、欧盟在中亚的利益产生冲突。

2022年俄乌冲突爆发后，中亚国家经历了较为困难且动荡的一段时期，地区形势也较为复杂。哈萨克斯坦、塔吉克斯坦、乌兹别克斯坦等中亚国家都出现了不同程度的动荡，常年保持稳定的中亚安全形势也趋于恶化。在俄乌冲突背景下，中亚各国政治稳定面临挑战，经济复苏乏力，民生困难程度增加。同时，大国在中亚地区的地缘政治博弈更加激烈，地区格局呈现新的态势，安全挑战也逐渐增多。面对多重挑战，中亚各国纷纷积极应对，出台新战略，推动新改革，在努力维护本国稳定的同时，寻求地区的持续发展。

一是俄罗斯因素。中亚的安全和稳定对中国和俄罗斯均有重要意义，中俄就两国关系及共同关心的重大国际和地区问题基本达成一致，这也是上海合作组织成立、中俄在中亚开展合作的基础。但目前中国与俄罗斯在中亚能源、经济和交通领域亦存在竞争。能源方面，中亚油气对华出口提升了俄罗斯与中国能源合作的成本；经贸方面，2008年后中国与中亚国家经贸额已超过俄罗斯成为第一大贸易伙伴；交通方面，中国欲修建的新欧亚大陆桥与俄罗斯境内的欧亚铁路形成竞争。总体来看，俄罗斯十分担心中国通过能源等各领域合作，冲击俄罗斯在中亚的经济利益，甚至取代俄罗斯控制中亚。2013年中国提出"丝绸之路经济带"倡议后，俄罗斯对此十分忧虑，也加快了推进其主导的"欧亚经济联盟"建设，对中国与中亚各国的经贸合作构成较大限制。中俄虽然签署了"一带一盟"对接合作协议，俄罗斯对于"一带一路"倡议的立场趋向积极，但对中国在中亚地区影响的上升仍然难以释怀，可能暗中干扰。此外，中国—吉尔吉斯斯坦—乌兹别克斯坦铁路也因俄罗斯背后的阻碍，十几年毫无进展。未来，中国"一带一路"倡议在中亚的落实仍需考虑俄罗斯因素的影响。

2020年，受新冠病毒感染疫情的影响，俄罗斯与中亚国家的外交互动有所减少，但总体保持积极态势。中亚各国经济、疫情防控等遭遇严重困难，部分国家政局陷入动荡，对俄罗斯的客观需求有所上升。俄罗斯围绕着疫情对中亚各国提供援助，加大与各国的沟通合作，凸显出其在该地区的特殊影响力。新冠病毒感染疫情发生后，俄罗斯与中亚国家领导人保持了密切的通话或会晤联系，适时地讨论地区形势和双边合作。2020年3月，纳扎尔巴耶夫访问俄罗斯与普京举行会晤。6月底，中亚五国总统借二战纪念日庆典活动，同时访问俄罗斯，分别与普京举行了双边会谈。7月，普京与拉赫蒙通话，商讨双边合作问题。9月，吉尔吉斯斯坦前总统热恩别科夫访问俄罗斯，与普京商讨政治和经济合作问题。10月，纳扎尔巴耶夫再次与普京举行通话，讨论地区热点问题。此外，10月15日俄罗斯与中亚外交部长第三次定期会晤以视频会议方式举行，俄罗斯外长拉夫罗夫和中亚五国外长参会，俄罗斯承诺在抗疫和疫苗合作等方面给予中亚国家全力支持。

在具体的合作领域，俄罗斯在抗击疫情、疫苗接种、劳工就业和经贸合作等领域发挥了重要作用。隔离防控、防疫物资援助和劳工安置问题均成为了中亚国家与俄罗斯对话和合作的重点。俄罗斯向中亚各国提供了医疗人员和物资援助，并与各国协调劳工返回和就地安置问题。俄罗斯疫苗研发获得突破后，中亚各国均表达了浓厚的兴趣，希望可以较早地获得疫苗。10月，俄罗斯总理米舒斯京出席欧亚经济联盟政府间理事会会议时表示，在俄罗斯大规模接种新冠疫苗后，欧亚经济联盟成员国将成为首批获得疫苗的国家。经贸领域，俄罗斯加大了对中亚国家必需品的出口，并为在俄罗斯的中亚劳工就业和汇款提供了一定支持。

俄乌冲突爆发之后，俄罗斯对中亚事务关注有所减弱，但并未完全放松，而是利用军事、安全等抓手对中亚频繁"敲打"，警告其不要成为"第二个乌克兰"。2022年是俄罗斯和中亚国家建交30周年，各方互动的最大亮点是将既有"俄罗斯＋中亚"外长会晤机制拓展至元首和防长会晤。4月，"俄罗斯＋中亚"第五次外长会议以视频方式举行。6月，首次"俄罗斯＋中亚"防长会在莫斯科举行，重点讨论联合打击阿富汗境内猖獗的国际恐怖组织。10月，六国元首在哈萨克斯坦出席首届"俄罗斯+中亚"峰会，围绕加强经济合作与共同维护地区安全等议题深入交换意见。

总体来看，中亚仍将俄罗斯视为外交优先方向，但乌克兰危机给双方关系蒙上阴影，对俄哈关系的影响尤其明显，俄罗斯与中亚国家关系有可能在危机过后出现一些微妙变化。俄哈有着7500千米的漫长边界，哈萨克斯坦也存在哈籍俄罗斯族人和俄语地位问题。近年来，俄罗斯个别政客和媒体也多次公开声称哈萨克斯坦北部城市是俄罗斯的城市。因此，哈萨克斯坦对乌克兰危机的爆发十分震惊，哈萨克斯坦官方立场十分坚定，不支持乌东独立，不帮助俄罗斯绕开西方制裁。总统托卡耶夫在圣彼得堡经济论坛上，当着普京的面公开表达这一立场，让俄罗斯十分不满。俄罗斯以不同的理由限制哈萨克斯坦里海石油管道的运输，使哈萨克斯坦经济受损。哈萨克斯坦虽对乌克兰危机十分担心、对主权领土问题十分敏感，但不会奉行公开的反俄政策，在保持哈俄合作的同时加大与其他国家的合作，试图逐步与俄罗斯拉开距离。中亚其他国家对俄罗斯的戒备之心没有哈萨克斯坦那么强烈，在乌克兰危机中保持中立态度，但也不同程度地表达了对俄罗斯威胁的担忧。10月中旬，塔吉克斯坦总统在俄罗斯—中亚峰会上，公开表达了对俄罗斯的不满，希望俄罗斯能"尊重中亚国家"。

二是美国因素。美国与中国在中亚既有竞争又有合作。美国认为中国在中亚的经贸投资，短期看有利于打破俄罗斯在中亚的独大局面，长远看有利于中亚的经济发展和民主改造，因此美国对中国与中亚的经贸合作保持相对开放的态度。但在国际层面，美国与中国、俄罗斯存在大三角博弈，中亚自然成为美国制衡中国、俄罗斯的重要地缘楔子。美国希望在中亚保持乌克兰危机式的"可控混乱"，最担心的是中亚成为中国、俄罗斯的"共管地"。此外，近年来随着中国在中亚经济存在的日益上升，美国也担心中亚沦为中国的能源基地。中国提出"一带一路"倡议后，美国也在加快推动其"中亚战略"，意在干扰"丝路带"建设。近年来，特朗普政府调整阿富汗战略，坚定执行撤军计划。受此影响，其"中亚战略"也持续调整。2015年，美国与中亚五国建立了"C5+1"外长级对话机制，扩大了与各国对话合作的领域。2020年，美国与中亚国家的对话并未因疫情和大选而中断，显示出了美国对中亚地区的关注。2月，美国国务卿蓬佩奥对哈萨克斯坦和乌兹别克斯坦进行了正式访问，同时参加了在乌兹别克斯坦举行的"C5+1"外长会议。访问哈萨克斯坦期间，蓬佩奥表示美国支持哈萨克斯坦独立选择对外合作伙伴，特别是与美国公司开展经贸合作；支持哈萨克斯坦国内的改革；与哈萨克斯坦讨论了维吾尔族和哈萨克族的问题。访问乌兹别克斯坦期间，蓬佩奥表示美国支持乌兹别克斯坦各项改革，愿为乌兹别克斯坦加入世界贸易组织提供全面帮助，并讨论了阿富汗和平重建等问题。

蓬佩奥访问中亚后，美国发布了新版"中亚战略"——《美国的中亚战略（2019—2025）：加强主权和促进经济繁荣》。美国"新中亚战略"继续以"加强主权"为标题，将加强中亚各国的主权和独立列为首要目标，称"美国的参与可以平衡地区邻国对中亚各国的影响"，"无论美国在阿富汗的参与程度如何，中亚都是对美国国家安全利益至关重要的战略地区"，宣示美国对中亚地区的关注。同时，虽然新版"中亚战略"中并未明确提到中国、俄罗斯，但强调"美国致力于减少中亚国家对'恶行者'（malign actors）的依赖，实现真正主权与经济独立"。将经济独立与主权并列的新表述，表明美国已将其在中亚的主要博弈对手从俄罗斯变为中国、俄罗斯两国。

2021年美国从阿富汗撤军后，在中亚影响力有所下降，但乌克兰危机给予美国可乘之机，使其加紧渗透中亚。美国意图通过布局与渗透中亚，在阿富汗撤军、美国对中亚缺乏博弈抓手的背景下，抓住俄乌冲突的"良机"，加紧在中亚扩展自身影响。在政治与人权层面，2022年2月，"美国+中亚"外长会在线上举行，美国国务卿布林肯提出美军基地可能重返中亚，试探各国反应。4月，美国负责民事安全、民主和人权事务的副国务卿乌兹拉·泽雅访问哈萨克斯坦、吉尔吉斯斯坦两国。5月23—27日，美国负责南亚和中亚事务的助理国务卿唐纳德·卢访问中亚四国。美国大力兜售"价值观外交"，并承诺对俄罗斯制裁不会"误伤"中亚。美国试图通过高频率的互动，向中亚传递信号，即俄罗斯目前正全力处理俄乌冲突，未来对中亚关注势必减弱，中亚欲保持自身安全与稳定，美国是除俄中之外的最佳选择。美国希望中亚国家通过与美国合作，减轻对于中俄的依赖。美国计划"算长期账，打长远牌"，不急于近期就在中亚获取外交突破，而是深耕细作，持续施加影响，以期未来几年能够取得效果。在军事领域，美国与各国加强军事合作，加大力度兜售武器。8月10日，美国参加在塔吉克斯坦举办的"区域合作-2022"联合军演。在经济领域，美国不断承诺向中亚加大经济援助力度，以助其度过"因俄乌冲突而引发的经济寒冬"。9月22日，"美国+中亚"外长会议在纽约线下举行，美国表示将划拨2500万美元用于提升中亚出口潜力和居民教育水平。10月初，美国国际开发署承诺将追加中亚项目投资，推动地区国家与俄罗斯经济"脱钩"。此外，美国还发起舆论战，大肆渲染中亚国家在乌克兰危机中对俄罗斯的恐惧，炒作俄罗斯与中亚关系裂痕等议题。

美国最本质目标是全面遏制中俄。持续遏制俄罗斯是美国冷战后一直推行的目标，北约东扩、伊拉克与阿富汗战争、推行页岩气和页岩油等手段，其目的均是遏制俄罗斯在地缘与能源方面的影响，使其沦为失败国家，难有翻身之日。当前，俄美围绕乌克兰问题激烈博弈，美国通过挑动战争成功将俄罗斯"拉入"战争泥潭，导致俄罗斯全面受到西方制裁，内外压力陡增。俄罗斯对乌克兰速胜的战略目标未能实现，经过谈判被迫在乌克兰北部与中部撤军。俄罗斯立场后退使得美西方进一步确认俄罗斯实力极限，即俄罗斯并无能力完全掌控当前俄乌冲突，美西方应继续向乌克兰提供武器，助乌克兰把俄罗斯拖住，使其内部问题不断累积，最终实现崩溃。与此同时，美国也进一步确认俄罗斯在显出颓势的背景下，今后对于独联体其他国家的掌控与影响将持续减弱。美国与中亚各国关系的调整，应放在此大背景下考虑。苏联解体后美国积极与中亚各国发展关系，并利用阿富汗反恐战争在中亚部署军事设施，其目的一直是遏制俄罗斯在该地区的影响，使该地区成为美国打压俄罗斯的重要抓手。当前，美国希望在俄罗斯被俄乌冲突牵制大部分战略精力的同时，在俄罗斯"后院"积极作为，趁机施加影响，捅俄罗斯"软肋"，尽可能推进美国与中亚国家关系，以进一步遏制俄罗斯影响，使俄罗斯"首尾不得相顾"。

三是欧盟因素。欧盟一直关注中亚和阿富汗地区，2007 年曾出台《欧盟与中亚：新伙伴关系战略》。从实际合作领域看，欧盟与中亚国家的合作主要集中在民生、教育、医疗和反恐领域，而且以资金援助为主，主动参与的项目较少。近年来，在联通欧亚倡议不断提出的背景下，特别是中国提出"一带一路"倡议后，欧盟开始重新审视其欧亚地区战略。2018 年 3 月，在塔什干召开的阿富汗国际会议期间，欧盟委员会副主席、外交与安全政策高级代表莫盖里尼与中亚五国外长（土库曼斯坦为外交部副部长）举行了"欧盟+中亚五国"外长协商机制例行会晤。同年 9 月，欧盟委员会发布了题为《连接欧洲和亚洲——对欧盟战略的设想》的政策文件，强调了中亚地区在中欧互联互通等方面的重要性。2019 年，欧盟委员会重新修订和审议新的欧盟对中亚地区战略，欧盟对中亚的援助和投入大幅提升，有望加速推动欧亚大陆的东西互联互通。因此，未来中欧在中亚地区的合作潜力较大。

四是土耳其和伊朗因素。乌克兰危机爆发后，中亚国家经俄罗斯入欧洲的传统物流渠道受阻，亟需开发替代性运输路线。土耳其和伊朗利用自身区位优势，与中亚国家共建通往欧洲和中东的过境通道，得到积极响应。土耳其力图在东西方向打通跨里海走廊，通过高加索和中亚地区贯通欧亚大陆。伊朗则在南北方向发力，总统莱希表示愿向哈萨克斯坦、土库曼斯坦等国提供抵达波斯湾的出口通道。

2022年，土耳其、伊朗与中亚国家高层会面频繁，合作升温。土耳其总统埃尔多安3月访问乌兹别克斯坦，两国关系提升至全面战略伙伴关系。上海合作组织撒马尔罕峰会期间，埃尔多安再访乌兹别克斯坦；5月10—11日，哈萨克斯坦总统托卡耶夫访问土耳其，两国建立"增强型战略伙伴关系"。10月，埃尔多安赴哈萨克斯坦出席哈土高级别战略合作委员会第四次峰会和亚洲相互协作与信任措施会议第六次峰会，托卡耶夫亲赴机场迎接。5月底，塔吉克斯坦总统拉赫蒙访问伊朗，签署16项合作协议。6月，土库曼斯坦新总统谢尔达尔访伊，双方一致同意加强能源和物流合作。同月，托卡耶夫访问伊朗，双方签署涉及多领域的9份谅解备忘录，重点关注运输和物流合作。同月下旬，伊朗总统莱西赴土库曼斯坦出席第六届里海沿岸国家首脑峰会。9月，伊朗总统莱希赴乌兹别克斯坦出席上海合作组织撒马尔罕峰会，伊朗成为上合组织成员国，对中亚地区的影响将大幅提升。

五是吉塔边界矛盾。吉尔吉斯斯坦西南部贾拉拉巴德、奥什、巴特肯州与塔吉克斯坦北部索格特州位于中亚人口聚居区——费尔干纳谷地周边山地，而费尔干纳谷地又属乌兹别克斯坦。因此，这一地区地理环境十分复杂，人口分布较多，吉、塔、乌三族彼此聚居杂居，生活区域犬牙交错。吉塔之间的边界近1000千米。在苏联时期，由于同为苏联领土，该地区在行政区划上并未完成明确划界，许多村落、哨所、道路等归属并不明确。吉、塔、乌三国在各自领土内均存在飞地，仅塔吉克斯坦在吉尔吉斯斯坦境内面积较大的飞地就有4—5块。苏联解体后，由于划界不清与民族杂居，此地区围绕着边境、道路、水源、居住地的矛盾逐渐激化和升级。三国之间经常爆发边境冲突，较大的冲突包括2010年吉尔吉斯斯坦"颜色革命"期间爆发的"4·7"骚乱，当时吉族与乌族爆发大规模族际冲突，造成数千人伤亡，许多乌族被迫逃往乌兹别克斯坦境内，两国关系急剧恶化。近年来吉塔之间也经常爆发小规模交火，2021年此地就曾发生过小规模冲突，导致数十人丧生、数十座房屋被毁。2022年，此地已发生5次边境冲突。吉塔边境冲突多为当地居民之间引发的矛盾，此次边防军之间的矛盾并不多见，也可看出双方间的矛盾已十分尖锐。

2022年9月14日，吉尔吉斯斯坦边防部队称，塔吉克斯坦边防部队向吉尔吉斯斯坦巴特肯州多个哨所开火。而塔方则指责吉尔吉斯斯坦军队袭击塔吉克斯坦边境多个定居点，摧毁了一座清真寺，并表示吉方还使用了迫击炮等重型武器。双方交火持续数日，造成数百人伤亡。吉外长库鲁巴耶夫与塔吉克斯坦外长穆赫里丁就边境局势进行了接触与商讨。16日，吉塔两国元首在乌兹别克斯坦举行的上海合作组织峰会期间举行了会晤，讨论了边界问题，并责成有关部门立即撤军，停止冲突。17日，两国安全部门领导人开始谈判，但当天双方仍有炮击。吉方表示，已经疏散了13.6万人。未来，在高层互信缺失、民粹主义盛行、外界调解不足的大背景下，中亚的边境纠纷可能持续，给中亚稳定带来新的不确定性。

（三）区域内经济风险

近年来尤其是2022年俄乌冲突爆发后，中亚经济下行风险陡增。为此，各国积极应对，努力避免经济大幅滑坡，但通胀和负债问题始终无法解决，中亚各国经济复苏面临诸多挑战。

首先，地区形势不稳影响经济复苏。2021年中亚经济实现正增长，但未恢复到新冠病毒感染疫情前水平，发展仍处于困境中。2022年，突发的地缘危机使各国经济普遍被看衰。面对困难形势，中亚各国多管齐下，采取多种反危机措施，基本遏制住衰退势头。虽然2022年各国经济增速未高于2021年，同时2020—2022年的3年平均增速也低于疫情前，但整体发展好于预期。2022年，哈、乌、塔、土GDP同比分别增长3.2%、5.7%、8%和6.2%。各国经济好于预期的主因在于应对危机的措施相对及时。

其次，为应对危机，各国出台经济新战略。2022年1月，乌兹别克斯坦出台《新乌兹别克斯坦2022—2026年发展战略》，继续深化经济改革，扩大对外开放，计划未来5年将乌人均GDP提高60%，2030年前达到人均4000美元。2月，土库曼斯坦颁布《2022—2052年国家社会经济发展规划》，方向是建立有效市场机制，加速发展油气综合体等。哈萨克斯坦启动"新哈萨克斯坦"改革，经济领域包括减少国家干预、取消非必要价格调控和加速私有化等。各国还积极保障民生。3月，乌兹别克斯坦通过法令，向侨工家庭提供无偿援助、低息贷款、培训补贴等，受惠人群约200万。同时，乌兹别克斯坦还为失业侨工创造数万个就业岗位。乌兹别克斯坦还大力控制物价，加大市场监管，打击囤积居奇。塔吉克斯坦制定反危机计划，首要任务是确保食品供给。

据欧洲复兴开发银行等机构预测，未来中亚经济将保持低速增长，甚至难以恢复至疫情前水平。其中，各国债务风险上升是主要原因。2022年，以美联储为主的主要国家央行快速加息，抬升了全球无风险利率，推高了发展中国家债务风险。中亚各国也已经或即将陷入债务困境。目前，哈、吉、塔等国债务存量已接近或超过国际警戒线，未来可能爆发债务危机。

（四）非传统安全风险

近年来，中亚地区安全形势总体稳定，中亚地区恐怖袭击次数整体较低，但各国恐怖袭击事件分布不均。其中哈萨克斯坦境内恐怖袭击事件较少，但与塔吉克斯坦接壤的阿富汗地区恐怖形势严峻，阿富汗动荡始终无法消除是中亚地区最大的安全风险，跨境有组织犯罪和极端主义也是地区安全顽疾。此外，中亚各国间的民族、宗教矛盾也时有爆发。

恐怖主义风险上升。一是阿富汗战争风险外溢。阿富汗是全球最动荡的国家之一，与阿富汗毗邻的中亚国家首当其冲承受阿富汗局势动荡和风险外溢的挑战。阿富汗塔利班近年来频繁与土库曼斯坦和塔吉克斯坦边防部队在边境地带交火。2022年以来，阿富汗境内恐怖组织也多次袭扰乌阿、塔阿边界。5月，"伊斯兰国呼罗珊分支"宣称向塔吉克斯坦境内发射了7枚火箭弹。7月，5枚来自阿富汗的火箭弹落入乌兹别克斯坦境内。据称，当前阿富汗境内藏匿着包括"伊斯兰国"在内的20多个极端恐怖组织，仅"基地"组织就达千余人，阿富汗东北部还有多个自杀式炸弹袭击营，塔利班政权对其约束力有限。塔利班掌权后，从阿富汗流向中亚的毒品未见明显减少。塔吉克斯坦2022年第一季度缴获的阿富汗毒品数同比大幅增长13.5倍。4月，塔吉克斯坦内务部在塔阿边境查获92千克毒品。9月，乌兹别克斯坦警方缉获95千克毒品，其中鸦片和大麻均来自阿富汗。10月，乌兹别克斯坦内务部在塔什干逮捕一个涉嫌贩运阿富汗毒品的犯罪团伙。此外，中亚多国执法人员发现，阿富汗输出的主要毒品种类正从鸦片升级为冰毒。二是极端化问题发展。中亚各国大多处于转型期，内政不稳引起社会问题，为极端主义思想提供了滋生的温床，极端化问题突出。年轻人受极端思想影响参与"圣战"，为恐怖组织所利用，加大了恐怖主义的风险。在这种极端思想的影响下,"监狱极端主义"频发,成为近年塔吉克斯坦频频发生监狱暴动的重要原因。① 三是恐怖组织相互勾连。欧亚地区恐怖组织相互勾结,跨区参与恐怖活动,加大了遏制恐怖袭击的难度。四是"独狼"式恐怖袭击频发。该种恐怖袭击方式无组织无决策,由恐怖分子自主决定攻击的时间、地点和目标,躲避反恐的能力更强,增加了打击恐怖袭击的难度。

跨国有组织犯罪猖獗。跨国有组织犯罪是 2022 年中亚地区面临的主要安全挑战之一。6 月 23 日,乌兹别克斯坦国家安全局在费尔干纳一居民家中发现一条直通吉尔吉斯斯坦巴特肯地区的地下隧道。此前已在乌吉边境发现三条类似大型走私地道。同月,俄、乌、哈、吉安全部队共同清除地区毒品网络,捣毁 6 个毒品实验室,查封大量制毒原料。10 月 11 日,哈萨克斯坦安全部门在哈乌兹别克斯坦边境逮捕一个犯罪组织,该组织涉嫌向外国公民和私人承运人勒索过路费。极端势力本土化趋势加剧是中亚安全面临的另一大挑战。2022 年 2 月,乌塔什干地区 24 人因涉嫌宣传极端主义被拘留。5 月,吉尔吉斯斯坦特勤局抓捕 12 名"伊斯兰解放党"活跃分子。6 月,乌兹别克斯坦强力部门在塔什干和撒马尔罕地区抓捕 7 名"伊斯兰解放党"成员。7 月,乌兹别克斯坦内务部捣毁恐怖组织"伊斯兰解放党"在乌兹别克斯坦新分支。

(五)区域内营商环境风险

中亚国家独立不久,在国家机构建设方面仍存在很多问题,各国普遍存在腐败问题、行政低效和政府干预、法律不完善等问题,

---

① 苏畅:《中国海外利益面临的恐怖主义风险分析——以中亚地区为例》,《俄罗斯学刊》,2020 年第 5 期。

对中国企业在当地开展投资和经贸活动构成影响。

中亚各国普遍存在政治精英家族控制重要国家资源的情况。以塔吉克斯坦为例，拉赫蒙总统家族成员控制了大量重要经济部门，比如总统的妻弟哈桑·阿萨杜罗佐达担任塔吉克斯坦"奥利约恩"银行的负责人，握有巨额资产，其名下还有众多其他公司，被认为是塔吉克斯坦的巨商。总统的四女儿塔赫米娜是隐形富豪，其名下拥有大量商业资本，包括商场、餐厅和房产，曾被国际媒体评为中亚地区最具影响力的女性之一。总统长子鲁斯塔姆2009年娶杜尚别市的一个大型粮食公司老板的女儿，同时其名下还拥有大量商业资产。此外，塔吉克斯坦最大公司——塔吉克斯坦铝厂、塔吉克斯坦电力公司等均与总统家族有密切关系，这些导致中国与塔吉克斯坦开展经贸合作时，不得不面对较多的政治干预风险。

同时，中亚各国的政府职能部门均存在不同程度的办事效率低、腐败程度高等问题，增加了外国企业经营活动中的时间和金钱损耗。执法部门执法随意性较大，腐败现象较为严重和普遍，企业容易受到执法人员摆布，加大了中小型企业的经营风险。

此外，中亚部分国家的基础设施严重落后，对中国公司在当地开展业务构成负面影响。如塔吉克斯坦国土面积的93%为山地，地形复杂，筑路十分困难，交通条件差。交通不便导致外资企业货物运输常常因为自然及人为原因受阻，工程承包及投资项目的设备、原材料及产品成本较高，运输周期较长，并且经常无法按期到达。同时，矿产开采企业则需要为道路建设和供电付出较大成本。塔吉克斯坦水资源丰富，但开发程度十分有限，导致国内电力不足，影响企业正常运行。目前，塔吉克斯坦每年缺电40亿—50亿度，且季节性十分明显，夏季电力充分，冬季则需要从哈萨克斯坦、吉尔吉斯斯坦等国进口。而乌兹别克斯坦则存在汽油短缺问题，对中国公司在当地项目施工造成一定制约。

第三章　中亚—西亚经济走廊之西亚

西亚地区是世界重要能源产区，是中国推进"一带一路"建设、开展国际发展合作的关键区，也是国际矛盾集中、世界大国竞争激烈的地缘政治敏感地区。在新时代，中国要以全新的视角审视和看待西亚地区，要根据自身实际需要，因地制宜、具体施策，在推动与西亚国家关系发展的过程中，推动中国—中亚—西亚经济走廊建设高质量发展，力争为"一带一路"建设树立更多样板项目和样板工程。

一、西亚经济走廊的建设现状

地理和文化意义上的西亚地区①西起红海，南至阿拉伯海，东达伊朗、阿富汗。西亚这一联结着亚洲、欧洲和非洲的中间地带包含了中东的大部分国家。该地区具体包括：沙特阿拉伯、阿联酋、卡塔尔、巴林、阿曼、科威特、伊拉克、也门、叙利亚、黎巴嫩、约

---

① 本章所指涉的西亚包括阿联酋、阿曼、阿富汗、阿塞拜疆、巴勒斯坦、巴林、黎巴嫩、科威特、卡塔尔、沙特阿拉伯、土耳其、叙利亚、伊拉克、以色列、也门、伊朗、约旦、格鲁吉亚和亚美尼亚。中国一带一路官网提供的基础数据中所列举的西亚各国包含上述国家。参见：《一带一路大数据指数各国数据》，中国一带一路网，https：//www.yidaiyilu.gov.cn/jcsjpc.htm。另有以经济合作与发展组织（Organization for Economic Co-operation and Development，OECD）为代表的国际组织，在统计上将阿联酋、阿曼、巴勒斯坦、巴林、卡塔尔、科威特、黎巴嫩、沙特阿拉伯、土耳其、叙利亚、也门、伊拉克、伊朗、以色列和约旦列为西亚国家。

旦、巴勒斯坦、伊朗、土耳其、以色列、阿富汗、塞浦路斯、格鲁吉亚和阿塞拜疆。阿拉伯人、犹太人、波斯人、土耳其人等多族裔居民共同生活在西亚地区，构成了丰富的民族图景。西亚在地缘、能源、互联交通的地位上都十分重要，然而，这一地区各国发展水平差距较大，是当前世界政局和军事局面最为动荡的热点地区，是机遇和挑战、发达与贫困、地区强国与内战国同时存在的复杂地区。

（一）支点国家

战略支点国家，也可称为支点国家或战略支点，是大国在进行全球及地区战略部署中，有足够的地区影响并对大国的战略起到显著支撑作用的国家。[1] 西亚地区的战略支点国家包括具有重要战略位置、较强辐射能力且与中国有牢固共同利益的三个地区大国：沙特阿拉伯、伊朗、土耳其。从双边关系发展水平来看，其中，中国与沙特阿拉伯、伊朗建立了全面战略伙伴关系，与土耳其建立和发展战略合作关系。

1. 沙特阿拉伯

沙特阿拉伯王国（简称沙特）地处亚洲西部的阿拉伯半岛。东西分别被波斯湾、红海相围，位于亚、非、欧三大洲交汇处。周边接壤或临近的国家包括也门、阿曼、约旦、埃及、叙利亚、伊拉克、伊朗等。沙特石油天然气资源丰富，石油储量和剩余产能均居世界首位。同时，沙特也是中东地区最大的经济体和消费市场，是世界贸易组织、二十国集团、石油输出国组织成员。沙特首都是利雅得

---

[1] 赵雅婷：《"一带一路"背景下中国战略支点国家的选择——以中国同哈萨克斯坦战略合作为例》，《新疆社会科学》，2015年第6期，第75—80页。

(Riyadh)，也是沙特最大城市。沙特同时拥有伊斯兰教两个最为重要的圣地，麦加及麦地那，每年12月世界各地数百万伊斯兰信徒前往麦加朝觐。公元15世纪，明朝著名航海家郑和下西洋时也曾到过沙特。中国与沙特的交往源远流长。中国与沙特于1990年建交，虽然建交时间较晚，但自此以后，两国关系发展迅速，各领域合作取得显著成果。2015年，中国已经成为沙特最大的贸易伙伴。双方政治互信不断增强，高层交往频繁。2016年，中国和沙特宣布建立全面战略伙伴关系。2022年，中沙两国签署《中华人民共和国和沙特阿拉伯王国全面战略伙伴关系协议》，同意每两年在两国轮流举行一次元首会晤。沙特处于中东枢纽位置，区位优势明显，是"一带一路"建设的重要节点地区。2017年3月18日《中华人民共和国和沙特阿拉伯王国联合声明》发布，沙特方面明确表示愿意成为"一带一路"的"全球合作伙伴和西亚的重要一站"。[①] 近年来，两国在各领域开展友好合作，务实合作水平不断提高，共建"一带一路"合作成果丰硕。此外，中国在沙特的民众基础较好，阿拉伯古训中就曾提到："知识虽远在中国，亦当求之。"近年来，随着中沙之间合作全面深入，沙特民间掀起学习中文的热潮，中文已正式纳入沙特国民教育体系。

2. 伊朗

伊朗伊斯兰共和国（简称伊朗）地处西亚的心脏地带，南临波斯湾，北接里海，其重要的地缘战略位置、丰富的石油和天然气资源以及历史宗教文化遗产决定了其在中东和海湾地区的重要大国地位。首都德黑兰为全国政治、经济、文化中心。目前在伊朗长期居

[①]《中华人民共和国和沙特阿拉伯王国联合声明》，https：//www.fmprc.gov.cn/web/gjhdq_676201/gj_676203/yz_676205/1206_676860/1207_676872/t1446787.shtml。（上网时间：2020年11月23日）

住的华人约100余人。伊朗是一个多民族国家，其中波斯人占66%，阿塞拜疆人占25%，库尔德人占5%。官方语言为波斯语。全国98.8%的居民信奉伊斯兰教，其中91%为什叶派，7.8%为逊尼派。伊朗是中东地区强国，政治、经济和宗教影响力都不容忽视。中国与伊朗的交往贯穿两国历史，2000多年前，两国就通过古丝绸之路建立了友好交往，伊朗成为了丝绸之路上重要交通枢纽和贸易集散地。今天，伊朗是中国"一带一路"建设中的重要支点国家，而中国则是伊朗政治"向东看"的目标伙伴，两国近年来往来密切。在"一带一路"倡议下，双方以《中华人民共和国政府和伊朗伊斯兰共和国政府关于共同推进"丝绸之路经济带"和"21世纪海上丝绸之路"建设的谅解备忘录》和《中华人民共和国国家发展和改革委员会与伊朗伊斯兰共和国工业、矿产和贸易部关于加强产能、矿产和投资合作的谅解备忘录》为依据拓展合作，内容涵盖"交通运输、铁路、港口、能源、贸易和服务业等领域的相互投资和合作"。[①] 美国退出伊核协议之后，伊朗的经济环境恶化，伊朗更加重视与中国的外交关系，伊朗高层接连访华，推动中伊政治、经贸合作。2021年3月，双方签署两国全面合作计划。2022年1月，中伊双方宣布启动中伊全面合作计划落实工作。

3. 土耳其

土耳其国土面积78.36万平方千米，横跨欧亚两大洲，北临黑海，南临地中海，东南与叙利亚、伊拉克接壤，西临爱琴海，并与希腊以及保加利亚接壤，东部与格鲁吉亚、亚美尼亚、阿塞拜疆和伊朗接壤，是连接欧亚的十字路口，地理位置和地缘政治战略意义

[①] 《中华人民共和国和伊朗伊斯兰共和国关于建立全面战略伙伴关系的联合声明》，中国外交部官网，2016年1月23日，https://www.mfa.gov.cn/web/ziliao_674904/1179_674909/201601/t20160123_7947644.shtml。（上网时间：2020年11月23日）

极为重要。

　　首都安卡拉为全国政治中心和第二大城市，伊斯坦布尔为全国最大城市。土耳其虽为亚洲国家，但在政治、经济、文化等领域均实行欧洲模式，是欧盟的候选国。宪法规定土耳其为民主、政教分离和实行法治的国家。土耳其外交重心在西方，在与美国保持传统战略伙伴关系的同时加强与欧洲国家的关系。土耳其加入北大西洋公约组织，又为经济合作与发展组织创始会员国及二十国集团的成员。拥有雄厚的工业基础，为发展中的新兴经济体，亦是全球发展最快的国家之一。

　　横跨亚欧大陆的土耳其，是古丝绸之路通往欧洲的门户，是当今西亚、中东地区陆、海、空交通枢纽，也是"一带一路"建设的重要参与主体。中国与土耳其的战略合作关系确立于2010年，土耳其是上海合作组织对话伙伴国。土耳其也非常重视开发丝路资源。2012年土耳其提出"丝绸铁路"倡议，2013年，土耳其开始推动包含丝绸之路基金会、丝绸之路投资银行、丝绸之路信贷等复兴丝绸之路联盟，2015年全面启动丝绸之路贸易路线综合联通战略。[1] 土耳其联结欧亚的"中间走廊"计划有望和"一带一路"对接共建。2015年习近平主席在土耳其参加G20安塔利亚峰会期间与土耳其政府签署共同推进"一带一路"建设谅解备忘录。2017年5月，土耳其总统埃尔多安来华出席"一带一路"国际合作高峰论坛期间，中方和土方签署多项合作协议。两国的经贸合作中，交通、电力、能源和金融是重点。[2] 两国经贸和大项目合作稳步发展。2021年，中土双边贸易额为342.3亿美元，同比增长42.2%。

---

[1] ［土耳其］阿基夫·埃尔索伊，章波编译：《开发中东人力和自然资源以复兴丝绸之路的方法》，《西亚非洲》，2014年第3期，第23—28页。

[2] 《中国同土耳其的关系》，中国外交部官网，https://www.mfa.gov.cn/web/gjhdq_676201/gj_676203/yz_676205/1206_676956/sbgx_676960/。（上网时间：2020年11月15日）

（二）走廊沿线国家

1. 阿联酋

阿拉伯联合酋长国（简称阿联酋）位于阿拉伯半岛东南端，濒临阿曼湾和波斯湾，是扼守波斯湾入印度洋的海上交通要冲。阿联酋由7个酋长国组成，按政治影响力、经济实力、人口比例排序，7个酋长国中阿布扎比、迪拜排在前两位。阿布扎比酋长和迪拜酋长分别是总统和副总统的法定人选，任期5年。总统兼任武装部队总司令。除外交和国防相对统一外，各酋长国拥有相当的独立性和自主权，联邦经费基本上由这两个酋长国承担。阿联酋本国人口较少，外籍人口占全国总人口的88.5%，主要来自印度、巴基斯坦、埃及、叙利亚、巴勒斯坦等国。居民大多信奉伊斯兰教，多数属逊尼派。

阿联酋经济以石油化工工业为主。此外还有天然气液化、炼铝、塑料制品、建筑材料、服装和食品加工等工业。长期以来，阿联酋政局稳定，对内积极推动经济发展和国家现代化建设；对外交往活跃，注重加强与海湾地区国家及大国关系，在地区和国际事务中发挥独特作用。

目前，迪拜已经是中东地区的转运中心，观光旅游购物城、科技网络城。旅游经济已成为迪拜的主要经济收入来源之一。此外，阿布扎比的旅游业也相当的发达，发展也十分迅速。

在阿联酋建国50周年之际，其提出"面向未来50年国家发展战略"。2019年副总统兼总理、迪拜酋长穆罕默德来华出席第二届"一带一路"国际合作高峰论坛，加强"一带一路"倡议和阿联酋"面向未来50年国家发展战略"的深度对接。中国与阿联酋推进高质量共建"一带一路"，助力该国成为中东"疫苗中心"和数字、航天等前沿领域的领跑者。

阿联酋是中国第六大原油进口来源国。2021年，中国从阿联酋进口原油3194万吨，同比增长2%。阿联酋是中国在阿拉伯国家中最大出口市场和第二大贸易伙伴。2021年，中阿双边贸易额为723.6亿美元、同比增长46.6%，其中中方出口438.2亿美元、同比增长35.6%，进口285.4亿美元、同比增长67.3%。中方主要出口机电、高新技术、纺织和轻工产品等，主要进口原油、成品油、铝制品等。2021年3月，中阿双方启动两国疫苗原液在阿联酋灌装生产线项目。[①] 两国宣布建立全面战略伙伴关系以来，在共建"一带一路"框架内开展的能源、经贸、金融、投资、基础设施、高新技术等各领域合作成果丰硕。

2. 卡塔尔

卡塔尔国（简称卡塔尔）是一个半岛国家，位于亚洲、欧洲、非洲三大洲的交汇处，东、北、西三面被波斯湾环绕，海岸线全长563千米；南部陆地与沙特阿拉伯接壤，陆地边界约60千米。全球超过40亿人居住在多哈7小时飞行圈内。卡塔尔全国地势低平，最高海拔仅103米，多为沙漠或岩石戈壁。卡塔尔奉行积极务实的外交政策。卡塔尔是联合国、伊斯兰会议组织、阿拉伯国家联盟和海湾阿拉伯国家合作委员会的成员国，世界天然气出口国论坛成员及论坛总部所在地，2022年世界杯足球赛承办国。2012年底，《联合国气候变化框架公约》第18次缔约方会议和《京都议定书》第8次缔约方会议在卡塔尔多哈举行。迄今卡塔尔已同世界110多个国家建立了外交关系。近年来，卡塔尔积极实施经济多元化发展战略，

[①] 《中国同阿联酋的关系》，中国外交部官网，https://www.mfa.gov.cn/web/gjhdq_676201/gj_676203/yz_676205/1206_676234/sbgx_676238/。（上网时间：2022年7月26日）

以油气和石化产业带动非石油产业发展，以举办国际赛事提升国家软实力。稳定的经济发展前景、良好的投资环境和双边合作关系成为中国与卡塔尔共建"一带一路"的基础；卡塔尔 2022 年世界杯足球赛和 2030 年国家发展规划，以及自 2014 年底以来的低油价共同成为中卡共建"一带一路"的良好契机。在双边贸易方面，中国自 2020 年起成为卡塔尔最大贸易伙伴。2021 年中卡双边贸易额 171.7 亿美元、同比增长 57%。① 卡塔尔世界杯举办期间，由中国公司承建的世界杯主体育场——卢塞尔球场吸引了世界的目光，这一印在卡塔尔面额 10 里亚尔纸币上的地标，是世界同类型中跨度最大、最复杂的索膜结构体系建筑，也是共建"一带一路"的一个典型项目。

3. 约旦

约旦哈希姆王国（简称约旦）位于亚洲西部，阿拉伯半岛西北部，西与巴勒斯坦、以色列为邻，北与叙利亚接壤，东北与伊拉克交界，东南和南部与沙特阿拉伯相连。主要民族是阿拉伯人（98%）。阿拉伯语为官方语言。约旦人主要信奉伊斯兰教，其中逊尼派占 92%，基督教占 6%（主要信奉希腊东正教），什叶派以及其他宗教占 2%。约旦虽然立国较晚但颇具影响，特别是在中东事务中发挥了积极的作用，在世界列强和地区列强的激烈角逐中，这个地区小国却能一次次化险为夷，成功地在夹缝中求得生存。约旦自然条件恶劣，80% 的国土是沙漠，且资源贫乏，但约旦取长补短，趋利避害，发挥自身优势，积极推行符合国情的政策，紧紧抓住侨汇和旅游这两大经济支柱，促进了国民经济的发展，人民生活逐步提高，颇受国际社会关注。约旦是亚投行创始成员国之一，对"一带

---

① 《中国同卡塔尔的关系》，中国外交部官网，https：//www.mfa.gov.cn/web/gjhdq_676201/gj_676203/yz_676205/1206_676596/sbgx_676600。(上网时间：2022 年 7 月 27 日)

一路"态度积极。

2020年9月23日,中国驻约旦大使潘伟芳与约旦计划与国际合作大臣维萨姆·拉巴迪分别代表中、约两国政府签署了《中华人民共和国政府和约旦哈希姆王国政府经济技术合作协定》。相关援款将用于约旦当地人道主义事业。①

此外,中约双方具有较强的贸易互补性,合作空间巨大。约旦是全球十大橄榄油生产国之一,而中国是全球最大的农产品进口国。2020年受新冠病毒感染疫情影响,双方贸易额有所回落之后,2021年,中约双边贸易额为44.2亿美元,同比增长22.4%。②

4. 伊拉克

伊拉克位于亚洲西南部,阿拉伯半岛东北部,与土耳其、伊朗、叙利亚、约旦、沙特、科威特接壤,东南濒波斯湾,海岸线长60千米。伊拉克所处的底格里斯河、幼发拉底河两河流域具有悠久的文明。1968年,复兴党政变上台。1979年,萨达姆全面掌权。1980年,历时8年的两伊战争爆发。1990年8月2日,伊拉克入侵并吞并科威特,由此引发海湾战争。2003年3月20日,伊拉克战争爆发。2011年12月,美国从伊拉克撤出全部作战部队。伊拉克战争后,经济重建任务繁重。联合国安理会于2003年5月通过第1483号决议,取消对伊拉克除武器禁运以外的所有经济制裁。伊拉克重建重点是恢复和发展能源、教育、卫生、就业、供电、供水、食品等领域。但由于安全局势不稳,基础设施严重损毁,经济重建进展缓慢。2021年以来,伊拉克积极致力于缓和地区国家间紧张关系,

---

① 《潘伟芳大使与约方签署经济技术合作协定》,中华人民共和国驻约旦哈希姆王国大使馆官网,2020年9月24日,http://jo.china-embassy.gov.cn/chn/zygxs/jmhz/202009/t20200924_2511532.htm。(上网时间:2022年7月28日)

② 《中国同约旦的关系》,中国外交部官网,https://www.mfa.gov.cn/web/gjhdq_676201/gj_676203/yz_676205/1206_677268/sbgx_677272。(上网时间:2022年7月27日)

推动地区热点问题政治解决进程，促成沙特和伊朗在伊拉克举行多轮对话，并于2021年8月底在巴格达召开地区安全峰会，沙特、土耳其、约旦等地区国家及法国等欧洲国家领导人出席。① 2021年底，以美国为首的反恐联盟结束在伊拉克境内作战任务，从伊拉克撤出作战部队，伊拉克的安全和发展进入新的历史阶段。

中国和伊拉克之间经济互补性强，近几年经贸关系发展十分迅速，双方具有共建"一带一路"的良好基础和强烈愿望。伊拉克正处于战后重建阶段，国内投资需求巨大，而在低油价下，由于财政紧张，政府为提高石油产量，解决制约经济发展的基础设施瓶颈，也有意向降低投资门槛，吸引外国公司投资，这也为中国企业投资伊拉克油气资源、石油储运等基础设施建设提供了更为有利的条件。伊拉克是最早加入共建"一带一路"合作的阿拉伯国家之一，两国于2015年签署共建"一带一路"合作文件。中国是参与伊拉克经济重建最早、时间最长、项目分布最广、领域最多的国家，通过共建"一带一路"同伊方重建规划对接。对于正在进行经济重建的伊拉克来说，参加共建"一带一路"合作对其国内发展与安全具有重要意义。

5. 阿曼

阿曼是阿拉伯半岛最古老的国家之一，是阿拉伯半岛地区的第三大国。阿曼拥有特殊的地理位置。阿曼的海岸南方和东方临阿拉伯海，东北方则抵阿曼湾，拥有除埃及之外的阿拉伯国家最长海岸线，海岸线长3165千米，向北可达伊朗，往西可以深入海湾各国以及其他中东国家。阿曼地缘优势显著，扼守着世界上最重要的石油

---

① 《伊拉克国家概况》，中国外交部官网，https://www.mfa.gov.cn/web/gjhdq_676201/gj_676203/yz_676205/1206_677148/1206x0_677150。（上网时间：2022年7月31日）

输出通道——波斯湾和阿曼湾之间的霍尔木兹海峡。石油和地缘,是中东地区长期动荡不已的原因所在。阿曼两者皆有,但是和周边国家完全不同。阿曼政局稳定、经济繁荣,可以说是整个中东北非地区最安定的国家之一。

阿曼是欧亚经贸航运的重要地带。它还位于陆上丝绸之路和海上丝绸之路的交汇处。在这条丝绸之路上,中国的丝织品与阿曼的乳香同两国人民的友谊一起往来不断,中阿之间的合作是古代海上丝绸之路历史传承的当代体现。中国提出"一带一路"倡议后,在阿曼得到广泛欢迎,政府和企业界积极响应,阿曼也成为首批以创始成员国身份加入亚投行的国家。建交40多年来,双方在政治、经济、文化等各个领域都取得了丰硕的成果,为"一带一路"合作奠定了坚实的基础。2018年5月25日,中国和阿曼庆祝建交40周年,双方签署政府间共建"一带一路"谅解备忘录,在"一带一路"框架内的合作不断提升。双方一致同意加强"一带一路"倡议同阿曼"2040愿景"深度对接,拓展合作空间;同意在油气资源开发、5G通信、设备制造、可再生能源等方面加强合作,一同进行抗疫合作。[①]

6. 科威特

科威特国是中东资源大国,位于阿拉伯湾西北岸,与沙特阿拉伯和伊拉克接壤,同伊朗隔海相望。科威特有布比延、法拉卡等9个岛屿,绝大部分国土是沙漠,地势平坦,地下淡水贫乏。科威特政局稳定,石油天然气资源丰富,经济增长平稳。科威特是几乎所有国际与区域以及次区域经济组织成员,与100多个国家和地区签

---

① 《王毅同阿曼外交大臣巴德尔举行会谈》,中国外交部官网,https://www.mfa.gov.cn/web/gjhdq_676201/gj_676203/yz_676205/1206_676259/xgxw_676265/202201/t20220114_10495536.shtml。(上网时间,2022年7月30日)

订双边贸易协议，对外贸易依存度已达95%，全球化程度高。此外，科威特积累了大量"石油美元"，1953年即在伦敦成立全球最早的主权财富基金，目前资产超过5920亿美元，居全球第5位，在华拥有不少投资；金融业发达，辐射海湾各国。近年来，科威特提出并积极践行"2035国家愿景"，推动以"丝绸城"为主和新基础设施建设。

中国提出"一带一路"倡议后，科威特各界反响热烈。2014年6月，科威特首相贾比尔访华期间，双方签署《关于共同推进"丝绸之路经济带"与"丝绸城"有关合作的谅解备忘录》，科威特成为全球首个与中国签署"一带一路"合作文件的国家。同时科威特以创始成员国身份加入亚洲基础设施投资银行，将科威特和中国经贸合作提升至更高水平。科威特将"一带一路"作为实现"2035国家愿景"的历史性机会，也成为海湾地区对接"一带一路"的试点，实现"小的是美好的"互联互通。

7. 巴林

巴林王国位于波斯湾中部，介于卡塔尔和沙特阿拉伯之间，是一个多岛屿国家，有36个大小不一的岛屿，总面积767平方千米，是海湾地区国土面积较小的国家，也是阿拉伯世界人口最稠密的国家之一。处于东西方文明交往要道上的巴林，在中东地区占有重要的地位，有"海湾明珠"和"波斯湾绿洲"的美称。巴林是海湾地区最早开采石油的国家，如今其石油资源已接近枯竭。与其他5个海湾阿拉伯国家合作委员会成员国（沙特、阿联酋、科威特、卡塔尔和阿曼）相比，巴林石油和天然气占本国GDP的比重最小，只有不到20%。而利用本国独特的地理位置和岛国海上运输、转口和与外界交往的便利，巴林已经构建了一个多元化的经济发展格局，石油、天然气、金融业和航运是巴林的主要产业。巴林现已发展成为海湾地区旅游和购物大国。

2018年7月,中巴双方签署政府间共建"一带一路"谅解备忘录。2019年,中巴两国建交30周年。双方愿加强"一带一路"倡议同巴林"2030经济发展愿景"对接,深化能源、基础设施、第五代移动通信技术、电子商务、大数据等领域合作,拓展合作领域和合作空间。2022年上半年中巴双边贸易额增长25.49%。[①]

8. 以色列

以色列地处亚洲西部,北部与黎巴嫩接壤,东北部与叙利亚、东部与约旦、西南部与埃及为邻,西濒地中海,南临亚喀巴湾。国土呈狭长型,长约470千米,东西最宽处约135千米。古时,以色列是世界的"十字路口"。人们从非洲前往亚洲,从欧洲前往埃及、从中东前往美索不达米亚,都必须要经过以色列。根据联合国181号决议,在2.69万平方千米的巴勒斯坦地区建立面积为1.52万平方千米的犹太国和面积为1.15万平方千米的阿拉伯国,耶路撒冷城由联合国托管。然而,上述决议一直未得到实施。而经过多次中东战争后,目前以色列实际控制土地面积为2.5万平方千米。从国土面积、人口、资源等要素来看,以色列只是一个小国,但是它是一个世界公认的"科技大国""军事大国""外交大国""经济大国"和"教育大国"。以色列还由于其独特的地缘战略位置、与美国长期保持特殊关系,以及作为世界上唯一的犹太民族国家与全球犹太人的密切联系,在国际事务中发挥着与其面积和人口不成比例的重要影响。

作为一个中东国家,以色列的民主制度完善,法制健全,经济

---

① 《2022年上半年中国巴林双边贸易额增长25.49%》,中华人民共和国驻巴林王国大使馆经济商务处,2022年7月22日,http://bh.mofcom.gov.cn/article/zxhz/202207/20220703335066.shtml。(上网时间:2022年7月31日)

繁荣，社会稳定，教育发达，科技领先，并具有显著的人才优势。尤其是近年来中东地区发生剧烈变化，因中东变局、伊斯兰极端势力崛起而出现大面积动荡，并引发波及欧洲的难民潮，更加凸显出以色列在该地区"一枝独秀"的特殊地位。近年来中东频现"和解潮"，以色列先后与阿联酋、巴林、苏丹、摩洛哥实现关系正常化，进一步拓展了外交和贸易空间。加之以色列与美国的特殊关系，对于中国推进"一带一路"倡议来说，以色列无疑具有难以替代的地缘政治和地缘经济价值，可以发挥重要的战略支点作用，是中国应该主动与之加强交往的战略合作伙伴。中国与以色列建交以来，取得了巨大成就，并于 2017 年建立了"创新全面伙伴关系"。中以双方的伙伴关系突出表现在共建创新合作平台，以创新引领科技、农业、教育等领域的合作，以及共建"一带一路"的广泛合作。

习近平主席提出"一带一路"倡议以来，以色列也做出了积极响应，以"东向"政策进行战略对接。2013 年，以色列成立了部长级的促进对华经济关系委员会，加强与"一带一路"倡议的战略对接。2014 年，中国农业部与以色列农业部签署了合作纪要，将农业合作纳入"一带一路"倡议合作框架。2015 年内塔尼亚胡对中国进行国事访问期间，两国达成了多项合作共识。2015 年，以色列加入亚洲基础设施投资银行并成为 57 个创始成员国之一。同年，"中以创新合作联合委员会"第一届会议举行，成为两国政府间重要合作渠道。[①]

9. 塞浦路斯

塞浦路斯地处东地中海中部，亚、非、欧三大洲之间，交通位

[①] 刘中民、王利莘：《中国与以色列关系的历史回顾及影响因素分析——纪念中国与以色列建交 30 周年》，《国际关系研究》，2022 年第 5 期。

置便利，便于发展航运业，是地中海上重要的交通枢纽，是打造海上丝绸之路的一个重要中转岛。塞浦路斯是基督教世界与伊斯兰世界的交界点，是希腊民族与土耳其民族共同居住与生活的地方，也是地缘政治的敏感区域。塞浦路斯在地理上处于亚洲，但在文化及政治、经济板块上却属于欧洲。塞浦路斯已经加入了欧盟。塞浦路斯虽然是一个小国，但它是世界上最大的船舶注册地之一，是世界上重要的航运国家。塞浦路斯在整个欧盟内部船舶数量占有12%的份额，是欧盟内部第三大船舶拥有国。塞浦路斯在欧盟成员国内部有着独特的地理定位，具有悠久的历史和灿烂的文化，在提供金融服务方面有着丰富的经验，可以为推进"一带一路"建设发挥积极的作用。塞浦路斯意识到"一带一路"倡议的重要性和影响力，总统阿纳斯塔夏季斯表示"一带一路"将带来投资机会和共同繁荣，[1]塞浦路斯欢迎所有推动合作与进步、和平与稳定的倡议，并愿意在此方面作出贡献。2017年塞浦路斯以域内成员身份加入亚投行，2019年4月，中国与塞浦路斯签署政府间共建"一带一路"合作谅解备忘录，此后双边贸易大幅增长。据中国海关总署统计，2020年双边贸易总额为9.18亿美元，同比增长44.4%。[2] 2021年11月30日，在中国和塞浦路斯即将迎来建交50周年之际，国家主席习近平同塞浦路斯总统阿纳斯塔夏季斯通电话。两国元首通电话后，双方发表《中华人民共和国和塞浦路斯共和国关于建立战略伙伴关系的联合声明》。[3]

---

[1]《塞浦路斯总统："一带一路"带来投资机会和共同繁荣》，中国一带一路网，2019年4月24日，https://www.yidaiyilu.gov.cn/ghsl/hwksl/87234.htm。（上网时间：2022年7月31日）

[2]《中国同塞浦路斯的关系》，中国外交部官网，https://www.mfa.gov.cn/web/gjhdq_676201/gj_676203/oz_678770/1206_679666/sbgx_679670。（上网时间：2022年7月31日）

[3]《习近平同塞浦路斯总统阿纳斯塔夏季斯通电话》，中国外交部官网，2021年11月30日，https://www.mfa.gov.cn/web/gjhdq_676201/gj_676203/oz_678770/1206_679666/xgxw_679672/202111/t20211130_10459080.shtml。（上网时间：2022年8月1日）

(三) 走廊周边国家

1. 也门

也门共和国（简称也门）位于亚洲西南部，阿拉伯半岛南端，北与沙特阿拉伯王国接壤，南濒阿拉伯海和亚丁湾，东邻阿曼苏丹国，西临红海，扼曼德海峡，具有重要的战略地位，自古以来就是联结欧洲、亚洲和非洲的"水上走廊"。也门不仅是印度洋—红海—地中海—大西洋航路上的重要节点，也是西亚与东非交流的最前沿，历来是世界贸易中不可缺少的一环。如今全球11%的石油通过亚丁湾和苏伊士运河到达欧洲与北美的炼油厂。也门的地理位置对于"一带一路"倡议的推进非常重要。2019年4月，工业和贸易部长梅塔米来华出席第二届"一带一路"国际合作高峰论坛相关活动。[①]中也双方签署政府间共建"一带一路"谅解备忘录。从政治角色来说，也门长期以来对于整个阿拉伯半岛及中东的政局变化都有着重大的影响。2019年政府军与过渡委员会的武装在亚丁爆发冲突，随后南部局势动荡不安，也门里亚尔不断贬值。近年来出现的多种不安定因素，极大干扰了本国的经济建设及地区的安定，也妨碍了"一带一路"倡议的推进。

2. 叙利亚

叙利亚地处欧亚非大陆的交汇点，是古丝绸之路的终端，公元前3000年就有原始的城邦国家存在。中叙两国关系源远流长，叙利

---

① 《中国同也门的关系》，中国外交部官网，https://www.mfa.gov.cn/web/gjhdq_676201/gj_676203/yz_676205/1206_677124/sbgx_677128。（上网时间：2022年8月1日）

亚的阿勒颇、巴尔米拉曾是古代丝绸之路上的重要城市。自20世纪50年代末中国与叙利亚建交以来，中叙关系一直稳步向前发展。2011年以来，叙利亚陷于内乱之中，经济社会建设全都无法正常进行，经过7年多的混战之后，叙利亚政府军逐渐取得优势，作为政治实体存在的"伊斯兰国"已经覆灭，其他反政府武装也日渐被动，叙利亚政府已经控制了大约90%的国土，叙利亚反恐战争已近尾声，渐渐走向相对稳定。在此背景下，尽管叙利亚重建还面临着"三重难关"——政治重建、安全重建和经济重建的考验，"一带一路"对接叙利亚战后重建仍具有一定的可能性与优势。

2022年1月，中国与叙利亚正式签署《关于共同推进丝绸之路经济带和21世纪海上丝绸之路建设的谅解备忘录》，叙利亚正式成为共建"一带一路"大家庭的新成员。该文件为双方在新的历史条件下深化务实合作，实现"一带一路"倡议与叙利亚提出的"东向"战略对接，为中方未来参与叙利亚经济重建提供了行动目标、指南和纲领。叙利亚政府认为，中叙两国关系已经超越经济方面的合作范畴，期待与中国展开更多领域的合作。

3. 黎巴嫩

黎巴嫩共和国（简称黎巴嫩）位于亚洲西南部地中海东岸，地处"一带一路"中线的西段，坐落在亚、非、欧十字路口上，地理位置非常重要，是开展"一带一路"建设的天然伙伴。黎巴嫩是中东地区最西化的国家之一，这与它和基督教有着十分密切的历史有关，境内更有人类最早一批城市与世界遗产，这些文明古迹最古老的有长达5000多年的历史，因而在旅游业中相当著名。黎巴嫩拥有自由、开放的市场体系以及国际知名的银行和金融业。中黎两国经贸合作具有良好的基础和发展潜力。而且，黎巴嫩地理位置优越，可辐射周边地区。对于中国企业开拓周边地区以及非洲市场，黎巴嫩移民在这些地区的经济中扮演着重要角色。外贸在黎巴嫩国民经济中占有重要地位，政府实行对外开放与保护民族经济相协调的外贸政策。出口商品主要有蔬菜、水果、金属制品、纺织品、化工产品、玻璃制品和水泥等。[①] 2011年叙利亚危机爆发给黎巴嫩局势造成了诸多不稳定影响，已有超过100万难民涌入黎巴嫩，给黎巴嫩政治、经济和社会带来了沉重的负担。

自从2013年习近平主席提出"一带一路"倡议以来，黎巴嫩各界对此积极响应，2017年9月8日，中国和黎巴嫩两国政府签署了《关于共同推进丝绸之路经济带与21世纪海上丝绸之路建设的谅解备忘录》。双方就共建"一带一路"、进行规划对接，深化产能与投资、金融、贸易合作以及人文交流等深入交换了意见。尽管如此，中国与黎巴嫩之间实际合作较少。原因是多方面的，而且主要出自黎巴嫩方面，如政治上缺乏稳定，曾出现两年多总统职位空缺的局面；经济上缺乏规划，没有明确发展方向；财政上则缺乏资金，难以支持基础建设等。

4. 巴勒斯坦

巴勒斯坦位于亚洲西部，地处亚、非、欧三洲交通要冲，战略地位十分重要，是一个由居住在巴勒斯坦地区的约旦河西岸以色列占领区以及加沙地带的阿拉伯人所建立的国家。其中哈马斯占有加沙地带，而巴勒斯坦民族解放运动（简称"法塔赫"）则管治西岸，受巴勒斯坦民族权力机构监督。巴勒斯坦以农业为主，该地区历史悠久，阿拉伯人是该地区的主要居民，通用阿拉伯语，主要信仰伊斯兰教。巴勒斯坦政治高度不稳定，虽然当局广泛欢迎外国投资，

[①]《黎巴嫩国家概况》，中国外交部官网，https://www.mfa.gov.cn/web/gjhdq_676201/gj_676203/yz_676205/1206_676668/1206x0_676670/。（上网时间：2022年8月1日）

但不稳定的安全局势（特别是在加沙地带）、分裂的行政机构、有效治理和全功能体系缺乏、摇摇欲坠的经济以及商品流通的限制，都给外国投资者带来了重大的操作风险。2000年以后，由于巴以爆发冲突，巴勒斯坦交通建设陷入停滞。2009年后，道路等基础设施建设有所恢复并得到一定发展。① 中国在巴勒斯坦问题上长期坚持正义立场，赢得了阿拉伯和伊斯兰世界的人心，受到巴方广泛赞誉。2022年12月，中国政府与巴勒斯坦政府签署共建"一带一路"谅解备忘录，巴方期待在"一带一路"框架下深化与中国在各领域的合作。

5. 阿富汗

阿富汗伊斯兰共和国（简称阿富汗），位于东亚、中亚、西亚和南亚的结合部，其战略位置十分重要，有"亚洲的心脏"之称，历史上一直是大国角逐之地。阿富汗与中国、巴基斯坦、伊朗、土库曼斯坦、乌兹别克斯坦和吉尔吉斯斯坦接壤，曾是古丝绸之路途经的重要节点，在"一带一路"规划中，不仅是"一带一路"重点关注国家，也因为其紧邻南亚，处于"一带一路"两者的战略连接地带，故其战略位置更显重要。同时，阿富汗自身存在诸多问题：农牧业发展缺少现代化农业设施支持，且受自然地理条件限制，尚未实现自给自足，每年需要国际援助或进口解决粮食短缺问题。此外，阿富汗经济属于"输血型"经济，缺乏强劲的内生动力，经济能否实现稳定增长取决于安全形势、国际外援、外国投资（尤其矿业投资）等因素。阿富汗战争以来，"军需经济"曾在一段时间内支撑阿富汗经济发展，而随着美国撤军，国际社会对阿富汗援助的减少，政治和安全不确定性大大降低了阿富汗国际投资吸引力，故其当前

---

① 《丝路65国国别市场指引——巴勒斯坦》，http://d.drcnet.com.cn/eDRCnet.common.web/docview.aspx?docid=4466170&leafid=22568&chnId=5714&version=YDYL. （上网时间：2020年11月15日）

经济形势仍不容乐观。阿富汗对"一带一路"倡议充满期待,且其国家发展战略与"一带一路"倡议的利益对接领域广、基础好、契合度高,中阿两国有共建"一带一路"的共识,曾于2016年发表联合声明。但阿富汗经济发展对"一带一路"推进过程中的潜在威胁亦不可忽视。

6. 阿塞拜疆

阿塞拜疆共和国(简称阿塞拜疆),是一个位于外高加索东部的跨大陆的总统制、宪法共和制的国家,所处地区是联结东欧和西亚的十字路口,东临里海,南接伊朗,西边和亚美尼亚、土耳其及格鲁吉亚为邻,北接俄罗斯。阿塞拜疆的一块飞地:纳希切万自治共和国,与土耳其东北部有小段接壤。国名来自于古波斯语,意为"火的国家"。

阿塞拜疆现为欧洲委员会、欧洲安全与合作组织、北约和平伙伴关系计划(PfP)的成员国,以及不结盟运动的成员国,也是世界贸易组织观察员国和国际电信联盟的成员国。阿塞拜疆是突厥国家组织成员之一,还是突厥议会和突厥文化国际组织较为活跃的成员国和独联体(CIS)、古阿姆民主和经济发展组织(GUAM)创始成员国之一。阿塞拜疆于1992年加入联合国,现在与世界上158个国家建立了外交关系,并加入了38个国际组织。

石油是阿塞拜疆的经济支柱,由于近年来国际油价低迷,外加俄罗斯经济危机等影响,阿塞拜疆经济受到多方面打击。因此,阿塞拜疆正在为经济可持续发展而转型,政治、经济部门正在积极地寻找新的经济增长点,"复兴丝绸之路"计划就是在这个背景下提出的国家发展战略。这不仅是因为历史上的丝绸之路南线曾经土耳其进入过这个古老的国家,更重要的是由于冷战后的地缘政治巨变给阿塞拜疆提供了恢复其欧亚之间、西亚与中亚之间交通十字路口地位的机遇。"复兴丝绸之路"计划就是要充分利用这一地缘优势，打造一个介于里海和黑海之间、东欧与西亚之间的能源、贸易、金融、物流中心，为阿塞拜疆的发展找出一种新模式，闯出一条新路径。

中阿双方经贸往来合作较多。2019年12月18日，中国中远海运（欧洲）有限公司在阿塞拜疆巴库举行分代理签约仪式，宣布在阿塞拜疆设点，切实对接"一带一路"倡议和阿方提出的交通枢纽战略。[①] 2019—2021年阿塞拜疆分别参与第126—129届广交会。

7. 格鲁吉亚

格鲁吉亚位于高加索地区黑海沿岸，曾是苏联加盟共和国，拥有丰富的水力资源。矿泉在格鲁吉亚的自然资源中占有重要地位，其中大约一半是温泉或热泉，具有医疗作用。首都第比利斯，是其政治、经济、文化及教育中心，是格鲁吉亚最大的城市，也是高加索地区最重要的交通枢纽。主要经济城市包括巴统、库塔伊西和鲁斯塔维等，格鲁吉亚可以成为中国通往欧洲交通上的关键一环。

格鲁吉亚是传统的农业国，农业主要种植茶叶、柑橘、葡萄和果树栽培。葡萄种植和酿酒是最早最重要的经济部门。而且格鲁吉亚的地下资源丰富，有煤、石油、锰等，水力蕴藏量达1550万千瓦。中国提出"一带一路"倡议后，格鲁吉亚的态度尤其积极。格鲁吉亚领导人在不同场合多次明确强调"丝绸之路经济带"的重要性及其对格鲁吉亚国家经济发展的意义，表达了强烈的参与意愿，并实打实地为推动其发展采取了各种具体措施，以实际行动表明了对"丝绸之路经济带"建设的坚定支持。

[①]《中远海运设点阿塞拜疆 助力"一带一路"建设》，中国一带一路网，2019年12月20日，https://www.yidaiyilu.gov.cn/xwzx/hwxw/113361.htm。（上网时间：2022年8月3日）

2022年是中国与格鲁吉亚建交30周年。30年来，两国政治互信不断增强，经贸往来活动多样。2019年4月，格鲁吉亚副总理兼基础设施和地区发展部长茨基季什维利率团出席第二届"一带一路"国际合作高峰论坛。7月，格鲁吉亚总理巴赫塔泽来华出席夏季达沃斯论坛。[①] 受新冠病毒感染疫情等因素影响，2020—2021年中格双边贸易有一定程度下降，尽管如此，根据格鲁吉亚国家统计局7月19日发布的最新经济数据显示，2022年前6个月，中国仍是格鲁吉亚第一大出口市场。

8. 亚美尼亚共和国

亚美尼亚共和国（简称亚美尼亚），是一个位于西亚外高加索地区的共和制国家，西接土耳其，南与伊朗交界，北临格鲁吉亚，东临阿塞拜疆，面积为2.97万平方千米。总人口数为306.25万，其中亚美尼亚族占96%，官方语言为亚美尼亚语，居民多通晓俄语，主要信奉基督教（约占人口总数的94%）。亚美尼亚是独联体中面积最小的国家。工业在经济中占主导地位，机器制造业比较发达，但能源和原材料依靠进口。旅游资源丰富。

亚美尼亚自1991年独立以来，奉行全方位外交政策，重点巩固与俄罗斯传统战略盟友关系，积极发展与美西方国家关系，参加北约"和平伙伴关系"框架内活动，争取加入欧盟，寻求安全多元化。目前，亚美尼亚与阿塞拜疆因纳卡冲突仍处于敌对状态，阿塞拜疆和土耳其对亚美尼亚进行政治、经济封锁。但亚美尼亚表示，欢迎欧安组织明斯克小组对纳卡冲突进行调解，并愿与阿塞拜疆、土耳其开展高层对话，发展区域合作。同时，亚美尼亚还加强与格鲁吉

---

① 《中国同格鲁吉亚的关系》，中国外交部官网，https：//www.mfa.gov.cn/web/gjhdq_676201/gj_676203/yz_676205/1206_676476/sbgx_676480/。（上网时间：2022年8月4日）

亚和伊朗等近邻的睦邻友好合作关系，深化与东欧、中东国家的联系，积极参与欧洲委员会、独联体、黑海经济合作组织等国际和区域组织的事务。独立30多年来的亚美尼亚积极探索和寻找适合本国国情的发展道路，推进国家振兴进程，各项事业取得了显著成就。中国、亚美尼亚两国在道路连通、电力设施、新能源等领域已经实施了多个合作项目。考虑到亚美尼亚地缘政治压力和外交战略重点，未来中国与亚美尼亚双边经济合作将继续以双边贸易为主，此外，在航空过境和旅游业、矿产开发和加工、境外工业园建设等领域具有较大的合作潜力。

二、西亚十九国对经济走廊的认知变化

西亚地区境内大多数为发展中国家，中国自身是新兴国家，彼此都有迫切的经济发展合作需求。"一带一路"倡议是中国为世界提供的开放合作平台，体现了构建"人类命运共同体"的全球价值观，符合各国的发展利益。共建"一带一路"倡议提出以来，西亚国家纷纷投以极大的关注，并予以积极响应。

（一）积极参与

众多重要的"一带一路"沿线国家都积极寻求或探讨将本国中长期的发展战略与"一带一路"对接。在丝路西端的土耳其，总统埃尔多安为实现愈加强烈的"土耳其梦"，将土耳其的发展规划总结为"2023百年愿景""2023—2053远景目标""2071千年目标"三层渐次递进的宏伟目标。阿拉伯半岛最大的国家沙特长期依靠石油收益，为了减少能源依赖，新王储制定并推动沙特"2030愿景"，

将国家的发展规划拓展到工业化、旅游、教育、信息产业、新能源等多领域。海湾阿拉伯国家合作委员会另一成员国科威特着眼于全球大格局，积极把本国纳入更广阔的世界市场，从而规划"丝绸城"计划。"丝绸城"项目是中国与科威特于2014年共同宣布合作兴建的大型发展规划项目，按照计划，兴建完成的"丝绸城"将成为连接瓜达尔港和中巴经济走廊的关键节点，将会进一步整合欧亚地区优势。与产油国相比，没有石油能源优势的西亚国家对发展创新工业、提升国际化的愿望就更为迫切。阿联酋迪拜的"2030工业发展战略"将目光集中到航天海运、机械设备制造、医疗技术等需要更高战略眼光的新型工业部门。2015年，最早加入"一带一路"倡议的国家之一约旦发布了致力于提高经济发展水平、降低贫困率和失业率的"2025年发展规划"。"一带一路"倡议下的投资和建设对约旦实现"2025发展规划"至关重要。

当前，中国已经同3[①]个西亚国家建立全面战略合作伙伴关系，和5[②]个西亚国家建立战略伙伴关系，与16[③]个西亚国家政府签署共建"一带一路"谅解备忘录，9[④]个西亚国家是亚洲基础设施投资银行创始成员国。

（二）有意愿参与但仍受到域外大国的干扰

中国的"一带一路"倡议与西亚各国发展本国经济战略不谋而合，符合各国发展利益。但是由于西亚尤其是海湾国家历来受到西

[①] 沙特（2016年1月20日）、伊朗（2016年1月23日）和阿联酋（2018年7月21日）。
[②] 卡塔尔（2014年11月3日）、约旦（2015年9月9日）、伊拉克（2015年12月22日）、阿曼（2018年5月25日）和科威特（2018年7月9日）。
[③] 包括：伊朗、伊拉克、沙特阿拉伯、卡塔尔、科威特、巴林、阿联酋、阿曼、也门、黎巴嫩、土耳其、塞浦路斯、格鲁吉亚、亚美尼亚、阿塞拜疆、叙利亚。
[④] 伊朗、以色列、约旦、科威特、阿曼、卡塔尔、沙特、土耳其和阿联酋。

方国家控制与影响,因此在一些决策和具体合作项目上,仍会受到美国等西方国家的干扰。以华为公司在西亚地区受到的困境为例。

英国在2020年7月下旬宣布,从2020年12月31日起停止购买新的华为设备,而英国5G网中现有华为设备须在2027年前拆除。这一决定不仅影响到了欧洲国家,也影响到了海湾地区各国。

根据华为公司驻沙特、阿联酋、巴林、卡塔尔代表处的反馈,从2020年7月开始,这4个国家的通信信息部都陆续约谈了华为代表处领导,询问华为与英国沟通的细节,并且开始对本国(特别是首都)的各种通信设备进行检查,特别是信号塔、发射杆和其他关键设备,检查的方式其实是英国那边提供的,就是找一条完全由华为信号塔和蜂窝交换机覆盖的道路(基本上海湾国家都是被华为覆盖了),选择一个起点a,用特殊的流量发射装置发送大概1G左右的流量,然后开车以稳定的速度(大概在60千米/小时左右)行进到终点b,再用装置下载1G的流量数据,把车停在原地,打电话给华为的技术支持,谎称自己的手机在开车行进路程中被消耗1G流量,让华为技术部门出具这1G数据的具体流向,并用图表等方式描绘a、b点的流量走向。这样的做法是探测华为设备对于流量的掌控能力,以及通过中间流量的损耗测算华为是否有截留、拷贝数据的可能性。目前沙特、卡塔尔、阿联酋、巴林等国基本上已经明晰华为设备并没有什么数据收集的功能或者意图,但是由于这些阿拉伯国家在自身现代化进程中太过于依赖英美,所有的房屋、道路等基础设施建设都可以说是用英标或者美标来设定的,所以迫于技术上的压力,目前华为在上述4个中东国家的新项目全部停滞。已经谈好的项目正常履约,而且对方没有放弃让华为技术部门介入运营。尽管如此,沙特新未来城(NEOM),沙特方面称总价值5000亿美元,以及海湾铁路等项目,华为均无法参与其中。华为从2020年8月至今在各地耗费了大量的公关费用,以及邀请驻地的中国使馆出面斡旋，但是收效甚微。

另外，这些海湾国家的电信业发展已经无法真正地离开华为，华为在中东投放的蜂窝交换机是一个设备可以满足3个通信提供商服务的"神器"，直接解决了中东国家基础设施薄弱，通信设施空间设计不合理的问题，而直到现在，这些机器仍然在运转当中。华为失去的是未来，但是按照目前海湾国家的经济状况，他们在未来似乎也无力负担造价昂贵的英美5G设备，华为在经过一段时间的沉寂后必定还是要回归的。这也是华为中东大区内部会议的主旨精神。

除了华为，受牵连的还有同方威视。同方威视是清华同方集团下属的一个专门制造安检设备的公司，2013—2017年在中东地区发展迅猛，已经是西亚各海关、机场、车站、高端酒店、会展中心等公共场所的专用安检设备，但是自从华为被怀疑有利用设备窃取其他国家信息/大数据之后，同方威视在西亚各国被牵连，影响最深的是沙特市场。基本上所有新的订单都停掉了或者无限期推迟，沙特首都利雅得的海关、机场以及丽思卡尔顿酒店等关键位置的机器被美国提供的设备替换，并没有与同方威视沙特代表处的人沟通，也没有要求他们自证清白。这对于同方威视品牌在中东地区的口碑有很大的打击，也说明了在这种设计基因、生物特性的大数据面前，海湾国家对于美国的信任是骨子里的，是目前中国无法撼动的。

（三）大国竞争背景下有选择地参与

在世界政治格局大发展大变革大调整的当下，大国在西亚地区的竞争也愈趋激烈。美国越来越警惕"一带一路"倡议的推进，在全球范围内宣布了一揽子举措，以应对"一带一路"的扩张。其中包括建立"全球基础设施发展共享标准"的蓝点网络——旨在防止中国单方面制定全球基础设施标准，以及由新的美国国际开发金融公司（DFC）支持的与 Trans Pacific Networks 合作的项目帮助建造世界上最长的海底电信电缆，以连接印度—太平洋地区。这些项目是美国更广泛的"印太经济愿景"的一部分，该愿景于 2018 年宣布，作为对"一带一路"倡议的回应。该合作伙伴关系最初提供了 1.13 亿美元的美国政府直接投资，并将 DFC［美国海外私人投资公司（OPIC）的继任者］的全球支出限额翻了一番，达到 600 亿美元，可用于向公司贷款投资海外项目。

美国西亚政策的遏华倾向近年来愈加明显：为加强美国遏制中国在中东地区影响的力度，让中东地区国家领导人相信美国不会远离，并在全球各地区的盟友之间打通沟通机制，2021 年美国、阿联酋、以色列、印度四个国家的外长在苏杰生访问以色列时共同发起了多边论坛机制，并于 2022 年 7 月拜登访问中东期间升级为元首级会议。这一声称聚焦关注水资源、能源、交通、空间、卫生和粮食安全领域联合投资的新机制被普遍认为是"四方安全对话"（QUAD）的一个"配套项目"，甚至被称为"西亚小四边"。拜登政府似乎正以此为工具，整合印太和中东战略布局，在亚洲及中东遏制中国影响力。不可否认，美国仍然是西亚和中东地区最重要的域外力量。资金支持、军事装备、高新科技等对该地区领导人颇具吸引力，这在一定程度上将对中国与西亚国家共建"一带一路"产生消极影响。但与此同时我们也不应高估美国对西亚地区的影响力，经济全球化趋势不可阻挡，美国统领世界经济的时代也不复存在，在基础设施建设、经贸、能源等领域，中国具有不可替代的优势，在西亚国家纷纷推出中长期发展战略的当下，与"一带一路"对接正在成为这些国家首选的合作模式。

从西亚各国方面来看，在域外大国力量趋向多元化的背景下，西亚各国自主性不断增强。美国曾经是西亚地区起绝对主导作用的域外力量，但近年来，西亚和中东的外部影响力量已经发生了深刻变化，美国长期以来采取战略收缩态势，促使外部行为体发生从"美国独霸"到"多元共存"的转变，俄罗斯、中国、印度等大国都各有侧重、不同程度地参与到西亚地区治理中，对西亚地区的影响力不断攀升。随着美俄博弈和中美竞争全方位展开，西亚国家也难免卷入其中。但俄乌冲突以来，西亚国家多数维持中立态度，阿联酋等国拒绝对俄罗斯进行制裁，西亚产油国面临美欧压力作出坚持不增产的决定，都是西亚国家战略自主的体现。在战略自主和外交独立的原则下，阿拉伯国家正在做出"联合自强"和"向东看"的选择。2022年11月，在阿尔及利亚举行的阿拉伯国家联盟首脑理事会强调在世界变局和内部动荡下，阿拉伯国家应加强共同行动并实现现代化，反对一切干涉阿拉伯国家内政的做法，坚持阿拉伯国家的问题由阿拉伯人自己解决。与美国等西方大国破坏性大于建设性的中东政策不同，中国在中东向来坚持"不找代理人、不搞势力范围、不谋求填补真空"的"三不原则"，[1] 在美国战略收缩的背景下，更多西亚、中东国家在外交政策上选择"向东看"，而政策上的"向东看"进一步为中阿深化各领域合作奠定了坚实的政治基础。包括中国在内的新兴经济体的发展成果使西亚国家逐渐意识到经济发展与社会稳定之间的关系，纷纷制定出适合本国国情的发展战略，追求经济发展成为这些国家的新共识，"一带一路"倡议与当前西亚国家的道路选择具有高度的一致性。许多阿拉伯民众对"一带一路"持积极态度，对中国企业投资表示欢迎和支持，希望本国根据发展状况与中国进行产能合作。迄今已有20个阿拉伯国家签署共建"一带一路"合作文件。此外，双方在5G、人工智能、云科技等数字化领域合作也明显加强。[2]

---

[1] 2016年习近平主席访问埃及开罗时指出，"我们在中东不找代理人，而是劝和促谈；不搞势力范围，而是推动大家一起加入'一带一路'朋友圈；不谋求填补'真空'，而是编织互利共赢的合作伙伴网络"。

[2] 田文林：《阿拉伯国家为何"向东看"》，《光明日报》，2022年12月8日第12版。

三、西亚经济走廊建设的成果

"一带一路"建设在西亚国家获得了广泛认同。土耳其和伊朗在 20 世纪 70 年代就与中国建交，到 20 世纪 90 年代，西亚所有的阿拉伯国家、以色列、阿塞拜疆、亚美尼亚、格鲁吉亚都与中国建立了外交关系。进入 21 世纪以来，中国与西亚各国互访频繁，友好合作关系不断提升。截至 2020 年 1 月，中国已经与西亚国家中的沙特（2016 年 1 月 20 日）、伊朗（2016 年 1 月 23 日）和阿联酋（2018 年 7 月 21 日）建立了全面战略伙伴关系，与西亚国家中的卡塔尔（2014 年 11 月 3 日）、约旦（2015 年 9 月 9 日）、伊拉克（2015 年 12 月 22 日）、阿曼（2018 年 5 月 25 日）和科威特（2018 年 7 月 9 日）建立战略伙伴关系，与土耳其建立了战略合作关系（2010 年 10 月 9 日），与以色列建立了创新全面伙伴关系（2017 年 3 月 21 日），2010 年开始与海湾阿拉伯国家合作委员会建立战略对话机制。根据西亚各国具体国情的差异以及中国与各国双边友好关系深入程度不同，中国在进一步推动合作迈上新台阶的同时，与各国合作各有偏重。

（一）政策沟通

1. 支持中东和平进程

中国与国内政局比较动荡、经济开发潜力较大的国家展开合作，同时重视中东和平进程和关注对方国家重建需求。2018 年中阿合作论坛第八届部长级会议上，习近平宣布中国设立"以产业振兴带动经济重建专项计划",提供 200 亿美元贷款额度推广有助就业和效益好的项目。① 2017 年以来,叙利亚和也门的战争局势日趋平稳,进入战后重建阶段。在国际人道主义救援方面,中国践行人道主义原则,积极援建热点地区。2016 年,中国向叙利亚、利比亚、也门,以及黎巴嫩和约旦提供 2.3 亿人民币的援助。② 2018 年中国再向叙利亚、也门、约旦、黎巴嫩提供 6 亿人民币援助用于人道主义和重建项目。③ 中国愿意与政局暂时不稳定、经济增势尚未展现的国家分享中国的治国理政经验,分享中国改革开放、减贫脱贫等领域的成功经验。

(1) 中国主张以发展促和平,助推中东地区的安全构建

在中东发展问题上,中国通过推动"一带一路"倡议,与中东各国分享经济发展的成果,带动"一带一路"沿线中东国家找到适合自己发展的道路。经济和社会的良性发展,有助于维护国家稳定、化解社会矛盾和推动地区冲突解决。④

2022 年 1 月 12 日,中国驻叙利亚大使冯飚与叙利亚计划与国际合作署署长法迪·哈利勒分别代表两国政府,在大马士革签署"一带一路"合作谅解备忘录。冯飚在签字仪式上对叙利亚成为共建"一带一路"大家庭的新成员表示祝贺。他指出,中叙签署"一带一路"合作谅解备忘录,为双方在新的历史条件下深化务实合作,实现"一带一路"倡议与叙利亚总统巴沙尔提出的"东向"战略对接,为中方未来参与叙利亚经济重建提供了行动目标、指南和纲领。

---

① 习近平:《携手推进新时代中阿战略伙伴关系——在中阿合作论坛第八届部长级会议开幕式上的讲话》,《人民日报》,2018 年 7 月 10 日第 2 版。
② 习近平:《共同开创中阿关系的美好未来——在阿拉伯国家联盟总部的演讲》,《人民日报》,2016 年 1 月 22 日第 3 版。
③ 习近平:《携手推进新时代中阿战略伙伴关系——在中阿合作论坛第八届部长级会议开幕式上的讲话》,《人民日报》,2018 年 7 月 10 日第 2 版。
④ 《中国倡议助力中东安全构建》,《人民日报》(海外版),2021 年 12 月 23 日第 06 版。

哈利勒表示，叙中关系源远流长，叙利亚的阿勒颇、巴尔米拉曾是古代丝绸之路上的重要城市。叙利亚加入"一带一路"倡议将增进叙中两国在基础设施、电力等多个领域的友好合作，也将推动叙利亚和周边国家开展合作。[①]

（2）中国积极参与支持阿富汗经济重建

2022年3月31日，第三次阿富汗邻国外长会议在中国安徽屯溪举行。中国、伊朗、巴基斯坦、俄罗斯、塔吉克斯坦、土库曼斯坦、乌兹别克斯坦七国外长或高级代表出席。与会各方注意到，阿富汗已结束多年战乱，百业待兴，经济和民生困难突出。各方承诺将在人道援助、互联互通、经贸、农业、能源、能力建设等领域支持阿富汗经济重建。[②]

2. 广泛开展安全合作

中国不仅参与西亚经济事务，还为中东安全事务积极献策，并通过开展跨国政学交流，拓展中东安全领域政界之外的学界和民间的理解和合作。具体在官方层面的安全合作领域，中国与西亚国家逐渐建立起成熟的安全合作框架和机制。2016年中国允诺投入3亿美元[③]用于与阿拉伯国家的执法合作、警察培训援助。中国与西亚国家均面临反恐怖主义、反极端主义，保障网络安全、打击跨国犯罪等领域的安全需求，双方在安全领域展开合作既可以保护贸易安全，也对维护地区安全乃至全球安全稳定有非常积极的意义。

针对中东的关键安全问题——巴勒斯坦问题，中国始终坚持

---

① 《中国和叙利亚签署"一带一路"合作谅解备忘录》，新华网，2022年1月12日，http：//www.news.cn/2022-01/12/c_1128257213.htm。

② 《阿富汗邻国关于支持阿富汗经济重建及务实合作的屯溪倡议（全文）》，新华网，2022年4月1日，http：//www.news.cn/2022-04/01/c_1128524697.htm。

③ 习近平：《共同开创中阿关系的美好未来——在阿拉伯国家联盟总部的演讲》，《人民日报》，2016年1月22日第3版。

"巴勒斯坦问题是中东问题的核心",强调和平解决巴勒斯坦问题符合国际社会共同利益。中国呼吁各国应"全面公正解决巴勒斯坦问题,实现巴以两国和平共处、共同发展",倡导国际社会应该"维护公平正义,坚持联合国有关决议、'土地换和平'原则和'两国方案'大方向,为恢复巴以和谈创造良好氛围"。①

(1) 2021年3月,中国国务委员兼外交部长王毅出访中东期间,在沙特阿拉伯利雅得提出实现中东安全稳定的五点倡议:倡导相互尊重、坚持公平正义、实现核不扩散、共建集体安全、加快发展合作。目前,中国已同19个中东国家签署了共建"一带一路"合作谅解备忘录,中国同地区国家的抗疫合作已实现全覆盖,愿与中东国家分享中国市场的机遇。中国致力于在公平正义的立场上,力所能及助力中东地区的安全构建。

中国在中东奉行不结盟政策,并保持与冲突各方的密切沟通。在中东和平进程问题上,中国始终支持巴勒斯坦人民的合法权益,坚持在"两国方案"和"阿拉伯和平倡议"基础上,支持召开新的巴勒斯坦问题国际会议,探索创新中东促和机制,推动巴以和谈尽快走出僵局;作为安理会常任理事国和负责任大国,中国主张在联合国框架下讨论中东安全问题,提出构建中东安全,要以多边主义为平台,反恐不能双重标准;主张积极发挥阿盟、非盟、海合会等地区组织的作用,通过建立安全共同体来建立命运共同体。②

自2014年习近平主席提出"共同、综合、合作和可持续的新安全观"以来,中国持续为真正实现中东地区的长久和平与繁荣而笃

---

① 《习近平向"声援巴勒斯坦人民国际日"纪念大会致贺电》,中国外交部官网,https://www.fmprc.gov.cn/web/ziliao_674904/tytj_674911/zcwj_674915/t1331327.shtml。(上网时间:2020年11月28日)

② 《中国倡议助力中东安全构建》,《人民日报》(海外版),2021年12月23日第6版。

行不辍。2018 年，习近平主席在中阿合作论坛第八届部长级会议开幕式上提出了中东安全的中国方案。2019 年，中国举办首届中东安全论坛，与各方共同探索实现中东和平与安全的出路。同年，中国提出伊朗核问题四点主张，努力推动伊朗核问题全面协议恢复履约谈判，维护国际核不扩散体系。2020 年，中国首倡搭建海湾地区多边对话平台，为促进地区安全稳定不断凝聚共识。①

（2）2021 年，习近平主席同多位中东国家领导人通电话、互致信函，为地区和平与发展领航把舵。王毅国务委员兼外长三次出访中东、先后到访 10 个中东国家，提出"实现中东安全稳定五点倡议""解决叙利亚问题四点主张""落实巴以'两国方案'三点思路"，为促进中东和平稳定发挥建设性作用。2022 年伊始，在接待中东六国外长和海合会秘书长密集访华时，中国进一步提出倡导团结自主、捍卫公平正义、坚持核不扩散、共建集体安全、加快发展合作等建议，来访的外长及海合会秘书长均认为这些建议契合中东形势变化和地区国家需要，符合中东人民长远和根本利益，体现了中国的积极作用和负责任大国担当。

（3）2021 年 5 月巴以冲突再起后，中国作为联合国安理会轮值主席，推动安理会五次审议巴勒斯坦问题以及最终发表主席新闻谈话，并于 7 月成功举办第四次巴以和平人士研讨会，为推进巴勒斯坦问题政治解决作出了中国贡献。②

3. 广泛搭建合作机制

中国—阿拉伯国家合作论坛（China – Arab States Cooperation

---

① 《中国方案照亮中东安全稳定之路》，https：//baijiahao.baidu.com/s?id=1732822849073032121&wfr=spider&for=pc。
② 《中国方案照亮中东安全稳定之路》，https：//baijiahao.baidu.com/s?id=1732822849073032121&wfr=spider&for=pc。

Forum，简称"中阿合作论坛"）是中国与西亚国家共建"一带一路"重要的、有地区针对性的集体合作、务实合作的平台，是中国打造的重要多边对话机制。

中阿合作论坛随《关于成立"中国—阿拉伯国家合作论坛"的公报》的发表，成立于2004年，成员为中国和22个阿拉伯国家联盟成员国。中阿合作论坛常设机制有两年召开一次的部长级会议以及每年召开的高官委员会会议。其他机制还包括中阿企业家大会暨投资研讨会、中阿关系暨中阿文明对话研讨会、中阿友好大会、中阿能源合作大会和中阿新闻合作论坛、中阿互办艺术节、中阿北斗合作论坛等，并在环保、人力资源培训等领域不断增加机制性合作。

2014年，习近平主席在中阿合作论坛第六届部长级会议开幕式上作题为"弘扬丝路精神　深化中阿合作"的讲话，[1] 向阿拉伯世界发出共建"一带一路"的邀请，自此，"丝路精神"成为引导中阿共同发展战略合作关系、寻找各方最大公约数的新起点。中阿合作论坛承担起中国与阿拉伯国家在"一带一路"倡议下增进互信的重要作用。

从中阿合作论坛第八届部长级会议发布的《中国和阿拉伯国家合作共建"一带一路"行动宣言》可见，中国和阿盟国家在共建"一带一路"上享有广泛共识。宣言中强调"中阿合作共建'一带一路'旨在实现双方共同发展目标，实现务实合作和持续增长，以加强双方在政治、安全、经济和社会领域的关系"，"应按照共商、共建、共享原则合作建设'一带一路'，在中国和阿拉伯世界之间建设和平之路、繁荣之路、开放之路、创新之路、文明之路，使之有

---

[1] 习近平：《弘扬丝路精神　深化中阿合作——在中阿合作论坛第六届部长级会议开幕式上的讲话》，《人民日报》，2014年6月6日第2版。

助于拓展合作领域,服务双方的共同利益"。① 随着"一带一路"建设的推进,中阿合作将迎来更大的全方位发展。

中国—阿拉伯国家合作论坛第九届部长级会议于 2020 年 7 月 6 日以视频连线方式举行,国家主席习近平向会议致贺信。习近平强调,2018 年第八届部长级会议开幕式上宣布的关于中阿双方建立战略伙伴关系,倡议打造中阿命运共同体,共同推动构建人类命运共同体的主张,得到阿拉伯国家热情响应。两年来,中阿双方加强战略协调和行动对接,全面合作、共同发展、面向未来的中阿战略伙伴关系得到深化。习近平指出,希望双方以此次会议召开为契机,加强战略沟通协调,稳步推进抗疫等各领域合作,推动中阿命运共同体建设不断走深走实,更好造福中阿双方人民。②

2019 年,中国与西亚合作的另一大成就是第四届中国—阿拉伯国际博览会(简称"中阿博览会")9 月在中国银川召开。中阿博览会是中国与阿拉伯国家共建"一带一路"的重要平台。中阿博览会从创立到成熟的发展历程表明,中阿传统友好积累的战略互信正成为中阿共建"一带一路"的深厚基础。③"一带一路"倡议是中阿博览会蓬勃展开的重要动力来源。从 2015 年以"弘扬丝路精神、深化中阿合作"为主题的第二届中阿博览会开始,历届中阿博览会的内容都围绕"一带一路"倡议推进着中阿双方在商贸、技术、投资、文化、旅游、物流等全方位、宽领域的丰富合作。

中国打造的"一带一路"经济发展国际性合作平台是中国国际进口博览会(简称"进博会")。中国国家主席习近平在 2017 年 5 月

---

① 《中国和阿拉伯国家合作共建"一带一路"行动宣言》,http://www.chinaarabcf.org/chn/lthyjwx/bzjhy/dbjbzjhy/t1577010.htm。(上网时间:2020 年 11 月 28 日)

② 《习近平向中国—阿拉伯国家合作论坛第九届部长级会议致贺信》,https://www.ccps.gov.cn/xtt/202007/t20200707_142157.shtml。

③ 刘中民:《共建"一带一路"是中阿关系的最大动力》,《光明日报》,2019 年 9 月 9 日第 2 版。

"一带一路"国际合作高峰论坛上宣布,从 2018 年起举办中国国际进口博览会。进博会是国际性盛大展会,为各国开展贸易、加强合作开辟了新渠道。2018 年,首届进博会与"一带一路"沿线国家累计意向成交 47.2 亿美元。① 西亚国家是进博会的积极参与者。作为参展国,西亚地区的沙特、阿联酋、以色列和土耳其参加了第一届进博会,约旦、沙特、黎巴嫩、格鲁吉亚、阿塞拜疆、亚美尼亚参加了第二届进博会。从成效上看,首届进博会达成的 98 项合作事项中,到第二届进博会召开的一年时间内,"23 项已办结,47 项取得积极进展,28 项正加紧推进"。②

在"一带一路"国际合作高峰论坛期间,中国生态环境部与包括伊朗、以色列等西亚国家在内的多国环境部门以及国际组织等机构共同启动"一带一路"绿色发展国际联盟。中国国家邮政局与伊朗邮政局、巴基斯坦邮政局共同签署《响应"一带一路"倡议加强邮政和快递领域合作的谅解备忘录》。

随着中国与西亚国家关系的进一步发展,中国与西亚国家多边合作机制也在不断加速提级。2022 年 12 月,习近平主席访问沙特期间,中阿双方在部长级的中阿合作论坛基础上第一次举办中阿峰会,中国国家主席习近平和沙特王储兼首相穆罕默德、埃及总统塞西、约旦国王阿卜杜拉二世、巴林国王哈马德、科威特王储米沙勒、突尼斯总统赛义德、吉布提总统盖莱、巴勒斯坦总统阿巴斯、卡塔尔埃米尔塔米姆、科摩罗总统阿扎利、毛里塔尼亚总统加兹瓦尼、伊拉克总理苏达尼、摩洛哥首相阿赫努什、阿尔及利亚总理阿卜杜拉赫曼、黎巴嫩总理米卡提等 21 个阿盟国家领导人以及阿拉伯国家联

---

① 《首届中国国际进口博览会圆满闭幕》,https://www.ciie.org/zbh/xwbd/20181110/8018.html。(上网时间:2020 年 11 月 28 日)
② 习近平:《开放合作命运与共——在第二届中国国际进口博览会开幕式上的主旨演讲》,《人民日报》,2019 年 11 月 6 日第 3 版。

盟秘书长盖特等国际组织负责人出席峰会。中国与西亚北非阿拉伯国家之间的合作迭代升级。

除了多边平台以外，中方还广泛利用双边机制推动"一带一路"的建设发展。依托常态化的高层互访和政府间合作机制，中国积极推进"丝绸之路经济带"建设。近年来，中国同西亚国家高层沟通互访频繁，加强了中国同西亚国家之间的政策协调。①

（1）2022年7月29日下午，国家主席习近平同伊朗总统莱希通电话。中方始终支持中东国家团结协作解决地区安全问题，支持中东人民独立自主探索发展道路，愿同伊方在上海合作组织等框架内加强沟通合作。②

（2）2022年4月15日上午，国家主席习近平同沙特王储穆罕默德通电话。沙方愿同中方加强高层交往，签署沙特"2030愿景"同共建"一带一路"对接协议，深化经贸、交通、基础设施、能源等领域合作。沙方愿同中方加强在国际和地区事务中的沟通协调，支持中方在重大国际和地区问题上的正义立场，支持阿盟和海合会同中国加强合作。③

（3）2022年2月5日下午，国家主席习近平在人民大会堂会见来华出席北京2022年冬奥会开幕式的阿联酋阿布扎比王储穆罕默德。会见中双方表示继续坚定相互支持，拓展工业、能源、投资、高技术、金融以及疫苗药物研发生产等领域合作，推动"一带一路"倡议在中东地区更好落地。阿方坚定恪守一个中国原则，愿同中方

---

① 张日：《中西亚："一带一路"遍洒金砖之光》，中国商务新闻网，https://www.comnews.cn/content/2022-07/07/content_12368.html。
② 《习近平同伊朗总统莱希通电话》，http://www.news.cn/politics/leaders/2022-07/29/c_1128875829.htm。
③ 《习近平同沙特王储穆罕默德通电话》，http://www.news.cn/2022-04/15/c_1128562759.htm。

加强在联合国等多边场合协调合作。①

（4）2022年2月5日下午，国家主席习近平在北京人民大会堂会见来华出席北京2022年冬奥会开幕式的卡塔尔埃米尔塔米姆。中方支持卡方推进"2030国家愿景"建设，愿同卡方就共建"一带一路"、落实全球发展倡议开展合作，拓展能源、基础设施建设等领域务实合作，构筑长期稳定的能源合作关系，鼓励更多中国企业赴卡塔尔投资兴业，积极参与卡塔尔基础设施建设和自由区建设。欢迎卡方加大对华投资。双方要深化反恐等领域合作，增进人文交流。②

（5）2021年11月5日，国家主席习近平同叙利亚总统巴沙尔通电话。叙方高度重视同中国的友好关系，支持"一带一路"倡议，希望同中方拓展深化合作，欢迎中国企业加大对叙投资。中国特色社会主义取得巨大成功，叙方愿意学习借鉴中方有关理念经验。叙方将继续在涉疆、涉藏、涉港、涉台、人权、南海等问题上坚定支持中方。③

（6）2021年11月17日，国家主席习近平同以色列总统赫尔佐格通电话。④

（7）2021年6月2日晚，国家主席习近平同阿塞拜疆总统阿利耶夫通电话。中方支持阿塞拜疆人民根据本国国情选择的发展道路，视阿方为共建"一带一路"重要合作伙伴。双方要共享机遇、共谋发展，规划好、推进好共建"一带一路"合作。中方愿从阿方进口更多优质特色产品，支持中国企业赴阿投资兴业，开展基础设施建

---

① 《习近平会见阿联酋阿布扎比王储穆罕默德》，http://www.news.cn/politics/leaders/2022-02/05/c_1128334387.htm。
② 《习近平会见卡塔尔埃米尔塔米姆》，http://www.news.cn/photo/2022-02/05/c_1128334392.htm。
③ 《习近平同叙利亚总统巴沙尔通电话》，http://www.news.cn/politics/leaders/2021-11/05/c_1128035846.htm。
④ 《习近平同以色列总统赫尔佐格通电话》，http://www.news.cn/2021-11/17/c_1128073871.htm。

设等领域合作。双方要深化国际运输和物流合作，促进亚欧运输走廊建设，提升区域互联互通水平。中方愿同阿方加强医学领域交流合作，继续为阿方抗击疫情提供疫苗等帮助。中国脱贫攻坚战取得全面胜利，愿同阿方加强交流合作，共同推动全球减贫事业。[①]

总体来看，中国与西亚各国政府间合作是运用双边合作和多边机制，优势互补地共建"一带一路"。在签署双边合作协议方面，共建"一带一路"成效显著，通过双边互访、多边机制平台等多重机制共同推进，中国和西亚国家能够就各国具体需求和本国优势进行有效沟通和协调，在有效沟通基础上制定的合作方案落实效率大大提高。

（二）设施联通

在"一带一路"框架下，中国的发展目标与西亚国家的中长期发展愿景相对接，致力于实现共同发展，开放合作、命运与共。"一带一路"倡议提出7年来，中国与西亚国家在"北斗"卫星导航、数字经济、信息技术等方面合作进展迅速，在新能源、海水淡化、太阳能、风能、基因工程等科技创新领域均不断取得积极进展。根据《中阿合作论坛2018年至2020年行动执行计划》，中国和阿拉伯国家通过促进"能源、基础设施、物流服务、金融、工业及矿产合作、贸易和投资便利化等重要领域以及核能、航天、卫星和新能源等高新技术领域的合作，加强中阿产能合作"。[②] 中国支持阿拉伯国家工业化进程，坚持以企业为合作主体，以市场为主导，依照商业

[①] 《习近平同阿塞拜疆总统阿利耶夫通电话》，http://www.xinhuanet.com/2021-06/02/c_1127523611.htm。

[②] 《中阿合作论坛2018年至2020年行动执行计划》，http://www.chinaarabcf.org/chn/lthyjwx/bzjhy/dbjbzjhy/t1577009.htm。（上网时间：2020年11月28日）

运作原则，政府起推动作用，将阿拉伯国家需求和中国的产能优势结合起来，并不断拓展先进的产能合作。①

1. 基础设施

中东是中国最早进入工程承包市场之一。② 中国企业通过工程承包，参与西亚多国的铁路、港口、航天网络建设，支持阿拉伯国家构建连接中亚和东非、沟通印度洋和地中海的黄金枢纽物流网。近年来，中国政府先后同阿拉伯国家签署了多个合作协议，并承接了许多阿拉伯国家的基础设施建设项目。

科威特RA/259路桥项目是中国企业在科威特签约的重要大型路桥项目。2017年10月30日，中冶国际所属中冶中东分公司与业主科威特公共工程部签署了科威特RA/259路桥项目施工总包合同。该项目是科威特到沙特公路连接线的第一期工程，道路全长21.8千米，工期3年，项目主要构造物有大、中桥6座，互通式立交桥1座，涵洞6道；另有路基、路面工程及公共排水排污、现有输油管保护、移除并重建现有高架电缆及电塔、保护移除通信设施工程等辅助工程。作为中资企业参与科威特城市建设的重要见证，该项目在促进科威特基础设施逐步完善和增加中国和科威特友好往来方面发挥了重要作用。

中国铁建国际集团有限公司（中铁建）承建的2022年卡塔尔世界杯主体育场主体钢结构卸载于2020年4月8日顺利完成。2016年11月，中铁建中标2022年卡塔尔世界杯主体育场建设项目，总合同额为28亿卡塔尔里亚尔，当时约合51.7亿元人民币。该体育场建

---

① 《中国对阿拉伯国家政策文件（全文）》，中国外交部官网，https://www.fmprc.gov.cn/web/ziliao_674904/tytj_674911/zcwj_674915/t1331327.shtml.（上网时间：2020年11月28日）

② 姜英梅：《中东国家基础设施建设与"一带一路"合作前景》，《阿拉伯世界研究》，2019年第2期，第103页。

成后可容纳9.2万名观众，将承担2022年世界杯开幕式、闭幕式和决赛等重要活动。钢结构卸载是主体钢结构施工最终也是最重要的一个环节，在新冠病毒感染疫情严重的当下顺利卸载，既展示了中国钢结构技术的先进水平，也展现了中国企业的能力和毅力。

萨勒曼国王国际综合港务设施项目是中国电建集团成立以来中标的单体合同金额最大的现汇项目。2018年11月26日，萨勒曼国王国际综合港务设施项目EPC合同签字仪式在沙特东部城市达曼举行。该项目位于沙特东部海湾沿岸，中国电建集团中标的4、5、6标段为主体工程，包括修船、造船厂和海上石油平台等。项目建成后将为海上钻井平台、商船和海工服务船提供工程、制造和维修服务，有望带动沙特国内生产总值增长上百亿美元，创造数万个就业机会。

沙特阿拉伯麦加—麦地那高速铁路（简称麦麦高铁）是中企在海外参建的世界首条穿越沙漠地带高铁，也是中企在海外参建的首条设计时速达到360千米高铁项目。中铁十八局集团和中土集团分别参与项目不同标段建设。2018年9月25日，麦麦高铁开通仪式在红海沿岸城市吉达举行，沙特国王萨勒曼出席仪式。麦麦高铁全线总里程450千米，设麦地那站、拉比格阿卜杜拉国王经济城站、阿卜杜勒·阿齐兹国王国际机场站、吉达站和麦加站5座高铁站。高铁正式通车运营后，麦加至麦地那的行车时间将由目前的4个小时缩短到2个小时。

奈季兰穆特布王子路地下隧道位于奈季兰市中心主干道，是该市目前仅有的两条城市地下主通道之一。在此以前，位于沙特南部的边境城市奈季兰道路交通欠发达，基础设施和经济发展长期滞后。沙特阿拉伯奈季兰穆特布王子路地下隧道是由中国土木工程集团有限公司沙特分公司承建，并于2020年最后一天实现通车。该隧道的修建对于改善奈季兰市区交通系统、美化城市、为民众提供便利等方面具有重大意义。①

特拉维夫轻轨红线是以色列特拉维夫市城市轨道交通规划中第一条轻轨线路，全长23.5千米，跨越人口最密集、交通最繁忙的城市中心区，计划2021年年底正式开通运营。特拉维夫共有5条轻轨线路，分别为红线、绿线、紫线、黄线LRT线、棕线。其中，红线轻轨项目从以色列南部城市巴特亚姆（Bat Yam）到东部城市佩塔提克瓦（Petach Tikva），是特拉维夫都会区最为繁忙的交通走廊之一。该交通走廊沿线人口及工作场所密度为以色列国内之最。2015年5月，中国中铁股份有限公司旗下中铁隧道集团有限公司与以色列Solel Boneh Infrastructure公司组成的联营体中标以色列特拉维夫轻轨红线项目TBM段西标段。该项目采用欧洲标准设计、欧洲标准施工，隧道穿越特拉维夫、拉玛特甘和佩塔提克瓦三座城市。项目使用中国公司为其量身打造的6台TBM隧道掘进机进行施工，成功在地下穿过高速公路、铁路、河道、公路桥、铁路桥以及老城区危险建筑物。经过项目全体参建员工1099天的不懈努力，实现了9条隧道累计13169米全部贯通，提前完成里程碑节点，在以色列高端市场展示了中国技术、中国速度、中国质量、中国安全和中国环保，赢得了以色列同行及社会各界的高度认可及尊重。

阿联酋铁路二期项目是践行"一带一路"倡议、促进中阿合作的重点项目。该项目由中国土木和当地企业共同参与建设。阿联酋联邦铁路网是海湾铁路网络的重要组成部分，建成后将覆盖该国主要工业中心、制造中心、物流中心、人口密集区和重要港口口岸。项目包括两期工程，一期已于2016年建成通车。② 2021年11月，阿

---

① 《中企承建的沙特城市地下隧道竣工通车》，http://www.xinhuanet.com/2021-01/06/c_1126952983.htm。

② 《中企参与承建的阿联酋铁路项目主线铺轨贯通》，中国一带一路网，https://www.yidaiyilu.gov.cn/xwzx/hwxw/216102.htm。

联酋铁路二期项目9条隧道实现全部贯通。此次贯通的隧道群总长6946米，是中东地区最长的高速重载铁路隧道群，也是中阿合作的重点项目内容。建成后，将成为横贯该国五个酋长国的交通运输"大动脉"。①

穆特拉住房基础设施建设项目是中国"一带一路"倡议和科威特"2035国家愿景"相对接的重点民生工程之一，从2017年4月开工历时五载，目前已向科方全部移交完成，将解决约40万居民的住房问题。项目主体工程占地面积约30平方千米，包括8个街区约7000万立方米土石方挖填、3200千米地下管网、460万平方米沥青混凝土路面、440座变电站。② 中国能建葛洲坝集团科威特穆特拉住房基础设施建设项目部于2022年7月4日向科方移交了雨水收集系统工程，标志着该工程项目全部移交完成，为科威特疫情期间经济民生改善提供助力。③

2. 能源设施

延布炼厂项目是中国在沙特最大的投资项目，也是中国石化首个海外炼化项目。2015年，延布炼厂从延布海洋油库出口了首批30万桶清洁柴油燃料。同年12月，延布炼厂获得"2015年普氏全球能源奖之年度建设项目奖"。2016年1月20日，中国国家主席习近平和沙特阿拉伯国王萨勒曼共同出席中沙延布炼厂投产启动仪式。该炼厂位于沙特西部延布市附近的石油化工区，设计加工能力达到40万桶原油/日（合2000万吨/年），拥有世界领先的炼化设施，

---

① 《中企承建的阿联酋铁路二期项目9条隧道全部贯通》，http://world.people.com.cn/n1/2021/1126/c1002-32292733.html。
② 《驻科威特大使张建卫考察南穆特拉住房基础设施建设项目》，中国外交部官网，https://www.fmprc.gov.cn/zwbd_673032/jghd_673046/202207/t20220715_10720096.shtml。
③ 《全球连线丨中企承建科威特住房基建工程移交完成》，中国一带一路网，https://www.yidaiyilu.gov.cn/xwzx/hwxw/259389.htm。

HSE标准和生产运行管理标准均达世界先进水平，生产的汽柴油质量可满足美国标准和欧五标准。根据2012年中国石化与沙特阿美签订合资协议，双方的持股比例分别为37.5%及62.5%。目前，延布炼厂的主要设施包括世界领先的馏分油氢化裂解器及两台加氢处理装置，每日可生产26.3万桶超低硫柴油燃料。

中国电建所属电建核电公司和山东电建公司建设的沙特阿美吉赞3850兆瓦电站项目12燃机带负荷并网项目是目前实现成功并网的世界最大联合循环电站项目。自2015年4月吉赞电站项目正式开工以来，电建核电公司与山东电建公司克服诸多困难，坚决推行EPC项目"一体化"建设，全力适应新模式新机制，按照阿美公司标准推进。电站采用联合循环技术，适用阿美、西门子、沙特电网等多重标准，建成后不仅为吉赞经济园区提供动力，并向沙特国家电网供电2400兆瓦，对沙特电力发展具有重大意义。

安卡拉光伏产业园项目是中国与土耳其共建"一带一路"的示范工程。2020年7月，安卡拉光伏产业园厂区内首台切片设备正式入场，标志着中国电子科技集团有限公司（中国电科）与土耳其卡隆集团共同建设的500兆瓦光伏项目取得重大进展。2020年9月，项目迎来全产业链开通，将为土耳其提供年产500兆瓦的绿色新能源，在该国光伏产能中占比近10%。安卡拉光伏产业园项目对提升土耳其光伏领域研发能力、促进该国新能源产业发展具有重要意义。尤其是在疫情蔓延的情况下，中国企业克服困难，短时间内实现组件线的拉通，体现了中方在该领域自动化、高度智能化的全球领先水平。

土耳其胡努特鲁电厂是"一带一路"倡议和土耳其"中间走廊"计划对接的重点项目。项目部以打造"高可靠性、高性能指标、高机组性能指标"为目标,将精细化管理贯穿始终。① 2022 年 6 月 28 日,中能建筑集团承建的土耳其胡努特鲁电厂 1 号机组顺利投运,项目总装机容量 1320 兆瓦,同步建设烟气脱硫和 SCR 脱硝装置,排放优于欧盟标准。项目建成后,每年可为土耳其供应电力 90 亿千瓦时,成为土耳其最稳定的能源保障。此外,项目部引进 45 家分包资源和供应商,属地员工最高峰达 700 余人,并成立属地劳务公司,直接对项目周边 7 个村、市、县招聘人员,解决当地 200 余人就业。②

由中国石油工程建设公司(CPECC)承建的鲁迈拉电站(RPP)是中国石油工程建设公司至今获得的业务链最完整的项目。2014 年,中国石油工程建设公司中标 BP 鲁迈拉电站项目。2017 年 12 月 29 日,项目实现了所有发电机组并网发电成功,并于 2018 年 1 月 7 日取得完工证书后正式进入 2 年运行维护。目前,鲁迈拉电站已累计发电 4.78 亿度,安全运行 206 天,稳定运行率达 99.92%,超过合同中 96% 的要求,有效解决了鲁迈拉地区用电短缺的局面。同时,项目在运行过程中最大限度地争取带动当地就业,通过加强安全和技能培训提高当地人员的再就业能力。此外,项目的土建基础、道路、输气/输水管线、高压线路安装、清关运输等工作全部由当地公司完成。目前,该项目累计为数千名伊拉克人提供了就业机会。

阿联酋陆上石油勘探项目是阿联酋与中国能源合作关系的一个重要里程碑。2018 年,中石油东方地球物理勘探有限责任公司(BGP)拿下 16 亿美元的阿联酋阿布扎比国家石油公司陆海勘探线项目,这是全球物探行业三维采集作业涉及金额最大的合同。2018

---

① 《中企在土耳其建设首个无烟囱电厂》,中国一带一路网,2020 年 12 月 25 日,https://www.yidaiyilu.gov.cn/xwzx/hwxw/159453.htm。
② 《中土合作重点项目土耳其胡努特鲁电厂 1 号机组投产》,2022 年 6 月 30 日,http://world.people.com.cn/n1/2022/0630/c1002-32462040.html。

年9月，由该公司下属团队承担的阿联酋海上和陆上三维石油勘探项目陆上区块开始采集作业。该项目利用世界上最先进的地震勘探技术，努力获得最优质地震资料，实现了油气资源开发利用最大化，为阿布扎比国家石油公司实现2030年油气资源持续增长战略目标作出了贡献，也成为了阿联酋"向东看"战略与"一带一路"倡议有效对接的典范。

阿联酋的"阿布扎比之光"光伏电站是"一带一路"倡议与阿联酋"2050能源战略"结合的重要项目。该项目由中国晶科能源有限公司、日本丸红株式会社和阿布扎比水电局三方组建的合资公司建设，依托中国产品和中国技术，于2022年初投入商业运营后效益显著。中国晶科能源有限公司也是项目太阳能组件的唯一供应商，项目中所使用的320万块光伏面板都是中国制造。"阿布扎比之光"占地面积约7.8平方千米，总规模1177兆瓦，是目前全球最大的单体光伏电站。阿联酋通讯社报道称，投入商业化运营后，该项目可以满足超过9万人的用电需求，预计每年减排二氧化碳100万吨，相当于减少20万辆汽车行驶一年的排放量。"阿布扎比之光"的建成标志着阿联酋向实现"2050能源战略"迈出了坚实的步伐，也成为多国合作的成功范例。[①]

中国与沙特的能源合作不断深入。沙特的"2030愿景"在石油产业和新能源开发之间寻找更有利于带动经济发展的新平衡，是政府主导图变的转型典型。以太阳能开发为例，根据沙特媒体的报道，海合会的太阳能发电总价值2022年预测将达到250亿美元。一方面，沙特是中国近几年两大原油进口国之一，[②] 另一方面，中国与沙特在涉及太空的月球探测、火星探测等领域不断推进着双边合作。

---

① 《中国技术成就绿色能源梦想》，人民网，2019年12月1日，http://world.people.com.cn/n1/2019/1201/c1002-31483281.html.

② 中国进口原油来源国连续四年最多的国家是俄罗斯，2019年前10个月沙特与俄罗斯持平。

迪拜光热电站项目是丝路基金与沙特公司共同投资的重要项目。2018年7月20日，在国家主席习近平、阿联酋副总统兼总理穆罕默德·本·拉希德·阿勒·马克图姆和阿布扎比王储穆罕默德·本·扎耶德·阿勒纳哈扬的共同见证下，丝路基金同迪拜水电局交换了与沙特国际电力和水务公司共同投资迪拜光热电站项目的协议。迪拜光热电站位于迪拜阿勒马克图姆太阳能园，合计发电容量700兆瓦，是目前全球规模最大的光热电站项目，也是迪拜"清洁能源战略"的重要组成部分。丝路基金以股权方式投资该项目，上海电气集团股份有限公司为项目EPC总承包商。丝路基金投资迪拜光热电站项目，有助于"一带一路"建设与阿联酋能源发展战略有效对接，推动中阿双方在"一带一路"框架下的深入合作，助力中国电力企业转型升级并开拓国际市场。

马赞增量开发项目建造合同是沙特阿美石油公司2019年开展的规模最大的上游开发项目。2019年11月，中国海洋石油工程股份有限公司（以下简称"海油工程"）与沙特阿美石油公司签署了马赞增量开发项目建造合同，合同金额约7亿美元。海油工程主要负责海上平台陆地建造和海上安装。建造完成后，海油工程将通过远洋运输的方式将海上平台运输至沙特海域执行海上安装。该项目于2020年第二季度开工建造，2022年第四季度完工。该项目的顺利实施有利于深化与中东油气市场的合作，推动"一带一路"油气合作走深走实。

泛亚沙特项目是响应中国"一带一路"倡议及沙特"2030愿景"发展战略而策划建设，也是中沙产能合作的首个石化化纤一体化项目。项目总投资约32亿美元，计划分三期建成250万吨PTA和100万吨瓶级PET及下游纺织产业。2018年9月16日，作为项目PMC承包商的寰球项目管理公司与泛亚聚酯公司签署了项目一期的PMC合同。2019年1月29日，该项目的开工奠基庆典仪式在沙特阿拉伯王国吉赞工业城隆重举行。泛亚沙特项目开工奠基庆典仪式的举行，标志着泛亚沙特项目正式启动，也意味着中国石油在推动"一带一路"倡议和沙特"2030 愿景"战略实施又向前迈出了关键一步。

中国石化承建的中东地区最大炼厂——科威特阿祖尔炼厂主装置全面建成，成为中科合作的又一典范。该炼厂是全球目前一次性建设的最大炼油厂，年加工能力为 3150 万吨，投入运营后，将使科威特成为中东地区最大的清洁油品生产国，并为全球市场提供高附加值、高品质的清洁燃料，对推动科威特实现国家经济转型具有标志性意义。阿祖尔炼厂项目总投资 139 亿美元，主要生产汽油、柴油、煤油等，油品质量达到欧 V 标准，可为当地电厂提供清洁燃料，该项目于 2015 年 10 月开工建设，2019 年 12 月基本全面建成。阿祖尔炼厂项目带动了科威特制造业的进步及当地经济发展。该项目提供了大量的工作岗位，开工以来用工累计超过 1 亿人工时。中石化洛阳工程有限公司是项目总承包商之一，采用智能协同、虚拟设计等实现了与合作伙伴的全球协同、数据共享，完成了渣油加氢脱硫等全部 15 套工艺生产装置工程总承包建设，经过近 5 年时间在所有参建团队中率先完成炼厂主装置建设。[①]

3. 产业园区

中国—阿曼（杜库姆）产业园是阿曼杜库姆经济特区最重要的对外合作项目。借助中阿合作论坛平台和与阿拉伯国家广泛合作机遇，宁夏回族自治区与阿曼杜库姆经济特区政府于 2016 年 5 月共同成立中国—阿曼（杜库姆）产业园。该产业园为目前单一国家入驻杜库姆经济特区的最大项目。在国内，中国—阿曼（杜库姆）产业

---

① 《中东地区最大炼厂主装置全面建成，由中国石化承建》，https://baijiahao.baidu.com/s?id=1652792246337887105&wfr=spider&for=pc。

园被国家发改委列为 20 个重点国际产能示范园区之一，被商务部列为 16 个重点支持的产业园。产业园距离阿曼首都马斯喀特 500 多千米，占地近 12 平方千米，拟建项目规划总投资 670 亿元人民币，产业园规划有重工业区、轻工业综合区和五星级酒店旅游区三个板块，主要有石油化工、天然气加工、建材、海洋产业、清真食品产业、电子商务、汽车组装等 9 个产业，首批建设项目有 400 兆瓦太阳能光伏组件生产及附属设施、年产 5 万吨石油套管、日产 5000 吨水泥熟料等 16 个项目，拟建项目包括轧钢、清真食品产业等 9 个项目，项目总投资约 650 亿元人民币，用工 1.2 万人，计划用 5 年时间建成。目前，宁夏、河北、辽宁等不同省区的 10 家大型企业已签入园协议，投资总额达 32 亿美元，涉及海水淡化、发电、天然气制甲醇及甲醇制烯烃、越野车组装、柔性高压复合输送管生产等。同时，产业园的建立和发展得到了阿曼方面的有力配合。杜库姆经济特区在税收、土地使用、生产要素价格、企业注册资本、外籍劳务签证等方面，对园区实施优惠政策。此外，园区还联手阿曼方面培养阿曼学生。产业园于 2016 年启动了阿曼留学生奖学金项目，在未来 8—10 年内将资助 1000 名阿曼学生前往中国学习，学成后回园区工作。首批 39 名阿曼留学生在完成学业后已回到阿曼进行实习，随后将加入产业园。作为中国在阿拉伯国家建设的最大产业园区，中国—阿曼（杜库姆）产业园将为促进中阿合作尤其是产能合作发挥引领作用。

中国—沙特（吉赞）产业园是重要的对外合作项目，该产业园位于沙特吉赞经济城内，由银川育成投资有限公司、广州开发区工业发展集团总公司、沙特阿美石油公司、沙特朱拜勒和延布皇家委员会合作开发建设。园区已被列为国家发改委 2016 年重点推动建设的 20 个国际产能合作示范园区和商务部 2016—2017 年重点扶持的 16 个境外经贸合作园园区。2017 年 8 月，合作各方签订了设立中沙产能合作平台公司——沙特丝路产业服务有限公司的股东协议，标志着中国—沙特（吉赞）产业园区由前期筹备阶段正式进入实体运营阶段。目前，园区总投资 61.06 亿美元的泛亚聚酯石油化工化纤一体化项目已获沙特投资总局批复，该项目是沙特吉赞经济城的首个招商引资项目，也是沙特王国建国以来首个外国独资石化项目。产业园总规划面积 32 平方千米，包括 30 平方千米工业区和 2 平方千米生活区。重点发展钢铁、石油化工、硅产业、船舶服务业等产业。其中，工业区是无固定边界的概念区，按照吉赞经济城目前的总体规划，根据引进项目情况确定中资企业选址，在 30 平方千米用地范围内享受中国企业特别发展区的相关优惠政策。生活区由中方统一规划建设，主要为中资企业提供生活配套服务。[1]

高质量建设产能合作园区是落实好习近平主席与阿联酋阿布扎比王储穆罕默德关于在共建"一带一路"框架内加强重要共识的重要内容。2018 年 5 月 16 日，中国—阿联酋"一带一路"产能合作园区正式开工建设。园区位于阿联酋阿布扎比哈利法工业区内，启动区 2.2 平方千米，预留用地 10 平方千米，由江苏省海外合作投资有限公司投资建设和运营管理。截至目前，已有 15 家企业与园区签署了投资框架协议，涉及建材、化工、新能源等多个行业，投资总金额逾 60 亿元人民币，将为当地创造 2500 个以上的工作岗位。

4. 航天科技

从 1—2 颗，到 8 颗，再到 10—12 颗，阿拉伯国家上空可见的"北斗"卫星越来越多。从首个海外中心落户突尼斯，到培训 200 余

---

[1] ［沙特阿拉伯］中国—沙特（吉赞）产业园，中华全国工商业联合会联络部，http://www.acfic.org.cn/zzjg_327/nsjg/llb/llbgzhdzt/2019zhinan/2019zhinan_1/202003/t20200331_231677.hml。

名阿方人员，中阿北斗合作越走越实。① 2021年12月8日，第三届中阿北斗合作论坛（简称"论坛"）在北京以"线上+线下"方式成功举行。论坛以"应用北斗、共享共赢"为主题，是"北斗三号"全球卫星导航系统正式建成开通后举办的首届中阿北斗合作论坛，对于展示五年来中阿北斗合作成果、总结合作经验、制订行动计划，务实推动中阿卫星导航合作进入新阶段具有重要意义。论坛期间，中阿双方签署了《中国—阿拉伯国家卫星导航领域合作行动计划（2022—2023年）》（简称"合作行动计划"）。②

北斗导航系统研讨会由中国卫星导航系统管理办公室和沙特阿拉伯阿卜杜拉·阿齐兹国王科技城联合举办，于2017年4月18—19日在沙特首都利雅得举行，这标志着中国卫星导航系统首次大规模走进对导航产品和应用有巨大需求的沙特市场。会议期间，中国航天科技集团、中国兵器工业集团、中国电子科技集团、北斗星通、长沙北斗产业安全技术研究院等国内卫星导航领域骨干企业，与沙特相关行业用户和企业代表进行了深入互动交流，展示了北斗芯片模块、高精度板卡、接收机等最新产品，现场演示了车联网、精准农业、智慧旅游等各类应用案例，并就北斗应用和沙方相关单位进行了多场专题对接，达成多项共识。中沙卫星导航合作将对推动中方"一带一路"倡议与沙方"2030愿景"规划对接发挥重要作用，有望成为两国务实合作的新亮点、新引擎，并对沙特实现经济转型和"2030愿景"，促进沙特科研、工业、贸易、交通、农业、能源、民航和地理空间等社会各行业领域发展具有重要作用。

沙特智能电表项目是目前世界上单次部署规模最大的智能电表

---

① 《全球连线｜跟着导航走！中阿北斗合作迈向前》，新华社，2021年12月28日。
② 《中阿双方签署卫星导航领域合作行动计划》，北斗网，2021年12月16日，http://www.beidou.gov.cn/yw/xwzx/202201/t20220121_23559.html。

项目，是中国"一带一路"倡议与沙特"2030愿景"战略规划对接的重大成果。该项目是国家电网公司"用电信息采集系统"首次大规模进入海外市场。项目位于沙特西南部，工程范围包括部署安装500万只智能电表以及配套头端系统和配套终端设备，提供项目技术服务、设备集成、安装调试、运维、培训全方位服务，将通过智能化数据信息采集管理，为沙特电力公司用电管理、辅助决策提供数据支撑，造福沙特民生。项目的顺利实施有助于带动国产技术标准和服务"走出去"，预计将带动中国技术和设备物资出口超20亿元人民币，促进两国能源合作互利互通。

艾哈代布油田是伊拉克战后中国企业参与的第一个对外石油合作项目，也是中国石油中东合作区建设的起点。10年来，中方投资30多亿美元，将其打造成"中东标志性项目"。1997年，中国石油同北方工业公司、伊拉克石油销售公司联手，在伊拉克开启合作之旅，组建绿洲石油公司，寓意"绿洲"。受伊拉克战争、制裁等因素的影响，项目被迫搁浅12年。2008年11月，中伊双方再次签署艾哈代布油田技术服务合同，项目重新启动。2011年6月21日，一座现代化绿色油田在荒漠上建成，项目一期300万吨产能建设一次投产成功，生产出了第一桶商业原油；2015年，作业产量达到718万吨。截至2017年年底，油田累计生产原油约4255万吨，累计处理干气1.28千亿立方英尺、液化石油气36.6万吨、硫黄5751吨。投产期间，该项目带动60余支中国工程技术及建设服务队伍走进伊拉克市场，逾95%油田设备来自中国。艾哈代布项目建设及实践开创了中国石油国际化运作新蓝本，受到了伊拉克政府的高度认可，被称为"中伊友谊的桥梁"。中国石油创新大型碳酸盐岩高效开发关键技术，使得艾哈代布项目提前3年投产并连续6年稳产。油田投资和生产抓住了国际高油价的有利时期，据估算与原合同预期相比，相当于为伊拉克政府多贡献了100亿美元的收入。

为了构建和谐的社区关系，艾哈代布项目积极参与伊拉克当地基础设施、文教卫生等社会公益项目建设，为油区村镇修路架桥，向油区小学捐赠文教物资，为促进当地经济发展和社会进步、提高油区民众生活质量做出了贡献。省、市、县代表及伊拉克中部石油公司（MDOC）、绿洲石油公司一起组建了"公益项目委员会"，共同讨论确认社会公益项目，同时制订清晰的工作流程，确保项目得到有效执行。据悉，2018年，艾哈代布项目从油田运营经费中拨付的社会公益项目建设资金预计高达500万美元。

伊拉克遭受过长时间的国际制裁，加上伊拉克战后局势动荡，当地工商业发展缓慢，高失业率一直困扰着当地居民。艾哈代布项目积极实施本地化战略，累计为当地创造了5000多个直接或者间接的就业机会，从源头上帮助当地社区居民获得可持续发展机会和改善生活的动力，构建了互利共赢的发展战略。在外国雇员管理上，艾哈代布项目遵守伊拉克法律法规和商业道德，不断完善薪酬分配，健全员工成长机制，保障员工劳动报酬、培训、休假、保险、劳动保护等各项合法权益。

艾哈代布项目的成功实践切实造福了伊拉克人民，这表明能源合作不仅仅是商业合作，它所承载的友谊传递与文化融合才是超越地域、超越历史的精髓。聚焦发展、加速融合的共识让中伊合作伙伴关系更加紧密，油气合作由此成为两国人民友谊发展的桥梁、彼此携手共进的纽带。

在追求项目高质量快速建成的同时，中国石油将绿色发展基因植入油田建设的每一个环节。艾哈代布项目坚持生态保护与油田生产同轨同步运行的理念，建立健全绿色油田发展长效机制，在组织生产建设的同时不忘油田生态保护，将开发能源和保护生态紧密结合起来，并采用多种手段监管作业现场的环境保护工作。

5. 其他

"一带一路"沿线多为新兴经济体和发展中国家，经济社会发展水平较低，且普遍面临来自全球工业化转移的环境污染和生态退化的挑战。由于经济发展方式较为粗放，自然资源过度使用且使用方式的不可持续性，不少沿线国家面临很多环境问题。绿色发展成为当今世界的时代潮流，在《推动共建丝绸之路经济带和21世纪海上丝绸之路的愿景与行动》中，中国明确提出要"在投资贸易中突出生态文明理念，加强生态环境、生物多样性和应对气候变化合作，共建绿色丝绸之路"。中国与西亚国家的生态合作也逐步开展。

在"一带一路"国际合作高峰论坛期间，中国生态环境部与包括伊朗、以色列等西亚国家在内的多国环境部门以及国际组织等机构共同启动"一带一路"绿色发展国际联盟。中国国家邮政局与伊朗邮政局、巴基斯坦邮政局共同签署《响应"一带一路"倡议加强邮政和快递领域合作的谅解备忘录》。

2019年11月，中国生态环境部部长在京会见卡塔尔市政与环境大臣阿卜杜拉·苏拜伊，双方就加强生态环境领域合作等议题交换了意见。卡方希望与中方分享在生态环境保护、应对气候变化等方面的成功经验，愿意积极参与绿色"一带一路"。

（三）贸易畅通

2020年，中国从阿拉伯国家进口原油2.78亿吨。沙特、伊拉克、阿曼、科威特、阿联酋等国家都位列中国能源进口前10名。其中，沙特对华出口原油从2012年的5390万吨增长到2020年的8492万吨。从天然气贸易来看，卡塔尔对华出口长期位列前两位，对华天然气出口从 2012 年的 67.9 亿立方米增加到 111.3 亿立方米。以中国—阿拉伯国家博览会和中国国际进口博览会等为平台，中国积极拓展对阿拉伯国家贸易合作新领域。2020 年，中阿贸易额为 2398 亿美元，虽受疫情等因素影响略有下降，但中国对阿拉伯国家出口增长了 2.2%。其中，机电和高新技术产品占比达到 67.4%，同比分别增长 6.1% 和 3.3%。①

1. 合作机制持续升级、贸易化便利化水平不断提升

中阿经贸合作论坛与中阿博览会机制的升级建设：2013 年，经中国国务院批准，中阿经贸合作论坛升级为中阿博览会，每两年举办一届，至 2021 年已成功举办五届，基本形成了"中阿共办、部区联办、民间协办"的运行机制，② 有效推动了新时代中阿经贸合作的发展。中阿博览会得到中阿双方领导人、各国政府有关机构及地方政府和民间团体的大力支持和积极参与。

中国国家主席习近平连续五次向每一届中阿博览会的召开致信祝贺，充分体现出习近平主席对中阿合作与中阿博览会建设的高度重视。2021 年 8 月，习近平主席在致第五届中阿博览会的贺信中指出，近年来，中阿双方不断加强战略协调和行动对接。面对新冠病毒感染疫情，中阿携手抗疫，树立了守望相助、共克时艰的典范。中国愿同阿拉伯国家一道，共谋合作发展，共促和平发展，实现互利共赢，高质量共建"一带一路"，推动中阿战略伙伴关系迈上更高水平，携手打造面向新时代的中阿命运共同体。③

中阿博览会不断优化运行机制和顶层设计，逐渐形成了包括开

---

① 王健：《破解"中东之问"难题：以共建"一带一路"推进中阿合作》，《阿拉伯世界研究》，2022 年第 3 期。
② 杨子实：《中阿博览会的起源、贡献与展望》，《西亚非洲》，2021 年第 4 期，第 78 页。
③ 李增辉、刘峰：《习近平向第五届中国—阿拉伯国家博览会致贺信》，《人民日报》，2021 年 8 月 20 日第 1 版。

幕大会、主宾国和主题省系列活动、展览展示、投资贸易促进活动和会议论坛等交流机制，科威特（2013年）、约旦（2015年）、埃及（2017年）、摩洛哥和阿联酋（2021年）先后担任中阿博览会主宾国；浙江（2015年）、福建（2017年）、江苏（2019年）、河南和重庆（2021年）先后担任中阿博览会主题省（市）。近年来，中阿博览会围绕基础设施建设、产能合作、数字经济、高新技术、卫生健康、文化旅游、清洁能源、现代农业等重点合作领域，开展各项展览展示活动。在会展期间，还举办相关专项投资贸易促进活动，为参展商、采购商、贸易商提供对接洽谈的平台和机会；在会议论坛方面，逐渐形成了中阿工商峰会、中阿技术转移与创新合作大会、投资与产能合作大会、网上丝绸之路大会等机制性活动。此外，中阿博览会还与中阿合作论坛进行对接与合作，承接中阿合作论坛框架下的一些机制性对话交流活动。

2021年8月举办的第五届中阿博览会共签约成果277个，计划投资和贸易总额1566.7亿元人民币。其中，投资类项目199个，投资额1539.2亿元人民币；贸易类项目24个，贸易额27.5亿元人民币；发布政策报告、签署备忘录协议54个。签约成果涵盖电子信息、清洁能源、新型材料、绿色食品、产能合作、"互联网+医疗健康"、旅游合作等多个领域。[①] 中阿博览会作为中阿合作论坛在经贸领域的延伸和补充，已成为中阿高质量共建"一带一路"的重要交流平台，对促进中阿经贸合作日益发挥出重要而独特的作用。

中海自贸协定谈判：中海双方关于自贸区建设的谈判已成功进行了10轮。2017年以来，卡塔尔断交危机使海合会对外合作受到冲击，中海自贸区谈判进程也受到一定影响。2021年，断交危机得到

---

① 王莉莉：《共建"一带一路"，中阿合作不断焕发新活力》，《中国对外贸易》，2021年第9期，第8页。

化解，海合会各国就战略合作和经济与发展一体化原则和政策达成一致，海湾关税同盟和共同市场有望得到进一步完善，为恢复中海自贸协定谈判创造了条件。① 随着中阿多边合作的不断深化，中海自贸协定谈判有望快速重启。2022 年 1 月，中国外交部长同海合会秘书长举行会谈，并就尽快建立中海战略伙伴关系、建立中海自由贸易区、召开第四轮中海战略对话会等问题发布联合声明。② 除了战略对话机制外，中海双方还建立了经贸联委会、能源专家组对话、中海经济合作智库峰会等多种交流机制。

此外，在投资便利化方面，中国与西亚地区国家不断加强信息互换、监管互认、执法互助的海关合作，以及检验检疫、认证认可、标准计量、统计信息等方面的双多边合作，推动世界贸易组织《贸易便利化协定》生效和实施。目前，中国已经在以色列正式实施"经认证的经营者"互认，与伊朗等也正在开展互认磋商，这将使中国企业在西亚相关国家享受对方认证企业的相同待遇，查验率很低，通关速度上有保障。2019 年中国贸促会宣布在黎巴嫩设立办事处，进一步加强中国与黎巴嫩商会间的合作，促进双边经贸关系进一步发展。

2. 贸易领域持续拓展

自 2013 年中国提出"一带一路"倡议以来，许多合作项目落地生根，中国与中东地区的经贸往来和产能合作日益密切。根据商务部公布的数据，截至 2021 年 6 月底，中国已与 17 个阿拉伯国家建立了 46 个多双边工商合作机制。摩洛哥穆罕默德六世丹吉尔科技

---

① 《中海自贸协定谈判势在必行》，中国经济网，2022 年 1 月 22 日，http://bgimg.ce.cn/xwzx/gnsz/gdxw/202201/22/t20220122_37279085.shtml。（上网时间：2022 年 3 月 25 日）

② 《中国外交部同海合会秘书处联合声明》，中国外交部官网，2022 年 1 月 12 日，https://www.mfa.gov.cn/web/gjhdq_676201/gjhdqzz_681964/lhg_682782/zywj_682794/202201/t20220112_10481249.shtml。（上网时间：2022 年 3 月 25 日）

城、中国阿联酋产能合作示范园、中埃·泰达苏伊士经贸合作区、中国—阿曼（杜库姆）产业园、中国—埃及（曼凯）纺织产业园、中国—沙特（吉赞）产业园成为了中国与中东地区开展对外经贸合作的窗口。埃及苏伊士经贸合作区、阿联酋哈利法港二期集装箱码头等一批重大投资项目是新时期推动中阿经贸合作转型升级的标志性工程。

目前，"中国—海湾阿拉伯国家合作委员会自由贸易区"谈判正在加快推进。中国是世界最大的原油消费国之一，中国在能源领域与中东地区保持着密切合作。中东地区的主要国家沙特阿拉伯是中国在中东地区最大的贸易伙伴，是中国原油进口的主要供应国，中国石化与沙特国家石油公司合资成立了延布阿美中国石化炼油有限公司。随着能源合作的加深，中国与中东地区的经贸合作规模保持强势增长。根据中国海关公布的数据，2020 年中国与中东地区的国际贸易额达到 2717 亿美元。中国在中东地区进出口贸易排名前 5 位的国家依次为沙特、阿联酋、伊拉克、土耳其和阿曼，占中东地区贸易总额分别达到 24.7%、18.1%、11.1%、8.9% 和 6.9%。中国电商企业也在积极开辟中东地区电子商务这片"蓝海"，中东电商的 50% 的份额都由中国电商企业占领，中东地区综合排名第一的移动电商品牌"JollyChic"也来自中国。[1]

在能源领域，"一带一路"框架下中国与西亚地区国家的能源合作非常重视能源的战略性地位。中国视能源合作为中阿合作的"压舱石"。[2] 一方面，沙特等产油国正致力于国家经济转型，摆脱经济结构上的原油收入依赖。尽管沙特政府经济政策调整取得了 GDP 年

---

[1] 向姣姣：《中东地区推进"一带一路"建设的成效、风险与应对策略》，《对外经贸实务》，2021 年第 11 期，第 47 页。
[2] 《第六届中阿能源合作大会在开罗开幕》，人民网，http://world.people.com.cn/n1/2018/1106/c1002-30383502.html。（上网时间：2020 年 11 月 30 日）

增长12.11%的成就,但原油收入仍然占沙特财政收入的绝大部分。目前,石油化工产业对海湾国家的经济增长贡献率逐年增加。海湾国家2017年石化产品产量为1.668亿吨,石化产品总收入为556亿美元,到2018年实现7%的增长率。[1] 另一方面,中国能源进口需求强劲。根据中国海关进出口统计数据,2017年中国进口原油41958万吨,2018年中国进口原油46190万吨,中国原油进口总量的12.28%来自于沙特,9.75%来自于伊拉克,7.12%来自于阿曼,6.34%来自于伊朗,5.03%来自于科威特。[2] 能源合作仍将是中国与西亚产油国合作的重要领域。

2017年5月,中国国家发展改革委和国家能源局系统阐释了中国"一带一路"能源合作的六项原则:坚持开放包容、坚持互利共赢、坚持市场运作、坚持安全发展、坚持绿色发展、坚持和谐发展。中国倡导的能源合作的领域分别为能源发展政策和规划充分沟通,推动能源贸易便利化,鼓励能源投资合作,加强能源产能合作,推动可持续发展能源的开发和利用,以及完善以"一带一路"能源合作为基础的全球能源治理结构。[3] 简言之,中国认为共建"一带一路"不仅需要与能源大国推动油气合作,还要推进"油气+"合作模式,迎接全球能源革命。

以色列是非原油出口国,中国与以色列在"一带一路"共建过程中的合作全面体现《中以关于建立创新全面伙伴关系的联合声明》精神,建立经济技术合作机制、共建国家联合实验室、与以色列政府签署创新合作行动计划。[4] 除了大型的基础设施建设项目外,以色

---

[1] "GCC to Speed Up Solar Conversion," *Saudi Gazette*, November 18, 2018.
[2] 《2018年中国原油进口来源及数量》,《当代石油石化》,2019年第4期,第53页。
[3] 中国国家发展和改革委员会、国家能源局:《推动丝绸之路经济带和21世纪海上丝绸之路能源合作愿景与行动》,《中国电力报》,2017年5月15日第3版。
[4] 《第二届"一带一路"国际高峰合作论坛成果清单》,http://www.beltandroadforum.org/n100/2019/0427/c24-1310.html。(上网时间:2020年12月10日)

列还开始大量引进中国的机械设备。现在已经有五六家中国公司在向以色列提供大巴汽车。特拉维夫轻轨建好后，其列车车厢将由中国中车集团提供，这也是以色列第一次引进中国车厢。

土耳其也不是中国进口原油的来源国，但中土进出口贸易兴盛，中国是土耳其的全球第三大贸易伙伴和第二大进口来源地。[①] 2019年，中国已经成长为土耳其的一大进口来源地，第十八大出口市场。[②] 土耳其总统埃尔多安来华出席首届"一带一路"国际高峰论坛。中土两国有相似的发展战略，有发展的政治意愿和民意意识，当前经贸合作来往密切，"一带一路"合作前景广阔。

中阿贸易结构在逐步优化，中国自阿拉伯国家进口化工产品、农产品、机电产品和高新技术产品不断增加。中国—海合会自贸区谈判重启并取得实质性进展，将成为拉动中阿贸易和投资的新引擎。

3. 贸易规模不断扩大

近年来，随着中国全方位外交的展开和"一带一路"倡议的不断推进，中国与西亚国家经贸往来日益密切，在经济、基础设施建设、科技和文化交流等领域签署了多项协议，使双边贸易迅猛增长。据统计，中国与西亚地区的进出口贸易额从1995年的不足60亿美元提升至2008年的接近1700亿美元，2018年再提升至2700多亿美元。2019年全年双边进出口贸易额突破2800亿美元。目前，中国是伊朗以及10个阿拉伯国家的第一大贸易伙伴，是阿拉伯国家联盟的第二大贸易伙伴，是以色列和土耳其的第三大贸易伙伴。中国与海湾阿拉伯国家合作委员会（简称"海合会"）国家自建立外交关系

---

① 《1－10月土耳其对外贸易及对华进出口情况》，http：//tr. mofcom. gov. cn/article/jmxw/201911/20191102918223. shtml。（上网时间：2020年12月10日）
② 郁红阳：《土耳其是共建"一带一路"的重要合作伙伴》，《当代世界》，2019年第10期，第58页。

以来，双方在经贸、投资等领域合作快速发展。2010年，中海贸易额为927.7亿美元，至2020年，中国取代欧盟成为海合会最大贸易伙伴，双方贸易额达1614.1亿美元。2021年以来，尽管受到疫情与世界经济下行压力影响，中海贸易仍保持发展态势，2021年上半年双方贸易额达1037.9亿美元，已超过千亿美元。①

从国别看，与中国贸易进出口额排在前5位的国家分别是沙特、阿联酋、伊朗、伊拉克、土耳其。中国对西亚能源有着明显的依赖性，在前十大贸易伙伴中，包含了中国的六大原油进口国。2018年，中国与西亚前四大贸易伙伴的贸易额达到1770亿美元，占中国对该地区贸易总额的65%。其中，沙特是中国在该地区最大的贸易伙伴，2018年的双边贸易额达633.4亿美元，几乎占中国对西亚贸易总额的1/4；阿联酋排在第2位，贸易额达459.2亿美元，占比超过16%。

西亚国家工业基础普遍较薄弱，产业结构以能源及相关产业为主。从进出口商品结构上看，中国主要进口原油及其相关制品，出口机电产品、纺织品、医疗器械、计算机、家电、五金工具、玩具及工艺品等工业制成品。除阿联酋外，中国与其他几个原油出口国之间均存在较大的贸易逆差。据统计，2018年中国对沙特、阿曼、伊拉克、科威特、伊朗和卡塔尔的贸易逆差额分别为284亿美元、160亿美元、146亿美元、121亿美元、71亿美元和67亿美元。其中，沙特对华矿产品、化学工业及相关工业品、塑料及其制品的出口额分别为319亿美元、75亿美元和61亿美元，占其出口总额的99%。

中国在西亚地区的主要贸易顺差国为阿联酋、土耳其、以色列

---

① 《中国同海湾阿拉伯国家合作委员会关系》，中国外交部官网，2021年8月1日，https://www.mfa.gov.cn/web/gjhdq_676201/gjhdqzz_681964/lhg_682782/zghgzz_682786/。（上网时间：2022年3月25日）

和埃及,除阿联酋外,其余几国均为非原油出口国。以阿联酋为例,中国自阿联酋的进口依然以原油及其制品为主,占比接近97%,但阿联酋从中国进口的产品范围较广,产品多样化特征显著,其中纺织品、贱金属及其制品、杂项制品和运输机械的进口额约占阿联酋自中国进口总额的34%。此外,产业内贸易特征也较明显,矿产品、化学制品及塑料制品的进口额占进口总额的10%。

近年来,从数据上看,中国与西亚中东国家贸易增长迅速,西亚及中东是"一带一路"贸易的第二大区域,2022年上半年,中国与西亚及中东19个国家的贸易额达2339.18亿美元,同比增长39.2%,增长迅速。其中,中国对西亚及中东国家出口999.02亿美元,进口1340.2亿美元,与西亚及中东的贸易在"一带一路"贸易中的占比也由2021年上半年的20.3%上升至23.8%。①

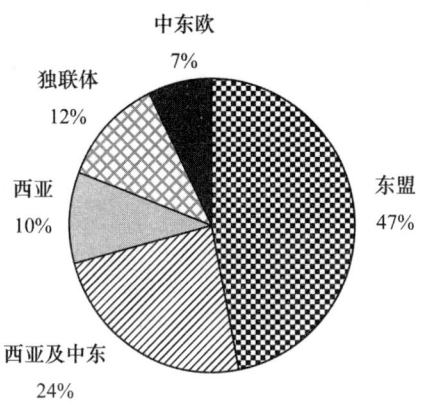

图3-1 中国与"一带一路"沿线各区域国家贸易占比情况(2022年)

---

① 《[一带一路·观察]2022年上半年"一带一路"贸易分析》,https://www.sohu.com/a/570344686_99947734。

（四）资金融通

1. 提供资金支持

中国已经成为西亚地区最主要的投资者。中国工商银行、中国农业银行等金融机构不断提高在西亚地区的人民币跨境贸易服务，促进人民币在中东的流通，帮助加速人民币国际化。在投资领域，中国支持中东工业化进程，与阿联酋和卡塔尔等西亚国家成立共同投资基金，[①] 为"一带一路"共建项目提供融资支持、提供融资渠道。此外，中资银行加速在西亚国家布局，目前已在16国设立了3家子行、9家分行、4家代表处。当地银行在华设立12家代表处和1家分行。国家金融监督管理总局与土耳其、阿联酋、卡塔尔、巴林、科威特和以色列分别签署了谅解备忘录（MOU）。

迪拜哈斯彦清洁燃煤电站项目是由丝路基金签约投资的，是中国"一带一路"倡议国际合作重大工程项目和丝路基金在中东地区的首单投资项目，同时也是中东首个清洁燃煤电站项目。哈斯彦项目包含众多中国元素，集中国投资、中国融资、中国总包、中国设计、中国制造、中国建造于一体，开创了中资公司首次以投融资和总承包模式进入中东电力市场的先河。哈斯彦项目由4台超临界机组组成，总装机容量2400兆瓦，具备完全燃烧煤或备用燃料天然气的能力。4台机组将于2023年全部投入商业运行，投运后可为迪拜提供20%的电力能源。2016年1月，哈电国际获得迪拜哈斯彦清洁燃煤电站4台600兆瓦项目授标函。2016年6月，哈电国际正式获得迪拜哈斯彦项目的

---

① 习近平：《携手推进新时代中阿战略伙伴关系——在中阿合作论坛第八届部长级会议开幕式上的讲话》，《人民日报》，2018年7月10日第2版。

开发权。2020年5月，哈斯彦4×600兆瓦清洁燃煤电站项目1号机组一次并网成功，标志着世界上第一个能实现双燃料满负荷供电的电站建设取得了重大突破，宣告了"一带一路"倡议框架下中东地区首个中资企业参与投资、建设和运营的电站项目取得了重大成果，也是中国海外电力项目建设史上一个重大里程碑。

阿联酋 ACWA Power 太阳能发电项目是丝路基金参与投资的又一重大项目。2018年7月，发电与海水淡化厂开发商、业主和营运商ACWA Power 宣布中国丝路基金收购阿拉伯联合大公国 DEWA700 兆瓦聚光太阳能聚热发电（CSP）专案24.01%的股权。这一太阳能园区是全球最大的单站聚光太阳能发电专案。该专案预计全天将以每千瓦时7.30美分的平准化发电成本来产生电力，相当于没有可靠的和可调度的太阳能补贴，用于化石燃料全天候发电的成本。这一发电厂将支援"2050迪拜清洁能源战略"，计划到2030年将清洁能源占迪拜总输出电量的比例提高到25%，每年可减少240万吨碳排放。

同时，由中国牵头成立的亚洲基础设施投资银行（简称"亚投行"）也为该地区进行了一定的项目投资。亚投行成立伊始，就为巴基斯坦、塔吉克斯坦、孟加拉国、印度尼西亚、缅甸、阿曼、阿塞拜疆7个亚洲国家的9个项目提供了17.3亿美元贷款，撬动公共和私营部门资金125亿美元，这对促进区域互联互通具有积极意义。2019年11月，亚投行投资运营局局长潘于恩（Yee Ean Pang）在与埃及电力部长穆罕默德·沙基尔会谈时表示，亚投行已参与埃及11个太阳能电站项目，希望在电力领域与埃及进行更多合作，特别是可再生能源、智能电网和提升能源效率等项目。亚投行愿意与埃及共享其对使用可再生能源进行海水淡化的经验、专业知识和研究成果，以实现可再生能源与能源储存和电池使用之间的整合。沙基尔欢迎亚投行与埃及在多个领域开展合作，包括海水淡化厂、增加屋顶太阳能电池等项目以及电动汽车领域的合作。

"2020中国—阿联酋创新投资大会"是中东地区最大金融科技和创新盛会——"阿布扎比金融科技节"的重要组成部分。大会由阿布扎比国际金融中心和阿联酋中央银行联合主办,于2020年11月14—16日在北京召开。大会围绕创新投资和金融服务两大主题进行深度探讨,旨在促进中阿金融与创新合作深化落实。大会围绕"一带一路"中东投融资、医药创新、人工智能赋能、普惠金融、金融科技、金融基础设施建设、数字货币、资本与产业、人民币国际化、自贸港建设、科技赋能教育、数字经济、数据保护、海外投资的法律问题、智能制造与工业互联网等20余个重大议题展开,来自中国和阿联酋的近百位发言嘉宾展开研讨。会上,国务院发展研究中心市场经济研究所和阿布扎比国际金融中心中国办公室签署了合作备忘录。在促进对华投资的同时,大会也以阿联酋为窗口,帮助中国企业和行业展示有竞争力的创新产品和服务,为阿联酋及中东北非市场提供世界级解决方案。在新冠病毒感染疫情肆虐全球的背景下,此次中国—阿联酋创新投资大会是两国亲密关系和全面战略合作伙伴的重要见证。

2019年2月举行的中国—沙特阿拉伯财经分委会是2018年中沙双方在中沙高级别联合委员会机制下成功增设财经分委会以来的首次会议。会议由中国财政部副部长邹加怡与沙特财政副大臣哈马德·巴兹共同主持,中沙双方围绕宏观经济形势与政策、全球经济治理、双边财税金融务实合作等议题进行了深入讨论,并就宏观政策沟通协调、加强在多边机制下的政策沟通与相互支持、共同推动提高多边机制有效性、推进本币结算和跨境发行债券与积极商签双边银行业监管合作及证券期货监管合作备忘录达成广泛共识。会议的成功举行对于深化中沙两国金融合作、促进双边贸易往来和改善营商环境具有重要意义。

据阿拉伯投资和出口信贷公司发布的报告显示,2016年中国超过美国和阿联酋成为中东地区最大的投资者，投资总额为 290.5 亿美元，约占该地区外来直接投资的 31.9%。截至 2020 年底，中国对阿拉伯国家直接投资存量 201 亿美元，阿拉伯国家来华投资累计 38 亿美元，双向投资涵盖油气、建筑、制造、物流、电力等众多领域。自"一带一路"倡议提出以来，中国设立了丝路基金、亚洲基础设施投资银行等新型的多边金融机构，并为中东国家的基建提供资金支持。在项目融资方面，中国充分发挥国家开发银行、进出口银行等政策性金融机构的优势，密切双方金融机构间的合作，并推动丝路基金、亚洲基础设施投资银行等多边金融机构为阿拉伯国家基建项目融资。如 2018 年 8 月，丝路基金、哈电集团与阿联酋投资机构共同投资哈斯彦清洁燃煤电站，成为丝路基金在中东的首单投资项目。亚投行批准设立了 4 个涉及阿拉伯国家的项目，分别是阿曼杜库姆港商业码头和作业区项目、阿曼铁路系统准备项目、阿曼宽带基础设施项目和埃及太阳能光伏发电项目，贷款承诺额共计 6.63 亿美元。此外，中国还分别与阿联酋和卡塔尔设立共同投资基金，主要投资中东传统能源、基础设施建设和高端制造业等领域。[①]

案例

（1）2021 年 6 月 28 日，中国出口信用保险公司（以下简称"中国信保"）承保浙江省第一个"投建营"一体的"公共型"海外仓投资项目——阿联酋义乌中国小商品城（迪拜）海外仓商贸城项目，承保金额为 1381.4 万美元。

该项目是目前中国信保承保金额最大的"海外仓"投资项目，位于迪拜杰贝阿里自贸区，紧邻迪拜世博园，是浙江中国小商品城

---

① 王健：《破解"中东之问"难题：以共建"一带一路"推进中阿合作》，《阿拉伯世界研究》，2022 年第 3 期。

集团股份有限公司（简称"小商品城集团"）与迪拜港务集团联合打造的国际一流贸易综合服务平台的拳头项目。项目集商品展销、保税仓储、物流转口等功能为一体，通过整合双方优势，加快全球入驻企业的贸易流通效率，有效服务共建"一带一路"，进一步整合在迪拜华人平台，扩大中国品牌影响力。

该项目的成功承保，有效联动境内银行配套股东贷款，用于项目前期建设投入，更进一步增强"小商品城集团"首次以"投资+建设+运营"一体的模式，投资海外贸易园区的信心与决心，同时亦大大增强了国内企业、个人入驻经营的信心。[1]

（2）2020年8月，中国进出口银行与卡塔尔多哈银行成功签署2亿美元流动资金贷款协议并实现放款。本笔贷款将优先支持中卡贸易、投资、基础设施等领域的相关合作，特别是为双方开展疫情防控合作提供资金支持。与多哈银行开展此次信贷合作，是进出口银行支持共建"一带一路"、促进"资金融通"的重要举措，也是积极推动"健康丝绸之路"、落实中阿合作论坛成果的具体体现。[2]

2. 推动人民币本地结算

为便利跨境贸易结算和双边经济合作，中国政府于2009年开始致力于推动人民币国际化。西亚国家是中国重要的经贸伙伴，在政府合作机制的推动下，该地区人民币跨境使用、产品创新和离岸清算中心建设近年来发展迅速。2012年和2014年，为更好地拉动双边贸易提供保障，中国先后与阿联酋和卡塔尔两国签署了等值350亿

---

[1] 《中国信保承保金额最大的"海外仓"投资项目成功落地》，中华人民共和国国家发展和改革委员会开放司，2021年8月31日，https：//www.ndrc.gov.cn/fggz/qykf/xxjc/202108/t20210831_1295826.html? code=&state=123。

[2] 《进出口银行与多哈银行签署2亿美元贷款协议》，中国一带一路网，2020年8月10日，https：//www.yidaiyilu.gov.cn/xwzx/hwxw/142082.htm。

元人民币的双边本币互换协议。2015年，中国在卡塔尔首都多哈建立人民币清算中心，以进一步推动人民币贸易投资便利化在"一带一路"沿线区域的发展。多哈人民币清算中心开放交易后，卡塔尔凭借自身在中东地区的影响力及其在货币清算、贸易金融、资产与财富管理和资金服务等领域开展专业商业交易的能力，在满足中东与非洲客户人民币需求方面发挥了重要的作用。① 2015年12月，中国人民银行宣布将人民币合格境外机构投资者（RQFII）试点地区扩大到阿联酋，投资额度达500亿元人民币，中国人民银行还与阿联酋中央银行签署了在阿联酋推进人民币清算安排的合作备忘录；双方还续签了双边本币互换协议，互换规模维持350亿元人民币或者200亿阿联酋拉姆不变。② 这些措施标志着中国和中东地区的金融合作正在稳步推进，有利于区域内的企业和金融机构使用人民币进行跨境交易，进一步促进双边贸易和投资便利化。

2022年12月国家主席习近平访问沙特，其间举行中国—海湾阿拉伯国家合作委员会峰会。习近平强调，未来3到5年，中国将继续从海合会国家扩大进口原油、液化天然气，加强油气开发、清洁低碳能源技术合作，开展油气贸易人民币结算，开展金融监管合作，便利海合会国家企业进入中国资本市场。自此，石油人民币结算进程正式开启。

中国与海合会开展油气贸易人民币结算将是一个石破天惊的举措。中国长期保持海合会第一大贸易伙伴地位，2021年中海贸易额达到2300亿美元。2022年上半年，中海双方贸易额达1515.8亿美元、同比增长46%。2021年中国自海合会六国进口原油2.02亿吨、

---

① 《人民币在中东认可度越来越高》，人民网，http://world.people.com.cn/n1/2016/0102/c1002-28003591.html。（上网时间：2020年12月10日）
② 《人民币合格境外机构投资者试点地区扩大到阿联酋》，中国政府网，http://www.gov.cn/xinwen/2015-12/14/content_5023933.htm。（上网时间：2020年11月28日）

同比增长 7.8%，[①] 2021 年中国前十大石油进口来源国中，海合会国家就占据四席。海合会国家区位优势突出，是联通亚非欧的地缘枢纽；能源资源丰富，石油、天然气储量分别占全球的 30%、20%，是世界经济的能源宝库。中国是世界最大的能源消耗国，需要确保稳定的能源供应，这是中海双方合作共赢的基础。

西亚的产油国在人民币国际化方面走出了重要的一步，对于中海双方甚至国际金融体系有不可估量的深远意义。能否在更多的贸易领域引入人民币结算，还有赖于中国与海湾国家贸易结构的调整和全球金融体系变革。因此，可以说"人民币国际化"还有很长的路要走。但中海达成关于石油人民币结算的共识，凸显了海湾产油国对于油气贸易结算货币多样化的意愿和中阿能源、经贸合作的广阔前景。

（五）民心相通

1. 医疗合作

中国积极以派遣医疗队、培训培养疾病防控人员为"一带一路"沿线国家提供医疗援助，以中国医学专家与当地医学专家互访、合作开展传染病疫情监测和信息通报等形式建立卫生交流合作，打造"健康丝绸之路"。[②] 从新冠病毒感染疫情暴发之初起，中国与"走廊"西亚各国就开始共享疫情防控经验，互相援助核酸检测盒、药品和医疗设备等物资。各国之间的货物输送也没有中断。此外，中

[①]《中国同海湾阿拉伯国家合作委员会关系》，中国外交部官网，https：//www.mfa.gov.cn/web/gjhdq_676201/gjhdqzz_681964/lhg_682782/zghgzz_682786/。（上网时间：2022 年 12 月 24 日）

[②]《国家卫生计生委办公厅关于印发〈国家卫生计生委关于推进"一带一路"卫生交流合作三年实施方案（2015－2017）〉的通知》，http：//www.nhfpc.gov.cn/gjhzs/s7951/201510/7c6079e5164c4e14b06a48340bd0588a.shtml。（上网时间：2020 年 12 月 10 日）

国还向伊朗、巴基斯坦、伊拉克派出了医疗队伍，并定期与国外医生举行视频会议，交流疫情防控、诊断和治疗等抗疫经验。面对全球卫生危机和世界经济近10年来的空前停滞，中国与"走廊"沿线西亚国家和地区迅速反应、合力应对，各国之间的合作不仅没有中断，反而继续前行，成为了应对疫情挑战的有效手段，彰显出强大的"免疫力"。各方也积极评价中方抗疫取得的积极成效，愿同中方进一步加强交流合作，争取早日战胜疫情。

2022年3月16日，中国红十字会援助阿富汗红新月会物资交接仪式在阿富汗红新月会总部举行，中国驻阿富汗大使王愚、阿富汗红新月会主席哈里斯等出席交接仪式。为帮助阿富汗缓解社会民生困境，中国红十字会积极行动，继2021年12月向阿富汗捐赠一批涵盖医疗、民生和教育等多个领域的物资后，此次再向阿富汗捐赠一批面粉，让数千家庭不再饿肚子。当下，受新冠病毒感染疫情和国际形势共同影响，国际粮价大幅上升，中国仍第一时间毫不犹豫地向阿方伸出援手，展现了中国政府和人民对阿富汗人民的真挚友好情谊，同时确保阿富汗生存权、发展权这一基本人权。中国愿继续向阿富汗提供人道援助和帮助阿富汗经济重建，同时呼吁有关方面解冻阿富汗海外资产，并将其全部归还阿富汗人民。[①]

2. 文化交流

"一带一路"是民心相通之路，在教育、文化等关乎民心建设的合作领域，中国与伙伴国家在举办国家文化艺术节、博览会展示、旅游业务拓展、合办中文中心和孔子学院以及孔子课堂等人文交流方面均成果颇丰。中国美术馆与土耳其等国家的美术馆和重点美术

---

① 《中国红十字会向阿富汗红新月会提供物资援助》，新华网，2022年3月17日，http://www.news.cn/2022-03/17/c_1128477302.htm。

机构共同组成丝绸之路国际美术馆联盟。鉴于"一带一路"沿线国家民众价值观普遍重视宗教人文关怀,[①] 中国尊重与各国展开"宗教人文交流"[②]的重要性,同时也坚持与沿线国家合作进行铲除宗教极端主义威胁的综合治理。[③] 中国国家广播电视总局和中东广播中心于2018年11月在阿拉伯联合酋长国迪拜举行新闻发布会,宣布中国纪录片《超级工程》(阿拉伯语版)正式开播,将向中东地区电视观众展示中国重大工程项目的风采,加深对彼此文化的认知。参与共建"一带一路"的中国建设者在高效务实地于当地推进项目进展的同时,也非常尊重当地习俗和文化。比如在科威特建城的中国公司尊重国际员工的宗教信仰,了解他们的特殊需求,安排特殊的就餐时间和工作时间,避免饮食习惯不同的工人同时就餐,把后勤工作做到位。[④] 中国真正地以实现共同繁荣为目标,强调务实合作。

(1) 联合考古

中国与西亚国家联合考古工作紧密围绕"一带一路"人文交流主题,积极与合作国开展考古调查、遗址发掘和专题研究,充分展现出古代丝绸之路上的物质交换、族群迁徙、思想交融和文明互动。沙特阿拉伯塞林港是红海之滨一处重要的海港遗址,也是海上丝绸之路上的重要贸易港口。经过中沙机构联合考古发掘,塞林港遗址出土文物十分丰富,包括铜砝码、青金石、玛瑙、串珠、象牙制品、钱币等,同时还发现了阿拉伯石器、波斯釉陶及来自中国的瓷器,

---

[①] 李峰、张靓驰:《宗教因素有多重要?——"一带一路"沿线国家民众的价值观》,《世界知识》,2018年第4期,第6—8页。

[②] 马丽蓉:《"一带一路"软环境建设与中国中东人文外交》,社会科学文献出版社,2016年版,第14—18页。

[③] 潘光:《综合治理,铲除中国周边的宗教极端主义》,《世界知识》,2018年第4期,第21页。

[④] 齐郑:《中东沙漠造城记》,载新华通讯社、国务院国资委、孔子学院总部编:《"一带一路"100个全球故事》,新华出版社,2017年版,第253页。

为海上丝绸之路研究提供了十分珍贵的考古实物资料。①

（2）经典著作互译出版的备忘录

为贯彻落实习近平主席在亚洲文明对话大会上关于"中国愿同有关国家一道，实施亚洲经典著作互译计划"的重要倡议精神，从2019年起，国家新闻出版署开始实施亚洲经典著作互译计划。这对于新时代中国出版"走出去"，具有重大的战略意义。中国与西亚国家经典著作互译项目近年来也得到积极推进。截至2022年11月，中国已同伊朗、也门等西亚国家签署了《关于经典著作互译出版的备忘录》。根据该备忘录，中伊双方约定在未来5年内，共同翻译出版数十种对方经典著作，为对方读者和人民奉献更多优秀精神文化产品。该备忘录的签署进一步加深了中国与西亚国家人民对彼此优秀文化的理解和欣赏，进一步推动了文化交流和文明互鉴。

3. 民间外交

由中华全国妇女联合会主办的"中阿妇女论坛"的机制化体现着中国和阿拉伯国家妇女力量在"一带一路"建设和可持续发展中发挥的重要作用。中国人民对外友好协会、阿拉伯中国友好协会联合主办的"中国阿拉伯青年友好大使项目"积极发挥青年在"一带一路"中的作用，使青年成为中阿友谊的使者。中国文化部和旅游部主办的"中国—阿拉伯国家旅游合作论坛"打造了中阿双方旅游市场合作平台，其在共同培养文化旅游人才、推动旅游合作方面的成就广受好评。

2021年8月4日，是中国与土耳其建交50周年纪念日。中国人民对外友好协会以视频形式举办"中国—土耳其民间友好合作对话

---

① 《"走出去""欢迎来"中外联合考古工作进展顺利 成果丰富》，中央广电总台国际在线，2019年12月24日，http://news.cri.cn/20191224/bdc0ec67-f866-ed32-290f-714a789a17f3.html。

会"。双方围绕"民间力量推动实现中土合作共赢、共同发展"的主题进行了深入、友好交流，会后发表《中国土耳其民间代表关于加强团结合作、共谋发展、反对疫情政治化的联合倡议》，呼吁国际社会团结互助、共克时艰，维护世界公平与正义，促进共同发展与繁荣。中土两国推动两国民间组织、地方政府、友好城市、智库、青年、媒体、旅游等民间领域的友好交流与互利合作，为促进两国民心相通，实现合作共赢、共同发展做出新的更大贡献，为中土战略合作关系书写民间友好合作新篇章。

中国与西亚国家之间的民间外交充分发挥民间组织、智库和友好城市的各自优势，携手战胜前进道路上的风险挑战，共同推动"一带一路"倡议对接"中间走廊"计划更好惠及两国人民，为实现两国合作共赢、共同发展而不断努力。

四、西亚地区的大国博弈

（一）历史上的民族恩怨与大国纷争

1. 西亚乱局的主要原因

（1）民族矛盾

民族国家是现代国际关系的主体，近代以来西亚国家面临内忧外患，从内部来看，最迫切的问题就在于民族国家的建构。同其他亚非国家一样，西亚国家的民族多样性远胜于欧美，其原因在于西亚国家民族认同的产生远远早于现代国家建构。除土耳其、伊朗、以色列、塞浦路斯外，西亚大部分国家是阿拉伯国家。由于该地区主要民族有阿拉伯人、波斯人、犹太人、土耳其人，他们都有自己的国家，分别是阿拉伯国家、伊朗、以色列和土耳其。还有一个比较大的民族是库尔德人，但他们没有自己的国家，主要散落在中东地区多个国家之中。从历史到现实，这几大民族和睦共处是主流，不同时期又都有不同程度的恩怨纠葛，因此民族矛盾是造成西亚乱局的一个重要原因。西亚的民族问题主要可以分为两个方面：一方面，从西亚各国境内来看，很少有单一民族国家，多数是多民族国家，有些国家还存在复杂的部落、部族势力。这些民族和部落因长期存在的资源争夺、宗教冲突而纷争不断，形成这些国家内部错综复杂的民族矛盾；另一方面，无论是阿拉伯、土耳其、波斯和库尔德、阿塞拜疆等西亚地区的民族都并非集中于某一个国家，而是分布在临近的若干国家中，形成跨境民族分布。跨境民族问题的形成和复杂化既有本地区民族矛盾，又有地区国家关系和域外大国博弈等原因。西亚地区独有的地缘文化特征和历史导致民族问题成为影响西亚民族国家建构和政治整合的关键因素。

（2）宗教矛盾

西亚的宗教问题往往与民族问题纠结在一起。西亚地区是三大亚伯拉罕宗教的发源地，今天生活在西亚地区的人们主要信仰仍为伊斯兰教、犹太教和基督教，而耶路撒冷同是这世界三大宗教的圣地。同时三大宗教又分化出诸多教派，可谓教派林立，教派之间的信仰难以妥协，更为严重的是存在严重的宗教歧视乃至欺压，这就是中东动荡的历史根源和思想根源。西亚宗教和教派分歧主要表现在伊斯兰教与犹太教、伊斯兰教与基督教以及伊斯兰教内部不同教派之间的冲突上。宗教问题始终牵绊着西亚的历史和现在、域内和域外。宗教既是西亚各国民族国家构建的基础和政权合法性来源，也是影响西亚地区安全与发展及西亚国际关系的关键因素，宗教问题的历史沿革，使之往往酿成旷日持久的民族矛盾，有时甚至导致国家冲突，例如旷日持久的巴以问题其根源之一就在于伊斯兰教与犹太教之间的矛盾，再如今天以沙特为代表的海湾阿拉伯国家与伊朗之间的结构性冲突，很大程度则源于伊斯兰两大教派之间的矛盾。

(3) 教派冲突

穆罕默德去世后，伊斯兰教就出现了逊尼派和什叶派两大派系，它们之间的主要分歧就在于谁是穆罕默德合法继承人上，这既是个宗教问题，也是个政治问题，简单说就是权力该由谁继承。什叶派认为，只有穆罕默德的女婿兼堂弟阿里及其直系后裔（即穆罕默德·哈希姆家族）才是合法继承人，而逊尼派则认为哈里发（意为继承者）才是合法继承人，是伊斯兰政治、宗教领袖。这两大派别在过去1000多年历史长河中，既有兵戎相见，也有在很长时间里的和睦相处。直到近代，因为西方列强介入中东这片土地，教派问题才变得如此突出和尖锐化。逊尼派教徒最多，占全世界穆斯林的八成以上，什叶派主要分布在伊朗、伊拉克、叙利亚、巴林等国。伊朗、伊拉克、叙利亚是世界上仅有的几个什叶派掌权的国家。两大教派之间确实存在分歧，但这种分歧并不必然导致冲突，在历史上，两派之间关系的变化很大程度取决于政治环境和政治利益的变迁。伊朗伊斯兰革命以来，逊尼派与什叶派之间的矛盾逐渐扩大，近年来，伊斯兰极端主义和恐怖主义对教派矛盾的利用更增加了教派及其背后政治实体间冲突产生的可能性。此外，教派冲突与境外势力和宗教极端势力的勾结与交织更进一步加剧了西亚伊斯兰世界的分裂，成为影响地区安全与发展的负面因素。

(4) 资源之争

西亚的资源首先体现在其独特而重要的地理位置，这也是西亚一向为大国所觊觎和争夺的原因。西亚素有"五海三洲之地"之称，是大西洋和印度洋、东方和西方之间的十字路口，是从欧洲经西亚到北非的联系纽带，从而在世界政治、经济、军事和文化等方面都具有十分重要的战略地位。

西亚地区动荡不安，除内部民族、宗派、体制因素作用外，美欧国家为争夺石油资源与阿拉伯国家产生的矛盾也是根源之一。中东发现盛产石油也就百年左右时间，中东探明石油储量占世界总量的62%，仅沙特、伊朗、伊拉克、科威特和阿联酋等国的探明储量就分别占世界的22%、11%、9.7%、8.3%和8.2%。作为"世界油库"，丰富的能源储备成为吸引外部因素介入的重要因素之一。

水资源争端复杂。中东地区幅员辽阔但严重缺水，水资源只占世界总量的0.4%，伴随该地区水源供需矛盾日益突出，水资源纷争进一步加剧。底格里斯—幼发拉底河、约旦河两大水系是西亚地区水资源的重要来源，且两大水系皆跨境分布，地区各国在共享水资源的同时也因水资源的分配和治理产生冲突。其中，约旦河水资源争夺因以色列、约旦、黎巴嫩和叙利亚等国之间的冲突尤为突出。

2. 主要矛盾

（1）伊朗和阿拉伯国家

伊朗是中东拥有传统地缘优势的地区大国，波斯文明在西亚地区乃至人类历史上熠熠生辉，公元7世纪以来，伊朗和波斯民族为伊斯兰文明的形成和发展作出过重要贡献。1979年伊朗伊斯兰革命后建立起伊斯兰共和国，成为以伊斯兰教法治国的政教合一的国家。但是因为宗教文化和地缘政治等原因，伊朗同其他中东国家的关系并不友好。从民族构成来看，伊朗除主体民族波斯民族以外，还分布有阿塞拜疆、库尔德、阿拉伯等民族，而阿拉伯国家大都是由阿拉伯民族的人构成。从宗教上来看，绝大多数伊朗人为什叶派穆斯林，对于在阿拉伯国家居于主体的逊尼派而言，伊朗的什叶派穆斯林就是信奉伊斯兰教的异类。然而就是这样一个"宗教异类"，其在军事上还有着比较先进的技术，特别是伊朗的导弹技术更是让其他阿拉伯国家羡慕不已，这也引起了阿拉伯国家的不安全感。随着其经济和军事实力的增强，伊朗的民族主义倾向日益明显，与阿拉伯世界产生了严重对立。在巴以问题长期化、边缘化的当下，伊朗与以沙特为首的阿拉伯国家之间的矛盾已经成为中东地区最主要的矛盾之一，同时中东（西亚）地区的其他矛盾也通过多种途径投射到伊朗—阿拉伯国家矛盾中，例如，在以色列与伊斯兰国家、逊尼派与什叶派、亲美国家与反美国家、世俗改革派与宗教保守派之间等矛盾关系中都有伊朗的参与和影响。因此，伊朗与阿拉伯国家的矛盾对中东和西亚地区的国际关系具有全局性的影响。

（2）以色列和阿拉伯国家

以色列和阿拉伯诸国之间已持续超过一个世纪的政治和军事对抗，争执的直接起因是锡安主义成形之后的犹太人大量移民、1948年的以色列建国和泛阿拉伯主义的盛行。自奥斯曼帝国瓦解后，犹太人与阿拉伯人因政治和民族主义的关系对巴勒斯坦地区的拥有权争执不下。四次中东战争曾长期主导中东政治的演进和中东政治格局的塑造，甚至冷战时期阿以冲突成为美苏双方介入中东问题的重要抓手。数十年以来，双方的对抗从大规模的中东战争和阿以冲突已转变成地区性的巴以冲突，但武装对抗事件仍频频发生。近年来，在美国的推动下，包括阿联酋、摩洛哥等在内的多个阿拉伯国家已经实现与以色列关系正常化，随着地区大国竞争烈度升级，巴以问题将进一步被边缘化，逐渐成为复杂的中东问题中的一个环节。

（3）争夺地区霸权引发的战争

西亚地区小国林立，没有哪个国家具有绝对支配权，因此各国争夺地区主导权的博弈十分激烈。2011年中东剧变后地区格局重新洗牌，埃及、叙利亚等传统地区大国地位一落千丈，以沙特为代表的海湾产油国凭借"福利换稳定"等一系列安抚措施平衡实现政权交接并成为中东政权"稳定之锚"。通过多元化经济改革、积极介入地区事务、维护并加强与传统盟友美国的关系、在大国之间寻求平衡外交等内外政策的调整，沙特逐渐成为西亚和中东阿拉伯世界新的领头羊，与以色列、伊朗、土耳其三个非阿拉伯国家四足鼎立，成为地区博弈的核心。自此，在新形势下，沙特将"遏制伊朗和什叶派阵营扩张"作为核心目标，也门战争就是这种情势下的产物。土耳其积极参与地区霸权争夺。2020年土耳其对俄罗斯态度强硬，支持阿塞拜疆攻击亚美尼亚。土耳其呼吁国际社会支持阿塞拜疆并出动战机支援阿塞拜疆介入纳卡冲突。

（4）打击"伊斯兰国"的反恐战争

西亚一直是极端恐怖活动高发地带，尤其是2011年中东剧变后西亚国家转型受阻，地区安全真空增大为恐怖活动滋生蔓延提供了丰厚土壤。2014年极端组织"伊斯兰国"异军突起，由此使反恐战争成为中东新的主要矛盾。

（5）库尔德分离运动

库尔德人是除了阿拉伯人、土耳其人和波斯人以外的中东第四大民族，总人口约3000万，但始终没有建立自己的单一民族国家。长期以来，库尔德人被划归在不同区域，在各国的夹缝中谋求生存与发展。拥有相对集中生活区域和强烈独立愿望的库尔德人始终不承认被政治分割的现实。2011年中东剧变后，中东地缘格局根基动摇，库尔德人武装乘机发展壮大。库尔德问题是中东地区仅次于巴以冲突的第二大民族热点问题，以其复杂性和国际性而闻名于世。库尔德人要求所在国政府承认其少数民族身份，扩大其民族权利，允许其民族自治或独立，由此使伊朗、伊拉克、叙利亚和土耳其等国面临反对国家分裂、维护国家安全的新问题。

目前，在西亚地区较为活跃的是伊朗和土耳其的库尔德人。伊朗库尔德人主要分布在西部的库尔德斯坦省、科尔曼沙省、伊拉姆省等，主要势力有两股：一股是与土耳其库尔德工人党武装（PKK）

有联系的伊朗库尔德自由生活党（PJAK）；另外一股就是与伊拉克库尔德民主党有关联的伊朗库尔德民主党（PDKI）。这两个组织目标一致，都是致力于实现伊朗库尔德地区实现自治直到独立建国，并且都从事武装斗争，但是规模并不是很大。两者都被伊朗政府所禁止，并被认定为恐怖组织。自2018年美国启动对伊朗全面制裁后，伊朗经济遭受重创，失业率高企，这导致伊朗各地相继出现各种抗议示威活动，库尔德分离主义势力趁机作乱。

土耳其从2019年10月开始打击库尔德武装，与此同时，美国也抛弃了曾经并肩反恐的库尔德武装。2022年4月18日，土耳其宣布开展大规模跨境军事行动以打击伊拉克库尔德工人党。[①] 土耳其对于库尔德的诸多军事行动有其历史原因。土耳其政府对占全国人口15%—20%的库尔德人有根深蒂固的敌意。库尔德几代人都受到土耳其当局的严厉对待。在叙利亚东北部，作为压制"伊斯兰国"死灰复燃重要力量的库尔德武装若失控将对西亚反恐进程造成严重影响。

（6）域外大国介入

西亚内部纷争不止，使外部大国成为最大受益者，尤其是海湾小国没有实力同伊朗、沙特这样的地区大国较量。为确保自身安全和保全领土，这些小国不得不引入第三方势力，借助外力平衡地区大国。1990年伊拉克吞并科威特时，科威特正是靠美国出兵才得以复国。这段惊心动魄的经历更加坚定了海湾小国依靠"外援"的决心和立场。1991年海湾战争后，阿曼、卡塔尔、巴林、阿联酋、科威特等先后与美国签署《防务合作协定》，允许美国使用本国的军事基地，这些小国在安全上依附西方，同时也自觉不自觉地充当了西

---

① 《土耳其在伊拉克发动军事行动 动用大炮、直升机地空两路袭击》，环球网，https://www.huanqiu.com/a/21eee3/47ebzdPlBd0？agt＝64。（上网时间：2022年8月3日）

方在中东拓展霸权的马前卒。

2019年12月29日,美国突然轰炸叙利亚和伊拉克境内的多处军事基地,以报复之前伊朗民兵在伊拉克境内策划发动的多次对美国目标的冷炮偷袭。伊朗伊斯兰革命卫队"圣城旅"总司令苏莱曼尼被炸死。2020年1月5日,特朗普在"推特"上又威胁称已锁定了52处伊朗目标,凸显特朗普中东政策的霸权本质。

2019年12月,日本政府决定向中东派遣自卫队军舰和巡逻机,显示了积极参与中东事务的意图。欧盟也通过实施欧亚互联互通战略进一步扩大在中东地区的影响。随着美国重启对伊朗制裁、俄罗斯在中东"战略扩张",中东内部各国纷争加剧,地区地缘政治博弈愈发激烈。[1]

(二)"一带一路"建设与新地缘政治博弈

1. 三个非阿拉伯国家在中东的影响力提升

在中东20余个国家中,尽管除了土耳其、伊朗、以色列外,其他的都是阿拉伯国家,但是阿拉伯国家在中东的政治影响力与其国家数量并不匹配。历经多年的战争和动乱,埃及、叙利亚、利比亚、伊拉克等原本的中东大国、强国早已经衰落,除沙特外,海湾阿拉伯产油国体量不足,所能发挥的区域和国际影响力较为有限。发展至今,土耳其、伊朗、以色列、沙特已经构成中东区域内的四强格局。三个非阿拉伯国家中,土耳其在叙利亚、伊拉克、卡塔尔、利比亚都有驻军;伊朗被戏称为控制着德黑兰、大马士革、贝鲁特、

---

[1] 姜志达、王睿:《中国与中东共建数字"一带一路":基础、挑战与建议》,《西亚非洲》,2020年第6期。

萨那、巴格达五个首都；以色列跺跺脚，埃及、约旦、叙利亚、黎巴嫩都有"震感"。① 中国不能高估"阿拉伯"在中东事务中的影响力，要给予三个中东非阿拉伯国家更多关注。

（1）伊朗对外关系存在变数，国家具有快速发展起来的潜力

虽然目前伊朗与美国的关系仍然非常糟糕，但从长远来看，伊朗与西方世界的交往源远流长，从巴列维时期到伊朗伊斯兰革命以来，赴欧美留学定居的伊朗人数量居高不下；即使在当下重回伊核协议的可能性越来越小，伊朗国内主张改善与美国关系的政治力量也相当大，主张与美国缓和关系的民间意见更是伊朗社会的主流。影响当下伊朗健康和快速发展的，不是国家自然禀赋的匮乏，而是当政者的政策。莱希政府更趋保守的内外政策随着"头巾风波"在国内激起大规模的反抗，或将被迫做出某些改变。因此，尽管目前伊朗处境困难，但是这个国家不是没有发展选择。在中伊关系方面，伊朗方面认为进一步发展对华关系，不存在任何问题。伊朗与中国有着传统牢固的长期战略关系。伊朗坚定致力于全面落实与中国达成的25年全面合作协议，现在已经为进一步扩大伊中合作创造了机会。中国要给予伊朗更多重视和尊重，面对伊朗所表达出来的提升双边关系的意愿，中国要积极回应。

（2）土耳其可能成为西亚安全稳定不确定因素

西亚阿拉伯国家的集体衰落和伊朗长期遭受制裁，给土耳其提升地区影响力提供了契机。埃尔多安总统领导下的土耳其，正在全力谋求国家复兴。近年来土耳其在叙利亚、伊拉克、利比亚等中东多地卷入冲突甚至战争，就是其拓展地区影响力的鲜明体现。在2023年土耳其共和国建国百年庆典来临前，土耳其极有可能会持续

---

① 牛新春：《中东主要矛盾变了，新博弈露出苗头》，国际网，http://comment.cfisnet.com/2020/0818/1320528.html。（上网时间：2022年12月1日）

在西亚制造事端，以谋求更大的百年大庆之礼。

2020年1月2日，土耳其议会通过授权政府向利比亚部署军队的议案，逐渐向利比亚派兵。① 2020年2月，土耳其持续增兵叙利亚伊德利卜。②

土耳其深谙"双向外交"之道。2022年俄乌冲突爆发后，土耳其在东西方世界中左右逢源。土耳其未中断与俄罗斯的互利经济合作，不参与西方对俄罗斯制裁，也没有对俄罗斯飞机关闭领空，其与俄乌两国均有深入合作。土耳其总统埃尔多安与俄罗斯总统普京8月5日在索契举行会晤。土耳其能成为地区问题"调解人"，既有其多重特殊"身份"的加持，也有其国家硬实力的支撑。从2020年开始到现在，土耳其外交从欧洲转向中东，目标是从"中东领导者"成为一流强国。而其"双向外交"亦引发美国不满，2021年美国拒绝向土耳其售卖F-16战机。2022年8月15日，土方代表团赴美国继续就相关事宜谈判。③

2020年9月27日，亚美尼亚和阿塞拜疆在纳卡地区爆发新一轮冲突后，土耳其宣布支持阿塞拜疆。

2022年4月，土耳其宣布进行大规模跨境军事行动，打击伊拉克库尔德工人党（PKK）武装分子。

美土关系有所起伏。2019年12月17日，美国国会参议院通过了2020财政年度的《国防授权法案》，规定只要土耳其装备俄罗斯S-400防空导弹系统，土耳其就无法获得F-35战斗机。

2020年12月，美国对土耳其实施制裁，双方关系呈现螺旋式下

---

① 郭华：《土总统：土耳其在逐渐向利比亚派兵》，央视网，http：//www.news.cctv.com/2020/01/06/ARTISgC5RQLpFof6cpeohvKD200106.shtml。(上网时间：2022年8月5日)
② 《土耳其持续增兵叙利亚伊德利卜》，央视网，http：//www.news.cctv.com/2020/02/24/ARTIx7QhPpQgl97YRqzZ4Yzc200224.shtml。(上网时间：2022年8月5日)
③ 沈钧、柳玉鹏：《俄乌冲突后，土耳其为什么能左右逢源?》，环球网，https：//www.world.huanqiu.com/article/4909iddV5PM。(上网时间：2022年8月5日)

降的态势。拜登政府上台后将"促进民主"作为外交政策的优先事项。2021年2月9日，美国国会50名参议员联合要求拜登政府对土耳其采取强硬外交路线。[①]

(3) 以色列在中东的安全环境日益改善，最大的挑战来自其内部社会的撕裂

现在中东已经没有国家能实际威胁到以色列的生存，即使是至今仍不承认以色列国家合法性的伊朗伊斯兰共和国，也缺乏对以色列发动致命打击的理由和能力。以色列内部犹太人和阿拉伯人、亚非裔犹太人和欧美裔犹太人、现代犹太人和正统宗教犹太人之间的隔阂，已经成为影响以色列内政外交和国家发展的关键因素。

随着外部安全威胁降低和巴勒斯坦问题边缘化，以色列生存之虞渐弱，其内政和外交政策"变还是不变""如何改变"，是政治僵局背后的难题。[②] 从2019年4月—2020年3月，以色列三度举行大选，受到新冠病毒感染疫情与各种内外压力影响才结束持续了18个月的看守状态，组建联合政府。[③] 2021年5月，以犹太裔为主体的以色列军队与巴勒斯坦哈马斯武装交战时，以色列内部的犹太人群体与阿拉伯裔群体的冲突也加剧了。

2. 巴勒斯坦或巴以问题已经不再是"中东和平"的核心

尽管有一些国家仍然把"巴勒斯坦问题"宣称为中东问题的核心，但这不符合中东和巴勒斯坦的现实。巴勒斯坦问题有其内涵的演变，"中东和平"也有其自身的发展。阿联酋（也许还有其他阿

---

① 魏敏：《中东变局下美国与土耳其关系变化及前景》，《当代世界》，2021年第3期，第46页。
② 乔继红、邵杰、吕迎旭、陈文仙、尚昊：《一年时间选3次，以色列大选困在哪儿》，环球网，https://www.world.huanqiu.com/article/3xGafwPhbw7。（上网时间：2022年8月7日）
③ 艾仁贵：《一个还是多个：认同极化与当代以色列的身份政治困境》，《西亚非洲》，2020年第4期，第51—52页。

拉伯国家）与以色列的关系正常化，整体而言有利于中东和平，关系正常化的双边国家越多，对中东的和平越有利，这也是历经苦难的中东人民的普遍心声。中国在看待"中东和平"时，一定要跳出"巴勒斯坦问题"的范畴，要与时俱进地看待中东和平问题。

2021年5月中旬，巴以爆发自2014年以来最大规模的武装冲突。这次冲突在埃及斡旋下实现以色列和哈马斯的无条件停火，但将加剧巴以内部裂变，而相关国家对冲突的态度和反应也出现明显分化。与官方立场相比，阿拉伯国家民众对以色列高涨的敌视情绪可能滞缓其与以色列缓和。① 加之尽管以色列内部社会撕裂，以色列新政府将配合美国推动施行"世纪协议"，尤其是加速对约旦河西岸犹太人定居点所占领土的兼并。② 巴以问题已经不是"中东和平"的核心，但其解决仍然是一个长期的过程。

3. 域外国家对西亚关注度的提升，给未来西亚局势演变带来新的变量

（1）俄罗斯

近年来，随着美国从中东全面收缩，俄罗斯成为大国逐鹿中东的一支强大力量。伊朗是俄罗斯扩大在中东地区影响力的重要抓手，在叙利亚问题上，俄罗斯通过与土耳其、伊朗的互动，主导了阿斯塔纳和谈进程，牢牢把握住了叙利亚战后政治重建主导权，成为影响叙利亚局势发展最主要的外部力量；在伊朗核问题上，由于美国退出伊核协议，俄罗斯成为影响伊朗态度和挽救伊核协议命运的重要角色，因此可以说伊朗与俄罗斯的关系是全方位的。在海湾安全

---

① 余国庆：《停火后的巴以政局走向与中东地区格局新变化》，《世界知识》，2021年第12期，第55页。
② 乔继红、邵杰、吕迎旭、陈文仙、尚昊：《一年时间选3次，以色列大选困在哪儿》，环球网，https://www.world.huanqiu.com/article/3xGafwPhbw7。（上网时间：2022年8月7日）

问题上，俄罗斯于 2019 年 7 月提出《波斯湾地区集体安全构想》，加强了与海湾国家的关系。

普京频繁出访中东国家，表明中东在俄罗斯对外战略中地位的显著提升，也给中东地缘政治变化带来巨大影响。对乌克兰的特别军事行动开始后，西方国家纷纷呼吁对俄罗斯进行制裁，西亚中东国家对此多保持中立态度。俄乌冲突以来，俄罗斯和海湾国家之间的关系都有了明显改善。在美国总统拜登的中东之行无果而终的背景下，俄罗斯与"欧佩克+"之间的互动值得特别关注。拜登试图说服该地区石油出口国增加产量，并对俄罗斯原油实施禁运，但该组织成员国，特别是阿联酋和沙特，拒绝了拜登的计划。尽管整体而言俄罗斯在中东的影响力与美国相比还有差距，但其影响力不断扩大，将更多地影响中东国家在美俄之间选边站队。俄罗斯已成为影响中东未来国际关系版图的一大变量。

（2）欧盟

欧盟是西亚热点问题的重要当事方，并且在一些热点问题形成过程中负有责任。比如在叙利亚问题上，欧盟曾支持该国反对派势力。

欧盟是中东近邻，中东局势的任何风吹草动都会对欧盟带来直接或间接影响。一方面，从 18 世纪末奥斯曼帝国瓦解、欧洲列强趁势进入中东，到英国托管和巴勒斯坦问题的产生，再到英法对中东交通命脉——苏伊士运河的控制，欧洲成为近代以来中东地区问题的重要域外行为体，包括巴以问题在内的若干中东重要热点问题的产生都与欧洲国家有直接的关系。另一方面，近年来，中东难民问题带来的安全、社会治理等方面的难题，使欧盟深受困扰。前几年在中东肆虐的极端势力也波及到欧洲不少国家。伦敦、巴黎、马德里等欧洲国家城市发生了多起恐怖袭击事件，一些肇事者是从中东动乱国家溢出的恐怖分子，或在思想上受过极端主义思想的影响。

因此，在防范和打击恐怖主义方面，欧盟迫切需要与中东国家合作，积极参与中东热点问题的解决。但鉴于实力因素和对中东能源的深度依赖，欧盟既需要和美国、俄罗斯等合作，也需要与中东地区国家磋商来应对中东危机及其溢出效应。如 2020 年 5 月 11 日，塞浦路斯、埃及、法国、希腊、阿联酋五国外交部发表联合声明，共同谴责土耳其对利比亚的军事干预以及土耳其在地中海的"非法"活动。不同国家支持利比亚冲突中的不同派别，为此相互博弈。从东地中海区域国家看，土耳其对利比亚实施军事干预使土耳其受到该区域国家更加严重的孤立。[1]

2019 年 10 月，美国总统特朗普再度宣布从叙利亚撤军并与土耳其达成妥协后，法国总统马克龙直言美国无视其北约盟友利益，并认为北约正在经历"脑死亡"。[2] 这反映出欧盟国家对美国从叙利亚撤军并置其库尔德盟友于险境的不满。2020 年 1 月，德国外交部长马斯（Heiko Maas）指出："我们要防止利比亚成为代理人战争的战场或第二个叙利亚。"[3] 欧盟方面对 2020 年 1 月 3 日伊朗伊斯兰革命卫队高级指挥官被暗杀一事表达关切，并邀请伊朗外长扎里夫访问布鲁塞尔。双方就伊拉克最近的事态发展、降低该地区紧张局势的必要性，以及维护伊核协议的重要性进行了交谈。欧方还表示将全力参与降级工作，支持维护"联合全面行动计划"（JCPOA）。[4] 2020 年 1 月 11 日，欧盟忧虑美伊冲突导致区域紧张升温，敦促伊朗

---

[1] 王金岩：《利比亚战争十年：乱局持续　前景难期》，《当代世界》，2020 年第 10 期，第 44 页。

[2] Sheena MaKenzie and Lindsay Isaac, "Macron Says Europe Is Facing the 'Brain Death of NATO'," CNN, November 7, 2019.

[3] "Germany Warns of 'Second Syria' as EU Hosts Libya PM," AFP, January 8, 2020.

[4] 侯兴川：《欧盟邀请伊朗外长访欧：对苏莱曼尼被暗杀深表关切》，海外网，http://www.news.haiwainet.cn/n/2020/0105/c3541093-31694244.html。（上网时间：2022 年 8 月 8 日）

立即恢复完全遵守核协议。①

在巴以问题上，欧盟主要国家没有像美国那样将驻以色列大使馆迁往耶路撒冷；在美国停止向巴勒斯坦难民提供援助后，欧盟成为主要外援方；2019年，美国正式承认以色列对戈兰高地的"主权"，但欧盟没有跟随美国政策；在美国"世纪协议"受挫情况下，以法国和德国为代表的欧盟国家也正努力探索召开新的多边中东和谈国际会议。在巴以信任严重缺失以及美国难以居中调解的背景下，欧盟有望成为推动中东和平进程的积极力量。

(3) 新兴国家

中东地区大国竞争和格局正经历新一轮变局，除了老牌棋手美国、俄罗斯、欧盟纷纷出手外，以印度、巴基斯坦、日本为代表的其他一些域外国家也不断把眼光投向中东。

印度52.7%的石油进口来自中东地区，且该比例仍在持续上升，在此背景下，印度借美国引入域外大国平衡地区关系的机会和身处印度洋的地理优势，近年来致力于扩大在中东的存在。2021年10月，印度外交部长苏杰生对以色列进行了为期5天的访问，期间同时任以色列外交部长拉皮德、美国国务卿布林肯和阿联酋外交部长阿勒纳哈扬举行了四方虚拟会议，一致同意在此基础上建立一个"国际经济合作论坛"，聚焦交通、技术、数字经济、海上安全和经贸等领域的合作。2022年7月，这一四方论坛从外长级升级到了最高级，正式宣告了这一全新地区合作集团"西亚版QUAD"——I2U2的诞生。同时，莫迪政府将以色列和阿联酋作为其扩大在西亚中东地区影响力的主要突破口，特别是与阿联酋的关系迅速升温，并将其定义为"相对中性、稳定的立足之地"。莫迪总理仅对阿联酋

---

① 《美伊冲突余波未平：美祭新制裁　欧盟促伊遵守核协议》, 中国新闻网, https://www.chinanews.com.cn/gj/2020/01-11/9056949.shtml。（上网时间：2022年8月9日）

就进行了四次访问，并与之谈判达成了自由贸易协定，还制订了推动双边关系的宏伟计划。

巴基斯坦是伊斯兰世界中的军事大国，在地缘政治上有较鲜明的中东属性，且与西亚中东有较强的安全关联。长期以来与中、美等大国及沙特、伊朗等中东地区大国保持友好关系，近年来一直尝试推动中东热点问题的解决，特别是伊朗与沙特阿拉伯之间紧张局势的化解。2019年2月，沙特王储穆罕默德·本·萨勒曼先后对巴基斯坦和印度展开访问；2019年9月，巴基斯坦总理伊姆兰·汗也前往利雅得访问，与萨勒曼讨论了海湾地区形势；2020年初，美军暗杀伊朗将军苏莱曼尼后，伊朗方面曾将和解希望寄托于巴基斯坦，称其"已经准备好为和平发挥作用"。

日本与西亚国家正式外交关系的建立始自近代，但直到20世纪70年代石油危机爆发后，西亚国家对于日本的战略重要性才逐渐凸显。西亚成为日本能源的重要来源和谋求政治大国地位的有效路径。也正是20世纪70年代后，日本逐渐放弃"随美挺以"的立场，将能源供应作为发展与西亚国家关系的主导因素。近年来，政治方面，日本明确将"为中东和平与稳定作出贡献"列为外交重点。2019年6月，时任日本首相安倍突访伊朗，凸显出日本谋求提升对中东关键事务的影响力。未来，日本将继续把中东地区作为对外战略试验场。军事方面，维持日本在中东地区的军事存在，扩大自卫队海外活动范围，借反恐、打击海盗等名义，突破限制，实现"出海"。俄乌冲突发生后，日本对中东能源依赖进一步提升至95%左右，从能源和政治等多方面考量，未来日本的中东政策将继续在依靠和配合美国中东政策的前提下，为谋求能源安全和争取政治大国的利益寻找机会。

4. 美国政府将继续推进中东"撤出"政策

特朗普对西亚政策体现出单边主义和实用主义特点，以经济制裁达到政治目标，避免军事介入和战略透支，同时警惕非西方大国垄断中东事务主导权。在海湾地区，美国以伊朗为对手，构建"中东战略联盟"，阻止伊朗在伊拉克、也门和巴林填补权力真空；在东地中海地区，美国积极扶植以色列，预防哈马斯、真主党、叙利亚巴沙尔政府、伊朗和俄罗斯抱团。

首先，美国在叙利亚"撤而不退"。2019年12月，美国宣布从库尔德地区撤出主要力量，仅保留600人军队维持库区主要设施和战略要地安全。在从叙利亚撤军问题上，美国总统、国防部、国会和民主党意见不一。特朗普政府既不希望看到土耳其投入俄罗斯怀抱，又不愿意抛弃叙利亚库尔德人。随着"伊斯兰国"遭到毁灭性打击，叙利亚库尔德人利用价值下降，特朗普更看重土耳其的地区影响力，对土耳其在叙利亚地缘政治诉求采取迁就政策，试图瓦解俄罗斯—土耳其—伊朗的"准联盟"关系。

其次，在巴以问题上，美国外交斡旋遭受挫折。美国公开"世纪协议"经济方案，试图将经济问题和政治问题相分离，以投资和援助为诱饵，迫使巴勒斯坦放弃政治诉求，但经济援助目前还只是一种设想和愿景，500亿美元资金从何而来、如何落实，都有很大不确定性。因此，该经济方案遭到巴勒斯坦、黎巴嫩、伊拉克和其他阿拉伯国家的抵制；美国宣布支持以色列对戈兰高地拥有主权，纵容以色列蚕食巴勒斯坦人土地，损害了公正调停者的形象，"世纪协议"的政治方案一再推迟。内塔尼亚胡政府利用特朗普任内偏袒以色列的有利条件，不断采取行动，这不仅导致巴以形势更趋紧张，也将使拜登在巴以等地区问题上调整政策的空间受到挤压。[1] 总之，在中东热点问题上，特朗普政府寄希望于盟友冲锋陷阵，美国在背

---

[1] 刘中民：《中东地缘政治生态仍在恶化》，环球网，https://www.opinion.huanqiu.com/article/41bJx1kVstf.（上网时间：2022年8月8日）

后掌舵，其战略底线是：一方面，美国不应四面出击，以免陷入中东战争的泥潭；另一方面，中东事务主导权不能旁落他人，美国反对任何非西方大国垄断中东事务。当然，美国并未"全身而退"，如在反恐问题上，特朗普政府继续刷存在感。美国国内的政治极化与两党对立问题使得特朗普政府在执政末期在中东地区给拜登极力"挖坑"，亦极大地恶化了中东地缘政治生态。

再次，美国继续撤出中东留下"权力真空"。在美国的中东政策上，继任的拜登与特朗普都有共同的目标，即减少美国在中东的军事存在，其中包括削减资金和人力，并在此基础上寻求减少美国参与中东事务的成本，但不降低美国在该地区的影响力。

根据目前不完全资料显示，拜登对特朗普的中东政策并没有完全纠偏，也不会出现像特朗普上台对前任"逢奥必反"的绝对主义。从其本人与其团队的言行来看，拜登政府将延续前两任政府从中东进行战略收缩的政策，聚焦结束战争、达成新伊核协议和推行价值观外交三大任务，以恢复美国在中东的领导力和信誉。[①] 俄乌冲突在一定程度上影响了拜登的中东政策，2022年7月，拜登一改就任初期"重新校准与沙特关系"的论调，开始了他以总统身份的首次西亚之行，并暂时搁置对"卡舒吉事件"的成见，与穆罕默德·萨勒曼王储行碰肘礼。这突出反映了该地区正在经历一连串前所未有的剧烈而迅速的变化，无论在能源上还是地缘政治上，中东对于美国和世界都具有难以割舍的重要性。拜登此行直接目的或许在于强迫沙特和该地区其他石油储量丰富的国家增加石油产量，解决世界能源安全危机，结束美国和欧洲国家不断飙升的油价。但从更深层次来说，中美竞争、俄乌冲突、抑制中俄等因素最终将拜登拉回西

---

① 唐志超：《拜登政府的中东政策发展趋向》，《当代世界》，2021年第4期，第32页。

亚。① 拜登主张恢复部分美国在中东的影响力，但整体呈收缩态势。在继续撤出中东的军事存在的同时，拜登政府更加重视中东战略的整体性、规划性和机制化，在中东创设了包括I2U2、"内盖夫论坛"、中东防空联盟等多边机制，形成安全—能源—科技—经济"复合联盟"，筑牢反俄罗斯、反伊朗统一战线②。在以色列议题上，拜登不会一味偏袒以色列，但他维持了特朗普将驻以色列使馆从特拉维夫迁至耶路撒冷的既定方针，可见他在巴以间权衡上还是偏重以色列。在伊核问题上，拜登曾承诺，将敦促以色列取消部分制裁以与伊朗重新谈判，商讨回归伊核协议，但是不承诺放弃武力手段。总之，美国外交政策的重心预计仍然是从中东脱身而转移至应对与中俄的战略竞争上。

五、面临的主要问题

西亚国家在过去的10年里经历了政治、安全、经济等诸多领域的变革，中国与西亚国家在共同维护国家主权和安全利益方面互相支持，经受住了时间的考验。中国学界认为"一带一路"倡议包含参与国所处地区环境风险，这其中涵盖了经济、政治、地缘、宗教、气候、道德和规则等诸多风险因素。③ 未来，中国与西亚国家共建"一带一路"需要应对地区阵营对立和外部干预过多增加发展变数的两大挑战。

---

① 刘天霁：《伊朗媒体文章：西亚秩序和安全将发生重大变化》，《参考消息》官网，http://column.cankaoxiaoxi.com/2022/0724/2486358.shtml。（上网时间：2022年8月7日）
② 孙德刚：《2022年的中东：从"顺势而为"到"谋势而动"》，复旦大学国际问题研究院：《冲突与动荡：复旦国际战略报告2022》，2023年1月11日发布。
③ 叶海林：《中国推进"一带一路"倡议的认知风险及其防范》，《世界经济与政治》，2019年第10期，第124页。

（一）政局动荡

2010年末以来，西亚地区国家普遍经历了巨大的政局动荡。经过九年的调整，有的国家慢慢进入休养生息、恢复发展的积极向好面上来，有的依然在震荡之中。即便在中东地区的发达国家以色列，其内阁频繁换届也呈现出国内政治危机态势。2021年6月，拉皮德组建包括"拥有未来"党、右翼政党统一右翼联盟、中间党派蓝白党等8个政党的执政联盟以极微弱的优势完成组阁，而该内阁从建立之初就严重缺乏稳定性。2022年底，内塔尼亚胡重新组阁，形成以色列历史上"最右政府"，然而内塔尼亚胡对此"最右政府"究竟有多少控制力，却一直是外界难以把握的问题。这也反映了以色列当前面临的最大问题：政治极化和碎片化状态日益凸显，政坛整体右转趋势不断加深。与土耳其执政当局相似的是，内塔尼亚胡政府也选择以强硬政治军事行动来巩固国内政治局面。土耳其是高调向叙利亚、利比亚派兵，以色列则是大打耶路撒冷的主权牌、[①] 不断在约旦河西岸修建定居点、武力打击伊朗和伊朗盟友的军事能力。但是，乐观者认为动荡的乱局中暗含着地区政治秩序正逐渐调整入正轨的希望，暗含着形成新的地区战略均势的希望。

随着2017年国际联合反恐的巨大成功，"伊斯兰国"组织的实体形式已经被基本消除，2019年巴格达迪被击毙。叙利亚内战的局势原本应随着"伊斯兰国"组织覆灭而走向和平。然而，2019年土

---

① 习近平主席在《弘扬丝路精神，深化中阿合作——在中阿合作论坛第六届部长级会议开幕式上的讲话》《携手推进新时代中阿战略伙伴关系——在中阿合作论坛第八届部长级会议开幕式上的讲话》《共同开创中阿关系的美好未来——在阿拉伯国家联盟总部的演讲》等讲话中反复强调，中国始终支持巴勒斯坦问题是中东和平的根源性问题，始终支持"享有完全主权的巴勒斯坦国"，期待"一带一路"可以为巴勒斯坦人民带来和平和富足，中国希望各方应"遵守国际共识，公正处理巴勒斯坦问题"，不支持巴勒斯坦问题在中东被边缘化。

耳其突然发动"和平之泉"军事行动，造成叙利亚边境重新出现战乱。2019 年末，土耳其又以防止混乱为由，向利比亚增加部署军队。埃尔多安政府正在成为西亚以及中东地区局势的最大不确定因素。

美国干预当前中东政局变化的形式不再直接冒进，而更多地以经济制裁、政治话语施压等软政治方式进行。面对土耳其在叙利亚问题上最新的军事介入，作为回应，美国对土耳其实施了经济制裁，但并未启用美国在中东的军事力量与土耳其军队进行直接对抗。在以美国为代表的部分西方国家看来，通过社会运动实现不符合西方价值观喜好的中东政权的更迭，与支持在社交媒体等非传统政治层面继续推动当地发生类似"颜色革命"的政治事件相比，后者更能平衡美国等西方国家的政治愿望和行动能力之间的差距。

伊核问题长期以来一直都是影响地区和平与稳定的重要因素。自特朗普执政以来，美国对伊朗的政策显得无比强硬，从经济、政治、外交、军事等方面对伊朗作出一系列严厉制裁，意图对伊朗施以"最大压力"。2018 年 5 月 8 日，美国总统特朗普在白宫宣布美国退出伊核协议。2020 年 1 月 6 日晚，伊朗宣布启动位于福尔多铀浓缩厂的离心机，迈出中止履行伊核协议的"第四步"。2020 年，伊朗遭遇了一头一尾两次高层人物被暗杀事件：1 月伊朗革命卫队最高将领苏莱曼尼被暗杀，11 月伊朗高级核物理学家法赫里扎德遇袭身亡。从 2021 年 4 月开始，恢复履行伊朗核协议的维也纳谈判进程屡次透出曙光，但也常令人失望。伊朗目前的关键诉求在于，首先是捍卫和平利用核能的权利；其次是确保本国的经济获益和美国不再退出谈判的国际保障。当前维也纳谈判又陷入新的僵局，伊核协议计划的前景还不确定，但可以肯定的是，该协议的达成与否将对中东局势产生深刻的影响。

亚美尼亚和阿塞拜疆在纳戈尔诺—卡拉巴赫（简称"纳卡地区"）的领土争端（简称"纳卡冲突"）一直是高加索地区秩序的不稳定因素。围绕纳卡地区，亚阿两国多年来摩擦不断，2020年9月27日，亚美尼亚与阿塞拜疆在纳卡地区爆发冲突，双方均指责对方违反停火协议，率先发动军事进攻。尽管在俄罗斯的干预下双方已承诺实现全面停火，但局部冲突仍时有发生。尤其是在新冠病毒感染疫情的严重影响下，亚阿两国的经济发展受到阻碍，进而助长了民族主义情绪，这使得纳卡问题变得更加敏感，因此冲突一触即发。此外，美国、俄罗斯和土耳其等全球和地区大国的干预使得局势更加复杂。

正是出于对西亚复杂政治、安全、军事局面的担忧，中国学者对"一带一路"框架下中国针对西亚地区应实施战略的普遍建议是，侧重于经济领域合作，也重视文化合作，而"体现大国的政治责任"应列于"积极的建设者与有力度的和平鸽"之后。[1] 中国与中东的外交始终需要吸取欧美国家参与中东事务失败的教训，需要寻找更精细的中层战略来支撑国家的大战略。[2]

现实合作中，许多西亚国家对中国投资的期待多于与中国企业共同开展建设的意愿，这对中国的沟通协调能力提出了更高的要求。然而挑战也孕育着希望。中国企业在西亚伊拉克、阿富汗等冲突后国家的重建过程中，为当地创造了更多的就业岗位、为民众带来切实的经济收入，改善民生、稳定民心，提升当地经济水平，促进社会稳定，从而对维护地区和平起到了积极作用。

---

[1] 薛力：《"一带一路"与"亚欧世纪"的到来》，中国社会科学出版社，2016年版，第121—122页。

[2] 王猛：《"一带一路"视域下的中国中东外交：传承与担当》，《西亚非洲》，2018年第4期，第21页。

（二）经济风险

1. 经济类型单一

西亚阿拉伯国家政府收入来源主要依靠以能源出口等非创造性生产部门的收益，一些国家油气产业对其 GDP 贡献率超过 50%，对经常账户贡献率在 80% 左右，对财政收益贡献率高达 90%。这些国家经济对外依存度高，财政收入与国际原油价格的浮动有直接关联；经济发展缺乏内生性，国内市场疲软，民众收入水平低，购买力差。2014 年以来，沙特阿拉伯等海湾产油国受到油价下跌的剧烈影响，国内高福利制度难以维持。油价的持续下跌，使得一些国家的经常账户与财政于 2015 年开始陷入"双赤字"。与此同时，依赖石油等非创造性产业收入可以维持政府运转的模式让阿拉伯国家普遍没有动力鼓励创新，因为不需要制度创新、技术创新、生产力创新，这些国家也能够"较好地"生存，其结果是除了能源等少数产业繁荣外，几乎找不到任何值得骄傲的经济和技术创新的闪光点。

2. 金融风险较高

西亚，尤其是海湾地区产油国，金融体系相对健全但汇率风险难控。以沙特为例，金融稳定性居世界第 1 位，但自 1986 年以来，沙特里亚尔实行与美元挂钩的货币政策，固定汇率为 1∶3.75，目前沙特里亚尔与人民币尚不能直接兑换。除禁止与以色列进行交易外，沙特在资本项下无论是对本国居民还是非本国居民都不进行外汇管制，各种货币可以在沙特自由兑换，各种资金、利润及外籍人士的收入可以自由汇入汇出。中资企业经营所需的大多数设备、原材料等均需从国内引进，随着近年来人民币持续升值，汇率变化直接增加了企业经营成本。2022年底,中国与海湾合作委员会国家达成关于油气资源人民币交易的协议,为沙特等海合会国家交易货币多元化创造了一个新局面。但作为产油国和石油出口国,海湾国家目前在金融等方面对美国的依赖依然很深。沙特等国拥有大量的美元储备,没有很强的削弱美元的主动性,即便此次中国与海湾阿拉伯国家合作委员会峰会领导人与海合会国家已经围绕石油人民币结算达成某些意向,但横向来看,全球贸易以及大多数石油交易继续以美元计价,很难快速向人民币结算过渡。未来是否能够将人民币等多币种引入到国际贸易的各领域各环节,还有待进一步观察。

(三)宗教文化冲突

由于宗教文化冲突,西亚地区国家之间仍有阵营对立关系。这种对立主要表现在以色列与包括阿拉伯国家、伊朗、土耳其在内的中东穆斯林国家之间围绕耶路撒冷归属和巴勒斯坦问题之间的矛盾,以及以沙特为首的地区逊尼派阵营和以伊朗为主导力量的什叶派阵营之间存在广泛的政治、经济、宗教互相竞争、对立乃至对抗关系。前者是宗教之间的对立与冲突,后者是宗教内部不同教派之间的对立与冲突。从近年的变化来看,前一对矛盾有弱化趋势,一些阿拉伯国家和土耳其都先后与以色列沟通对话,甚至实现双边关系正常化,以色列在中东地区内的生存空间得到进一步拓展;后一对矛盾则逐渐成为中东和西亚地区具有全局性影响力的矛盾,沙特阿美石油公司受到无人机袭击,显示出沙特和伊朗之间长期的阵营对峙仍然没有彻底缓解。

西亚地区国家的政治决策与美国政府的外交战略选择走向息息相关。近年来,美国对伊朗的态度几经浮沉,重返伊核谈判一年多以来,前景仍不明朗;此外,由于长期面临的经济压力和伊朗政府较保守的宗教和社会规定，伊朗社会矛盾进一步激化，伊朗的政治、经济形势随之变得更加严峻。面对窘困的内外压力，伊朗积极寻找解局的突破口。另外，沙特是美国的传统盟友，沙特一直相信两国坚定的政治盟友关系能够换来美国在安全方面对沙特的全面保护。然而美国在沙特石油公司遇袭之后，并没有对沙特作出及时的实质性补偿，既没有纠结于寻找肇事方背后更大的政治力量，也没有对相关国加大制裁力度。拜登上台以来多次声称将"重新校准美沙关系"，重回伊核谈判，以及在也门胡塞和军售等问题上的消极态度都令沙特的政权不安全感大大增加。据此，面对相似的不安全感，沙特与伊朗两国之间的对立关系也并非完全没有化解的可能性。事实上，沙特和伊朗双方外交部长都积极表态愿找到双方沟通和对话的方式。在伊拉克等国的斡旋下，沙伊双方曾于2022年4月在巴格达进行过对话，12月在约旦举行的地区会议上，伊朗外长和沙特外交大臣进行了简短会晤。对于正在面临经济转型挑战的沙特和内外压力的伊朗来说，以对话和沟通解决分歧是最好的途径。尽管如此，沙特与伊朗之间的结构性矛盾和竞争关系将长期存在，中国需要正视这种矛盾，在双方之间寻求平衡是"一带一路"倡议推进过程中需要高度关注的问题。

尽管以色列、伊朗都是中国的伙伴国家，但以色列和伊朗在叙利亚境内仍然存在军事冲突，这对中国处理与以色列、伊朗两国的外交关系提出了更高的策略要求。中国和以色列的共同利益是推动巴以问题和平解决，维护地区局势稳定，优化投资环境，减少投资风险，改善当地基础设施，造福当地人民。[①] 但是2017年美国宣布耶路撒冷为以色列首都，2019年美国承认以色列对戈兰高地的主权，美国单方面偏袒以色列的中东政策增加了以色列和周边地带的

[①] 毕健康：《以色列中东战略调整与"一带一路"倡议下的中以合作》，《当代世界》，2018年第12期，第67页。

安全变数。

（四）传统安全风险

西亚素有"火药桶"之称，自中东变局发生以来，已持续10年之久的西亚动荡局势正呈现新的发展趋势：动荡面持续扩大、冲突烈度日益增强、新的地区热点和危机不断涌现、战争与冲突充斥蔓延、各方势力激烈博弈、地区格局混乱无序。中东乱局的冲突化、扩大化、长期化和复杂化四大特征明显。

第一，热点问题此起彼伏，战争与冲突持续不断。叙利亚政府军与反政府武装之间的战争仍在叙利亚多地进行，局部甚至更趋激烈。在叙利亚政府军控制区内恐怖袭击、绑架勒索、武装抢劫等事件也时有发生。近年来，有些地区的安全形势不断恶化。当前以色列政治极化和整体右转趋势明显，2023年初以色列首任国家安全部部长、极右翼政党犹太力量党领导人伊塔马尔·本－格维尔强势"访问"耶路撒冷圣殿山（即穆斯林所言之"尊贵禁地"）阿克萨清真寺广场的举动进一步凸显巴以问题的复杂性和难解性。中东局势的复杂性以及中东和平进程的长期性、曲折性和不稳定性，使得以色列今后在很大程度上难以融入中东社会，地区安全得不到根本性保障。恐怖袭击事件也将由于巴以冲突的持续性而时有发生。

第二，政局持续动荡，政权安全问题突出。继突尼斯、也门、埃及之后，2019年以来苏丹和阿尔及利亚相继"变天"；沙特、阿曼、科威特、阿联酋等海湾君主国，王位继承面临不同程度的挑战；土耳其、沙特、黎巴嫩和伊拉克等国内部权力斗争激烈，政治稳定频受冲击。例如，近年来，土耳其政府接连遭受多重政治挑战，与宣扬温和伊斯兰主义的居伦运动、库尔德反政府武装，以及世俗政治力量展开激烈权斗，政局动荡。这些国家，包括埃及、突尼斯、约旦、土耳其、苏丹、阿尔及利亚、黎巴嫩、伊拉克和伊朗，国内抗议不断，政治安全风险较高。

第三，恐怖主义风险在西亚也不容小觑。自2010年开始的中东变局造成中东地区国家国内动荡，政局不稳。这一背景下，许多国家缺乏强有力的政府抑制和打击不断壮大的恐怖组织。其中，在伊拉克、叙利亚地区崛起和肆虐的极端组织"伊斯兰国"就是典型例子。叙利亚内战及国内混乱局势对地区及全球各地极端分子形成"磁吸效应"，数千外籍"圣战"者从世界各地辗转赴叙利亚参战，纷纷加入"伊斯兰国""支持阵线"等暴恐组织。近年来，随着本·拉登、艾曼·扎瓦希里等头目被先后击毙，"基地"组织和"伊斯兰国"的活动逐渐呈现扁平化和去中心化（多中心化）趋势，恐怖组织和极端组织的破坏力和影响力仍威胁着西亚北非多个国家。叙利亚全国各地自杀式袭击、迫击炮袭击、绑架等暴力事件异常猖獗。同时，有大批外籍"圣战"者蓄谋从叙利亚返回国内发动袭击，对周边及地区安全构成严峻威胁。

（五）非传统安全风险

1. 风俗习惯

西亚以阿拉伯国家为主，相比而言，对华态度友好但文化差异较大。以沙特为例，沙特与中国建立了长期战略性友好合作关系，沙特社会和各阶层民众普遍对华友好。然而沙特社会系统运行节奏缓慢，政府机关的办事程序不够透明、决策周期较长，同时，由于每天必须进行五次祷告，全年节假日和宗教假期较多，给企业经营的有序推进带来较大困难，外资企业必须适应。此外，沙特生活枯燥，且严格禁酒，而中国工人向来有饮酒的习惯，近年来，在沙特中资企业工人集中居住的项目营地，发生多起中国工人因酗酒而被逮捕的事件，对中国企业形象造成较坏影响。

2. 政策法律风险

在海湾国家，外国投资法虽然规定外国公司享有国民待遇，但由于这些国家的特殊经济制度和投资政策，即使是对外国公司和本国公司同等适用，在实际经营过程中诸如代理制度、工资发放制度、签证制度、履约保函制度、企业资质评定制度、工程师认证制度等统一适用的制度，却给外国公司的经营带来诸多限制，在事实上构成经营壁垒。很多国家对外籍劳工都实行严格的管控。比如，伊朗国内失业率较高，对引进外劳持较消极态度。根据规定，外国员工与伊朗本地员工的比例至少应达到1∶3，即每进入伊朗市场1名外国人，至少要另外聘用3名伊朗人。伊朗部分省份对雇员本地化的比例要求更高，但在实践中为了促进本地就业，企业也可在政府默许下灵活处理雇员比例问题。此外，西亚各国越来越重视外国企业应承担的本地责任，沙特政府2021年出台法规，将从2024年起，停止与地区总部不在沙特的企业、机构或主权基金合作。① 沙特政府借此一方面扩大自身地区影响力，另一方面在获得更多投资机会、规避投资风险的同时，为更多沙特年轻人创造就业机会。当前中东和北非地区大约有346家跨国公司的地区总部，考虑到这些企业从沙特市场获得的收入和利润占其区域总销售额的40%—80%，② 迫于压力，预计未来将有更多跨国外资企业考虑将地区总部从阿联酋迁往利雅得。类似规定也给中国企业在西亚和中东地区的布局增加了新的挑战。

---

① https：//www.aljazeera.net/ebusiness/2021/2/16/السعودية-وقف-التعاقد-مع-أي-شركة-أجنبية . （上网时间：2022年2月17日）

② https：//aawsat.com/home/article/3269651/44-شركة-عالمية-تختار-الرياض-مقرا-إقليميا-لها . （上网时间：2022年2月17日）

3. 贫富差距问题较为严重

西亚地区很多国家的贫富差距问题很严重。不仅地区分配不均，而且有些国家内部的差距也很大。以伊朗为例，伊朗人口结构整体非常年轻，60%的人口不超过30岁，每年有近百万年轻人涌入就业市场。目前，伊朗官方公布的失业率为15%，非官方统计达30%，其中年轻人失业率高达50%。另外，伊朗贫富分化问题突出。伊朗40%的人口生活在贫困线以下，10%的人口处于赤贫状态，4.5%的家庭只有一个人就业，3.7%的家庭完全靠社会救济。伊朗基尼系数为0.44，属收入差距较大国家。新冠病毒感染疫情暴发以来，阿拉伯国家贫富悬殊现象进一步加剧。联合国西亚经济及社会委员会（简称"西亚经社会"）发布的一份报告指出，自2019年以来，该地区百万富翁的平均财富增加20%，而收入靠后的一半人口的财富总额却减少了1/3。全球贫富差距最大的20个国家中，巴林、阿联酋、也门、沙特阿拉伯、阿曼和科威特6个阿拉伯国家在列。[①]

（六）新冠病毒感染疫情

2020年初新冠病毒感染疫情的暴发严重影响了西亚各国的经济社会发展进程。新冠疫情全球暴发的初期，西亚受到的冲击更为明显。一方面，西亚贫困问题持续加重。首先，大多数中东国家都生活在贫困中，经济上没有能力应对新冠病毒危机。其次，尽管波斯湾国家人口少、较为富裕，但是经济大国在一段时间内对石油需求锐减，国际石油市场供求关系急转，油价暴跌，这对依赖石油的中

---

① 《联合国机构认为疫情加剧阿拉伯地区贫富分化》，http://www.xinhuanet.com/world/2022-03/11/c_1128460339.htm。（上网时间：2022年8月2日）

东富裕国家的经济产生不利影响。2020年沙特经济总体上呈现萎缩态势,根据沙特国家统计总局发布的数据,当年沙特GDP同比下降4.1%,创下1985年以来国内生产总值年增长率最低纪录。相关数据显示,到2020年末,西亚地区的经济增长速度收缩5.7%,而某些国家的萎缩幅度甚至达到13%。该地区失业率急剧上升,其中约旦为20.5%,伊朗为14.4%。另一方面,西亚一些国家的国内政治危机加剧。由于新冠病毒的传播使中东各国日益贫困,该区域各国政府都面临着不同程度的经济和社会危机。在大流行之前,伊拉克和黎巴嫩等国已经爆发了针对严峻经济形势和腐败的民众抗议活动,在疫情加剧了该地区经济危机、贫困状况的形势下,西亚地区更多的贫困人口参加反政府抗议活动。

第四章 中亚—西亚经济走廊之北非

北非七国（阿尔及利亚、埃及、突尼斯、摩洛哥、苏丹、南苏丹、利比亚）总人口占到非洲大陆总人口的18%，经济总量却占到非洲大陆经济总量的1/3，非洲大陆超过半数油气资源也都汇集于此。而且，地处欧、亚、非交汇地带的北非七国既是非盟成员国，也是阿盟成员国，七国除利比亚、苏丹外，都与欧盟签署了《欧盟—地中海联系协定》，该地区的摩洛哥还是唯一与美国签署了自由贸易协定的非洲国家。因此，无论是从经济规模，还是从地理位置、贸易条件来看，北非在非洲大陆都占有独特的地位，也应当是落实中非经济合作、推进"一带一路"建设不可忽略的重要伙伴。

一、北非经济走廊的建设现状

北非即非洲大陆北部地区，习惯上为撒哈拉沙漠以北广大区域，阿拉伯文化与伊斯兰教为北非重要的人文特征。北非国家包括埃及、利比亚、突尼斯、阿尔及利亚、摩洛哥、苏丹、南苏丹等。埃及、利比亚和苏丹又称东北非；突尼斯、阿尔及利亚和摩洛哥称西北非。矿藏有石油、磷酸盐、天然气等；农产品有棉花、阿拉伯树胶、栓皮、油橄榄、无花果、椰枣等；产骆驼。

北非地区北隔地中海望欧洲，南接南部非洲，西临大西洋，东有红海。有西北部的直布罗陀海峡扼守地中海与大西洋的通道；东北部的苏伊士运河扼守地中海与红海通道，从而它们联合起来扼守着沟通印度洋与大西洋的战略性通道。北非也是陆上连接亚、欧、非三洲间的重要中转站，战略地位极为重要。

（一）支点国家：埃及

1. 概况

阿拉伯埃及共和国（简称埃及），国土面积100.0145万平方千米，位于北非东部，领土还包括苏伊士运河以东、亚洲西南端的西奈半岛。埃及既是亚、非之间的陆地交通要冲，也是大西洋与印度洋之间海上航线的捷径，战略位置十分重要。

2021年5月，埃及总人口突破1个亿，是中东和阿拉伯世界人口最多的国家，也是非洲人口第二大国，在经济、科技等领域长期处于非洲领先地位。埃及经济的多元化程度在中东地区名列前茅，各项重要产业如旅游业、农业、工业和服务业有着几乎同等的发展比重。埃及也被认为是一个中等强国，在地中海、中东和伊斯兰信仰地区尤其有广泛的影响力。然而，作为非洲第三大经济体，埃及的经济表现却并不乐观，全国大部分人比较贫穷。尤其是2011年初以来中东变局造成的动荡局势对国民经济造成了严重冲击，多次仰赖沙特阿拉伯等海湾富国提供的经济援助以渡过难关。

2. 经济情况

2011年初以来埃及的动荡局势对国民经济造成严重冲击。埃及政府采取措施恢复生产，增收节支，吸引外资，改善民生，多方寻求国际支持与援助，以渡过经济困难，但收效有限。2013年7月，埃及塞西政府上台以来，得到海湾阿拉伯国家大量财政支持，世界银行也在2015—2018的三年时间里为埃及提供了超过60亿美元的贷款，近年经济情况较前有所好转。

埃及政府开始推进一系列改革措施，包括实施浮动汇率制度以及推进能源补贴改革等。2016年11月3日，作为与国际货币基金组织达成的贷款协议的一部分，埃及中央银行宣布允许埃镑汇率自由浮动，埃及各商业银行获准根据市场情况自由确定牌价，当天就导致埃镑兑美元贬值48%以上。合理的汇率将促使一些濒临崩溃或受到严重打击的产业恢复生产，让供求机制决定埃镑汇率还将增强投资者信心，对埃及宏观经济大有助益。而且，埃及还是能源进口大国，政府一直承担着高额燃料补贴，导致财政赤字高筑，政府开始削减能源补贴。此外，埃及成功修建了新苏伊士运河，其他大型的国家项目也在顺利进行，新的高速路网已经准备好为国家的经济发展服务。虽然埃及的政治经济形势仍存在较大的不确定性，但鉴于其拥有地跨亚非两洲的区域优势、丰富的自然资源、便利的国际贸易条件，仍然吸引了越来越多的外国投资。

2018—2019年财年，埃及GPD总额为3030.81亿美元，实际GDP增长率为5.6%。此外，埃镑在2019年期间兑美元汇率重新增高，到2019年9月中旬达1∶16.4，随后在12月下跌至1∶16。同期埃及通货膨胀率为7.1%，在埃及央行设定的9%目标下仅浮动3个百分点。在此背景下，不少国际机构普遍看好埃及经济增长前景。例如，国际货币基金组织2020年经济展望报告指出，埃及有望成为2020年中东地区唯一实现经济正增长的国家，增长率可达3.5%。

然而，2020年初新冠病毒感染疫情的暴发给埃及经济带来了巨大冲击，埃及的经济增长率从2019财年的5.6%降至2020财年的3.5%，2021财年的经济增长率将下降至2.3%。2020年4月—2020年6月，埃及的采购经理人指数（PMI）降至38.3，为有纪录以来的最低水平。同期埃及失业人数增加了270万，失业率从上一季度的7.7%上升至到9.6%。此外，由于税收的大幅缩水，埃及政府的财政改革预计也将在近期暂时中断。2020财年埃及政府的财政赤字占GDP总额的7.8%，低于上一年同期的8.2%。

2022年初，为应对新冠病毒感染疫情的持续和俄乌冲突产生的不利影响，埃及努力保证宏观经济稳定，实施了针对能源部门的改革，并出台相关措施加强公共债务管理和改善商业环境以解决经济中根深蒂固的问题、提高经济韧性。在相关举措和出口导向型行业反弹的助推下，2021—2022上半财年，埃及的GDP预计增长将飙升至9%，并将在2022—2023财年逐步放缓。① 然而，埃及经济20多年来向非贸易部门的倾斜导致其出口行业和高附加值行业始终增长乏力，成为其经济面临的结构性难题。截至2021年，埃及通货膨胀率高达14.9%，失业率高达7.3%，贫困率接近30%，政府债务亦居高不下，② 经济前景的长期挑战不容忽视。

3. 对外政策

埃及长期在外交上奉行独立自主、不结盟政策，主张在相互尊重和不干涉内政的基础上建立国际政治和经济新秩序，加强南北对话和南南合作；突出阿拉伯属性，积极开展和平外交，致力于加强阿拉伯国家团结合作，推动中东和平进程；反对国际恐怖主义；倡议在中东和非洲地区建立无核武器和大规模杀伤性武器区。埃及坚持全方位外交，加大对地区热点问题的关注和投入；重视大国外交，巩固同美国的特殊战略关系，加强同欧盟、俄罗斯等大国关系；积

---

① World Bank, "Macro Poverty Outlook for Egypt: April 2022 (English). Macro Poverty Outlook (MPO)," Washington, D. C.: World Bank Group, http://documents.worldbank.org/curated/en/099313204232283834/IDU099593c9e0f8a1041ac0be1e08a01620de654.

② 中华人民共和国外交部官网，https://www.mfa.gov.cn/web/gjhdq_676201/gj_676203/fz_677316/1206_677342/1206x0_677344/。

极加强同发展中国家的关系，在阿盟、非盟、伊斯兰会议组织等国际组织中较为活跃；日益重视经济外交。目前，埃及已与 165 个国家建立了外交关系。2011 年埃及政局发生重大变化后，外交政策出现一定幅度调整，更加灵活务实，并注意平衡与大国间的战略合作。

埃及在经历政局动荡后，为谋稳定、促发展、聚民心推出了重大发展规划，包括"苏伊士运河走廊开发项目"战略规划。中国的"一带一路"倡议正好与埃及的战略规划高度契合。中埃共建"一带一路"互补优势明显。埃及地处亚、非、欧三大洲的要冲，作为"一带一路"西端交汇地带的区位优势突出。埃及的苏伊士运河在国际航运中具有重要战略意义，建设中的新苏伊士运河及运河走廊开发项目将带来大量投资机会。此外，双方在探讨新能源、铁路、基础设施等领域的建设，与中国先进产能实现对接。

（二）走廊沿线国家

1. 摩洛哥

摩洛哥王国（简称摩洛哥），是非洲西北部的一个沿海阿拉伯国家，国土面积 45.9 万平方千米（不含西撒哈拉的 26.6 万平方千米），东部以及东南部与阿尔及利亚接壤，南部紧邻西撒哈拉，西部濒临大西洋，北部和西班牙、葡萄牙隔海相望。2021 年人口为 3621 万。

摩洛哥最早居民为柏柏尔人，先后受腓尼基、罗马帝国、拜占庭帝国统治。公元 788 年建立第一个阿拉伯王国。从 15 世纪末至 20 世纪初，摩洛哥先后遭法国、西班牙等殖民者入侵，1912 年沦为法国的保护国，北部狭长地区和南部的一个地区则划为西班牙的保护地。1956 年 11 月 18 日从法国独立，1957 年 8 月 14 日定名为摩洛哥王国。1979年摩洛哥占领西撒哈拉，其在西撒哈拉的权利一直未被国际上任何国家所认可，但阿拉伯国家联盟明确承认西撒哈拉是摩洛哥的领土。摩洛哥认为其接壤的休达及梅利利亚应为其领土，但实际上是由西班牙管辖。除阿拉伯语外，在摩洛哥境内还有许多地方语言，而法语和西班牙语也被同时使用。

政治上，摩洛哥实行君主立宪制，国王拥有最高权力。穆罕默德六世国王于1999年即位后，坚持君主立宪制、多党制等既定政策，注重发展经济，强调依法治国，优先解决贫困、就业等社会问题；同时加大反恐力度，积极参与国际反恐合作。2011年，穆罕默德六世国王主动进行了全面宪法改革，当年7月1日，摩洛哥公投通过新宪法，11月25日，摩洛哥举行众议院选举，伊斯兰政党公正与发展党获胜，该党总书记班基兰被国王任命为首相。2012年1月，摩洛哥新政府成立，2013年10月政府改组。2016年10月，摩洛哥举行新宪法颁布后的第二次众议院选举，伊斯兰政党公正与发展党再次成为众议院第一大党，但该党总书记班基兰组阁迟迟未果，2017年3月，穆罕默德六世国王解除班基兰职务，任命公正与发展党全国委员会主席、前外长欧斯曼尼出任新首相。4月，摩洛哥新政府成立。2017年1月摩洛哥众议院举行议长选举，哈比卜·埃尔·马尔基当选摩洛哥众议长。2021年9月，穆罕默德六世国王依照选举结果委托全国自由人士联盟秘书长阿齐兹·阿赫努什出任首相，并组成了包括全国自由人士联盟、真实性与现代党和独立党在内的三党联合政府。目前，摩洛哥政局总体稳定，国王地位稳固。但摩洛哥区域发展不均衡、失业率较高，游行、罢工等事件仍有发生，加之利比亚局势动荡对摩洛哥产生一定外溢效应，地区恐怖势力日益坐大，对摩洛哥稳定带来隐忧。

摩洛哥实行多党制。现有35个政党，各党均宣布拥护国王和伊斯兰教，在大政方针上与国王保持一致。2021年9月立法选举后，共有 12 个政党在众议院中拥有席位，包括形成联合组阁的多数派（全国自由人士联盟、真实性与现代党、独立党等）和在野的反对派（公正与发展党等）。

经济上，摩洛哥经济总量在非洲排第 5 位（在尼日利亚、埃及、南非、阿尔及利亚之后），北非排第 3 位。磷酸盐出口、旅游业、侨汇是摩洛哥经济主要支柱。农业有一定基础，但粮食不能自给。渔业资源丰富，产量居非洲首位。工业发展势头良好，特别是汽车产业发展迅速且初具规模。纺织服装业是重要产业之一。摩洛哥 1983 年开始实行经济改革，推行企业私有化和贸易自由化，1996 年同欧盟签署联系国协议后，进一步优化经济结构，改善投资环境，加强基础设施建设，2010 年同欧盟建立自由贸易区。摩洛哥政府致力于扩大内需，加强基础设施建设，扶持纺织、旅游等传统产业，发展信息、清洁能源等新兴产业，积极吸引外资，经济继续保持增长，2014 年启动"2020 工业加速发展计划"。

2019 年，摩洛哥国内生产总值为 1119.11 亿美元，与 2018 年相比增长了 11.77 亿美元，在 196 个国家 GDP 排名中居第 60 位；人均 GDP 为 3399 美元，比 2018 年增加 33 美元，在 196 个国家中排名第 124 位。总体而言，摩洛哥的经济发达程度仍有待提高。

2020 年新冠病毒感染疫情的暴发使摩洛哥经济陷入 1995 年以来的第一次严重衰退。相关数据显示，由于疫情封锁、全球供应链中断、旅游和侨汇收入的减少，2020 年第二季度摩洛哥经济总额缩水了 13.8%。此外，2020 年上半年的失业率从年初的 8.1% 上升至到 12.3%。

1958 年 11 月 1 日，摩洛哥与中国正式建交，60 余年来，中摩关系发展平稳，双边合作覆盖各领域，两国相互支持、相互帮助，为彼此国家的发展提供了重要助力。摩洛哥国王穆罕默德六世于 2016 年 5 月 11—12 日对中华人民共和国进行国事访问。2016 年 5 月

11日，中国和摩洛哥发表关于建立两国战略伙伴关系的联合声明。中摩两国经济互补性强。摩洛哥是"一带一路"的天然合作伙伴。"一带一路"倡议和摩洛哥本国发展战略实现对接，有助于更好地规划两国各领域合作的目标和方案，切实加强两国在基础设施建设、商业投资、港口物流、旅游、可再生能源等领域的务实合作。截至2020年，中国已成为摩洛哥第三大进口来源国。

2. 突尼斯

突尼斯共和国（简称突尼斯），国土面积16.2万平方千米，位于非洲大陆最北端，北部和东部面临地中海，隔突尼斯海峡与意大利的西西里岛相望，扼地中海东西航运的要冲，东南与利比亚为邻，西与阿尔及利亚接壤。突尼斯是世界上少数几个集中了海滩、沙漠、山林和古文明的国家之一，是悠久文明和多元文化的融合之地。突尼斯地处地中海地区的中央，拥有长达1300千米的海岸线。2020年总人口为1180万。

公元前9世纪，腓尼基人在此建立迦太基城，后发展成为奴隶制强国，一度与罗马竞争地中海霸主地位。公元前146年成为罗马帝国的阿非利加行省。公元5—6世纪先后被汪达尔人和拜占庭人占领。公元703年被阿拉伯人征服。1881年沦为法国的保护领地，1956年3月20日法国承认其独立。1957年废除君主制，成立共和国。首任总统布尔吉巴自1957年以来长期执政，并在1975年经议会批准成为终生总统。本·阿里在1987年发动不流血政变取代布尔吉巴长期执政。2011年初"茉莉花革命"爆发，成功推翻本·阿里政权，并且在阿拉伯世界引发连锁反应。

政治上，突尼斯于1981年4月开始实行多党制，2011年1月，本·阿里政权倒台后，过渡政府宣布取缔原执政党"宪政民主联盟"，取消党禁，大量政党涌现。目前，突尼斯共有200余个合法政党，其中主要政党有：复兴运动、突尼斯之心党、民主潮流党、自由宪政党、人民运动党、祝福突尼斯党、呼声党。2014年12月，呼声党候选人埃塞卜西当选总统。2019年7月25日，埃塞卜西总统因病逝世，享年92岁。议长纳赛尔出任代总统。同年10月，从未担任过公职的独立候选人凯斯·赛义德以72.71%的高票当选新一届总统，其任期将持续至2024年。2021年7月以来，赛义德总统罢免总理，暂停议会工作。10月，赛义德任命无党派学者娜杰拉担任总理。12月，赛义德宣布继续无限期冻结议会，直至2022年12月举行立法选举，并计划于2022年7月25日举行宪法全民公投。2022年3月，由于议会违反冻结法令举行线上会议，赛义德宣布解散议会，于2022年12月17日举行议会选举。2021年以来，突尼斯多次爆发抗议民生问题或反对总统改革举措的示威游行，政治发展前景仍不明朗。

近年来，社会安全问题突出。2015年3月、6月和11月和2016年3月，首都突尼斯城、最主要旅游城市苏斯和南部城市本加尔丹先后四次发生严重恐怖袭击事件，给突尼斯经济、社会带来巨大冲击。2015年11月，埃塞卜西总统宣布突尼斯进入为期3个月的全国紧急状态，此后多次延期至今。2018年1月，突尼斯多地因民生问题爆发示威游行。10月，突尼斯首都发生一起自杀式爆炸袭击。2018年底至2019年初，突尼斯公职人员因涨薪问题多次举行罢工游行。2019年6月27日，突尼斯首都市中心发生两起恐袭事件。2020年3月6日，美国驻突尼斯使馆附近发生自杀式袭击。

突尼斯政治过渡期间，经济增长缓慢，高失业、高赤字、高通胀症状明显，旅游、磷酸盐等支柱产业受到较大冲击。突尼斯政府重视工业、农业协调发展，近年加快实施的私有化和结构性改革成效显著。2018年，设立了外商投资管理机构TIA，为外资企业提供一条龙服务。2018年，突尼斯接受外国直接投资为28.66亿突第，约合8.3亿欧元，同比增长27.5%，其中外国直接投资27.42亿突第，投资主要集中在工业、能源、服务业等领域。但总体来看，突尼斯经济尚处复苏阶段，高赤字、高通胀症状明显，外汇短缺严重。2019年，突尼斯GDP为396.1亿美元，实际GDP增速放缓至1.5%，农业和渔业部门的增长率从2018年的9.8%降至2019年的1.7%，财政赤字占GDP的比重从2018年的4.6%下降至2019年的3.9%。自2017年起实施加息政策以来，2019年的通货膨胀率保持在7.1%，预计到2020年将放缓至6.7%，2021年将降至6.1%。此外，突尼斯在2019年第一季度的失业率达到了15.3%。突尼斯政府曾制定2016—2020年五年发展规划，重点规划港口、铁路、高速公路等大型基础设施项目建设，意在拉动经济增长、创造就业、吸引投资，进而推行政治、经济改革，实现国家可持续发展。

突中两国关系持续发展，双边合作不断开拓新领域。2018年突中两国签署共建"一带一路"谅解备忘录，突尼斯正式加入"一带一路"倡议，推动双边关系向更高更广的方向发展，也为双边合作开辟新领域。2019年4月22日，突尼斯成为亚洲基础设施投资银行新一批成员。

3. 阿尔及利亚

阿尔及利亚民主人民共和国（简称阿尔及利亚），国土面积238万平方千米，位居世界第10位，是非洲、阿拉伯国家和环地中海国家中面积最大的国家，位于非洲西北部。北临地中海，东临突尼斯、利比亚，南与尼日尔、马里和毛里塔尼亚接壤，西与摩洛哥、西撒哈拉交界。海岸线长约1200千米。2020年总人口为4370万，其中大多数是阿拉伯人，其次是柏柏尔人（约占总人口的20%）。少数民族有姆扎布族和图阿雷格族。官方语言为阿拉伯语，通用法语。国教为伊斯兰教。

阿尔及利亚所在地区在公元前3世纪曾建立柏柏尔王国，公元前146年成为罗马帝国的一个行省。公元702年被阿拉伯人所征服。公元16世纪沦为奥斯曼帝国的一个省。近代以来，西班牙、葡萄牙、法国先后入侵。1830年法国占领阿尔及尔，并在1905年占领全境。二战期间法国为拉拢阿尔及利亚曾许诺战后给予其独立但却未能兑现。1954年，阿尔及利亚民族解放阵线发动起义并在1958年成立临时政府，最终迫使法国在1962年承认其独立。

阿尔及利亚在2011年以来阿拉伯世界的动荡中基本保持了稳定，但在2019年，阿尔及利亚局势发生重大变化。2月以来，阿尔及利亚爆发多轮大规模民众示威游行，抗议已执政20年的82岁总统布特弗利卡谋求第5届任期。4月2日，布特弗利卡总统宣布辞职。9日，阿尔及利亚议会两院全会投票确认总统职位空缺，由民族院（上院）议长本萨拉赫任临时总统。6月2日，阿尔及利亚宪法委员会宣布推迟原定于2019年7月4日举行的大选。2019年12月12日，阿尔及利亚举行大选，前总理阿卜杜勒－马吉德·特本首轮胜出，当选总统。阿尔及利亚现政府于2021年7月成立，由总理、30名部长、2名部长级代表和1名政府秘书长组成。

政党方面，根据1996年11月通过的宪法修正案和1997年2月通过的政党法，阿尔及利亚原有30多个合法政党。2012年1月，布特弗利卡总统签署新的政党法，阿尔及利亚内政部据此批准了30多个新政党。

阿尔及利亚经济规模在非洲位居前列，是非洲第四大经济体。石油与天然气产业是阿尔及利亚国民经济的支柱，多年来其产值一直占阿尔及利亚GDP的30%，税收占国家财政收入的60%，出口占国家出口总额的97%以上。粮食与日用品主要依赖进口。据世界银行统计，2018年，阿尔及利亚国内生产总值达1806.9亿美元，人均国内生产总值为4279美元，经济增长率为2.1%。截至2018年12

月底，阿尔及利亚外汇储备达 873.83 亿美元，通货膨胀率为 4.45%，失业率为 11.7%。

阿尔及利亚政府目前已经实施了第四个五年计划，即 2015—2019 五年计划。在 2015—2019 年这五年内，阿尔及利亚政府计划投资 2625 亿美元用于发展具有竞争力和多元化的经济。新的计划将在过去的基础上继续加大投资、持续原有的发展方案，并整合来自所有国家利益相关者的建议，总结经验，改善规划的执行和效果。但受油价下跌的影响，计划实施面临严重资金困难，进度有所放缓。

中阿友谊源远流长。中国在 20 世纪 50 年代给予阿尔及利亚民族解放斗争以巨大支持，阿尔及利亚在中国恢复联合国合法席位的过程中作出了重要努力。1963 年，中国第一支援外医疗队来到阿尔及利亚。2014 年，阿尔及利亚成为阿拉伯国家中第一个与中国建立全面战略伙伴关系的国家，两国关系由此进入了全面深入发展的新阶段。经贸合作上，中国连续多年成为阿尔及利亚最大贸易伙伴，双方在基础设施领域的合作卓有成效，并正在不断拓展合作领域，提高合作水平。2017 年 12 月，中国为阿尔及利亚成功发射阿尔及利亚一号通信卫星。2018 年 9 月，阿尔及利亚和中国签署了关于"一带一路"倡议的合作备忘录，并确定在该倡议框架下就不同领域展开合作。双方还在阿尔及利亚"中心港"项目、新能源、汽车组装、旅游、金融等多领域积极研讨合作。两国在人文领域的交流也不断取得新成果。

（三）走廊周边国家

1. 苏丹

苏丹共和国（简称苏丹），国土面积 188.2 万平方千米，居非洲第 3 位、世界第 15 位，位于非洲东北部，红海西岸。北邻埃及，西接利比亚、乍得、中非，南毗南苏丹，东接埃塞俄比亚、厄立特里亚。东北濒临红海，海岸线长约 720 千米。全国共设 18 个州，分别是：喀土穆州、北方州、尼罗河州、红海州、卡萨拉州、加达里夫州、杰济拉州、森纳尔州、白尼罗河州、青尼罗河州、北科尔多凡州、南科尔多凡州、西科尔多凡州、北达尔富尔州、西达尔富尔州、南达尔富尔州、中达尔富尔州、东达尔富尔州。2020 年人口为 4435 万，其中阿拉伯人约占 80%，贝贾人、努比亚人、富尔人共占 10%—15%，其余为少数部族。官方语言为阿拉伯语，通用英语。

苏丹历史上与埃及关系密切，曾为古埃及文明的一部分，也在近代受到英埃当局的共管。1953 年苏丹建立起自治政府，并于 1956 年 1 月 1 日宣布独立，此后经历 7 次政权更迭。2019 年 4 月 11 日，苏丹军方宣布解除执政 20 年的总统巴希尔职务，并成立军事过渡委员会接管国家政权，宣布实行为期两年的政治过渡期。但此举遭到以"自由与变革宣言"力量为主体的反对派强烈反对，其通过组织大规模示威游行和长期静坐，要求军委会"还政于民"。经过长达 3 个多月的艰难谈判，军事过渡委员会与反对派联盟"自由与变革宣言"力量于 7 月 17 日签署《政治协议》，就过渡政权的框架和原则问题达成一致，此后于 8 月 4 日达成《苏丹过渡时期宪法宪章》（简称《宪法宣言》），确立了过渡期军民联合执政的宪制。2019 年 8 月 17 日，军事过渡委员会与"自由与变革宣言"力量共同签署《宪法宣言》，苏丹正式进入为期 39 个月的过渡期，并先后组建成立过渡时期行使国家集体元首职能的主权委员会和国家最高行政机构过渡政府。2021 年 10 月 25 日，苏丹军方扣押过渡政府总理哈姆杜克等反对党派官员，解散政治过渡权力机构。10 月 27 日，哈姆杜克获释。11 月 1 日，苏丹军方宣布成立新主权委员会，布尔汉继续担任主席。11 月 21 日，布尔汉同哈姆杜克签署政治协议，恢复哈姆杜克总理职务，并由哈姆杜克组建技术官僚政府。2022年1月2日，哈姆杜克组阁未果，宣布辞职。1月20日，布尔汉任命外长等15名部长，总理及部分部长职位暂空缺。4月，联合国、非盟、东非政府间发展组织（简称"伊加特"）成立三方机制，推动苏丹国内对话。5月29日，布尔汉宣布解除全国紧急状态。6月8日，苏丹军方同有关政党在三方机制下开展直接对话。

苏丹全国设最高司法委员会，下设最高法院、宪法法院和其他司法机构，最高司法委员会负责选任首席大法官，同时设立最高检察委员会，负责选任总检察长。目前，苏丹全国约有30余个注册政党。

苏丹是联合国公布的世界最不发达国家之一，经济结构单一，基础薄弱，工业落后，对自然环境及外援依赖性强。受益于石油大量出口及借助高油价的拉动，苏丹经济曾一度成为非洲经济发展最快的国家之一。2011年南苏丹独立对苏丹经济产生冲击。近年来，苏丹国内物价上涨，货币贬值，财政收入锐减。为消除消极影响，苏丹政府一方面逐步加大对水利、道路、铁路、电站等基础设施建设以及教育、卫生等民生项目的投入力度；另一方面，努力改变财政严重依赖石油出口的情况，将发展农业作为长期战略。

农业是苏丹经济的主要支柱，农业人口占全国总人口的80%。农作物主要有高粱、谷子、玉米和小麦。经济作物在农业生产中占重要地位，占农产品出口额的66%，主要有棉花、花生、芝麻和阿拉伯胶，大多数供出口。长绒棉产量仅次于埃及，居世界第2位；花生产量居阿拉伯国家之首，在世界上仅次于美国、印度和阿根廷；芝麻产量在阿拉伯和非洲国家中占第1位，出口量占世界的一半左右；阿拉伯胶种植面积504万公顷，年均产量约6万吨，占世界总产量的60%—80%。

2019年，苏丹实际GDP为308.73亿美元，人均GDP为714美元。由于政治形势动荡、国内需求萎缩和私营部门投资乏力,预计2020年和2021年GDP将分别缩水1.6%和0.8%。此外,货币贬值和生产资料价格上涨导致2019年苏丹的通货膨胀率达到50.6%,预计在2020年和2021年分别为61.5%和65.7%。财政赤字占GDP的比重将从2018年的7.7%下降至2019年的5.7%,但2020年预计上升至9.9%。

此外,随着苏丹政府财政陷入困境,预计其配置国内资源和申请贷款的能力将进一步削弱。截至2019年9月,苏丹未偿还的外债保守估计约为600亿美元,高于2016年的536亿美元和2018年的560亿美元。

中华人民共和国成立后,中苏两国于1959年建立外交关系,一直以来双方真诚友好、平等相待,始终坚持互信互利、互鉴互助的主旋律。苏丹是最早积极响应"一带一路"倡议并与中国签署共建协议的国家之一。2015年,中苏共同宣布建立战略伙伴关系,两国关系进入新时代。2019年苏丹发生政变后,中苏双方在各层面的合作并未受到重大影响。2019年,中苏双边贸易额达到30.33亿美元,同比增长了19.2%,两国经济技术合作涉及石油、地矿勘探、建筑、路桥、农业、纺织、医疗和教育等多个领域。中国连续多年保持苏丹第一大贸易伙伴国地位,超过130家中资企业投资苏丹经济、民生等广泛领域,累计金额超过130亿美元。2020年,在新冠病毒感染疫情全球大流行的冲击下,中苏人民携手抗疫,再次书写中苏友谊新篇章。后疫情时代,随着苏丹被移出"支恐"国家名单、其国内政治过渡进程不断取得新成果以及疫情逐渐被控制,苏丹经济发展或迎来新的起点,中国与苏丹的经贸合作也将面临新的机遇。

2. 南苏丹

南苏丹共和国(简称南苏丹),是东非的一个内陆国。南苏丹原是苏丹的一部分，与苏丹主要由阿拉伯人构成的种族、宗教结构差异较大。2011年1月9日，根据2005年达成的结束内战的《全面和平协议》就未来地位举行了全民公投，决定脱离苏丹独立建国。2011年7月9日，南苏丹独立当日，原南方自治政府主席基尔签署"南苏丹过渡期宪法"，宣誓就任南苏丹共和国首任总统。南苏丹国土面积约62万平方千米，2020年人口约为1300万，其中约18%的居民信奉伊斯兰教，约17%的居民信奉基督教，而大多数人信奉原始部落宗教。由于原始部落宗教和基督教徒占多数，在饮食和行为方面禁忌较少。

南苏丹实行立法、行政、司法三权分立体制，中央、州两级政权享有立法权。2013年12月，南苏丹总统基尔与前副总统马夏尔为首的反对派之间爆发武装冲突。2015年8月，南苏丹冲突各方签署《解决南苏丹冲突协议》。2016年4月，南苏丹组建民族团结过渡政府。7月，南苏丹政府军再度与反对派爆发武装冲突。2018年8月5日，南苏丹冲突各派在苏丹首都喀土穆达成共识，基尔将继续担任总统，马夏尔担任第一副总统。9月12日，南苏丹主要派别在埃塞俄比亚首都亚的斯亚贝巴签署《解决南苏丹冲突重振协议》（简称《重振协议》），就政治权利分配、政治过渡进程、安全安排等达成一致。根据该协议，2018年9月—2019年5月为政治过渡预备期，2019年5月将开始为期3年的政治过渡期。协议签署后，全国过渡预备期委员会、国家修宪委员会、联合防务委员会等政治过渡期机制先后建立，向前推进政治过渡进程。2020年2月，南苏丹成立联合过渡政府。3月，南苏丹过渡政府任命内阁部长、副部长。此后，南苏丹有关各派就行政州分配达成一致。2021年1月，南苏丹国内各派达成共识，确定政治过渡期延续至2023年2月。5月以来，南苏丹组建议会并启动制宪进程。2022年4月，南苏丹主要派别就过渡期安全安排签署协议。

自南苏丹独立以来，一直由苏丹人民解放运动（SPLM）执政。苏丹人民解放运动1983年由苏丹政府军军官约翰·加朗在埃塞俄比亚成立。2011年南苏丹独立建国后，成为执政党。南苏丹总统基尔和副总统瓦尼分别任党主席和副主席。其他主要政治派别包括：苏丹人民解放运动马夏尔派（SPLM－IO）、苏丹人民解放运动前被拘押高官派（SPLM－FDs）、南苏丹反对派联盟（SSOA）等。

南苏丹是世界上最不发达国家之一，道路、水电、医疗卫生、教育等基础设施和社会服务严重缺失，商品基本依靠进口，价格高昂。南苏丹经济严重依赖石油资源，主要有1/2/4区、3/7区、5区等开发项目。石油收入约占政府财政收入的98%。2012年初，由于与苏丹就石油利益分配问题矛盾不断升级，南苏丹全面关井停产。2013年4月，经过国际社会斡旋和两苏艰苦谈判，南苏丹恢复石油生产。2013年底和2016年7月，南苏丹国内两次爆发冲突，石油生产受到严重影响。受国际油价低迷和新冠病毒感染疫情影响，南苏丹石油收入大幅下跌。目前，南苏丹石油日产量约为15.6万桶。南苏丹安全局势总体可控，但局部冲突频发，南苏丹经济社会发展仍面临十分严峻的困难和挑战，难以在短期内根本好转。总体来看，南苏丹大多数地区仍然处于欠发达状态。该国大多数村庄都没有电或自来水，整体基础设施也很匮乏，只有10000千米公路。

2019年，南苏丹实际GDP总额为36.81亿美元，与2019年相比增长11.3%，全球排名第156位。人均GDP为275美元，全球排名第186位。2020年，南苏丹通货膨胀率为8.1%，经商容易度指数全球排名第185位。

中国同苏丹南方的友好交往始于20世纪70年代。当时，中国陕西省派出的医疗队曾赴苏丹南部的朱巴、马拉卡勒、瓦乌等地工作。中国农业技术专家曾帮助当地百姓种植水稻，南苏丹部分地区至今还存有当年中国帮助修建的桥梁。

随着南苏丹逐步走向和平，国家建设和经济发展成为南苏丹的紧迫课题，南苏丹需要更多参与"一带一路"建设。当前，中南共建"一带一路"已取得积极成果，中国企业正在积极参与南苏丹基础设施建设，两国在教育、卫生、媒体等领域的交流合作不断拓展，2019年南苏丹加入"一带一路"税收征管合作机制。新冠病毒感染疫情暴发后，中南开启医疗合作，援南医疗专家组是中非团结抗疫特别峰会后中国向非洲派出的首批专家组，是中国支持非洲国家抗疫的又一重要行动。期待双方在"一带一路"框架下合作取得更多成果，更好地造福两国人民。

3. 利比亚国

利比亚国位于非洲北部，与埃及、苏丹、突尼斯、阿尔及利亚、尼日尔、乍得接壤。利比亚国土面积176万平方千米，北濒地中海，海岸线长1900余千米。沿海地区属地中海型气候，内陆广大地区属热带沙漠气候。国内主要是阿拉伯人，其次是柏柏尔人。阿拉伯语为国语。2020年人口为687万，绝大多数居民信仰伊斯兰教。2011年，1969年推翻伊德里斯王朝后上台执政42年的卡扎菲政权被推翻。2013年5月，国名定为利比亚国。

卡扎菲死后，利比亚一直处于混乱状态，各派系拉锯斗争，瓦解了建立新国家的希望，直到2014年，一场新内战再次爆发。战争主要发生在利比亚东西部两个对立的政治权力中心之间：的黎波里政府与图卜鲁格政府，前者2016年在联合国安理会同意下改组为由法耶兹·萨拉杰任总理的民族团结政府（GNA），后者则任命在"倒卡"运动中发挥重要作用的军阀哈利法·哈夫塔尔领导国民军（LNA）"收复领土"。此外，利比亚国内还有更为复杂的"第三方势力"。利比亚虽然早在1951年就独立，但从未形成单一民族国家，部落认同远大于国家认同。利比亚有近140个部落，他们都拥有武装力量，其中有些部落武装卷入了内战。同时，包括"伊斯兰国"等极端组织在内的武装团体开始在利比亚扩张，这块混沌之地已经成为了非洲各地想要前往欧洲移民的主要过境点。与此同时，过去的几年中，越来越多的外国势力开始介入利比亚内战。民族团结政府的主要盟友是土耳其、卡塔尔和意大利。国民军则主要得到了俄罗斯、埃及、阿联酋、沙特的支持，法国则在暗中协助。2020年，随着土耳其的进一步介入，利比亚战局发生了阶段性扭转，原本占有压倒性优势的哈夫塔尔国民军开始节节败退。在土耳其的军事支援下，民族团结政府正不断收复失地。

在卡扎菲的统治下，利比亚曾是非洲生活水平最高的国家之一。如今，战乱让生活成本大大增加，药物短缺、大规模停电时常发生，平民会被卷入不可预测的交战，民兵绑架勒索赎金的事件数不胜数……根据联合国报告，超过20万利比亚人在国内流离失所，130万人需要人道主义援助。然而，这场漫长的灾难何时能够结束，目前仍是未知。

利比亚长期实行单一国营经济，依靠丰富的石油资源，曾一度富甲非洲。2011年内战爆发前，利比亚原油日产量约160万桶。局势动荡使利比亚石油生产受到严重影响。内战结束后，利比亚石油生产一度恢复至战前水平。2014年5月后，利比亚局势再度动荡，石油日产量大幅波动。2018年，利比亚石油生产趋向稳定，日产量约95万桶，达到近三年最高水平。2019年4月利比亚再次爆发武装冲突后，石油生产再次面临波动威胁。2020年1月，利比亚国民军宣布关闭中部、东部油田、油港后，利比亚原油日产量一度大幅下降至不足10万桶。截至2020年4月底，原油日产量已降至约9.5万桶。9月，国民军宣布恢复石油生产和出口。目前，利比亚原油日产量约50万桶。

中国同利比亚于1978年建交。2011年2月，利比亚局势急剧动荡，中国从利比亚撤回35860名公民，中国所有在建项目全部停工。

受利比亚国内局势影响，当年中利双边贸易额同比下降57.7%。2018年7月，利比亚民族团结政府外长希亚莱来华出席中阿合作论坛第八届部长级会议，国务委员兼外长王毅同其会见，两国政府签署共建"一带一路"谅解备忘录。2018年12月，利比亚获得亚洲基础设施投资银行理事会批准，成为该行意向成员。2019年，中利双边贸易额为72.53亿美元，同比上升16.8%，其中中方出口额为24.52亿美元，同比上升71.7%，中方进口额为48.01亿美元，同比上升0.5%。新冠病毒感染疫情暴发后，中国政府、地方省市及民间机构向利比亚捐赠检测试剂、口罩、防护服、隔离眼罩、医用手套等抗疫物资，并通过卫生专家视频会议同利方分享抗疫经验。

二、北非七国对"一带一路"的认知变化

北非在连接亚洲、非洲和欧洲方面具有重要作用，中国—北非共建经济走廊的合作与"一带一路"倡议发展的目标一致，因此在当地接受度较高。

（一）积极参与

中国与北非各国签署了"一带一路"谅解备忘录，北非国家在不同程度上，越来越把中国视为欧洲和美国的替代合作伙伴。这表明北非国家正在寻求多样化的战略联盟，以便在与传统伙伴合作时，获得一些商议空间。

1. 埃及：全面支持"一带一路"倡议

埃及是中国"一带一路"上的文明与历史伙伴。在古代，中国

商人通过经商贸易来往于中埃之间。"一带一路"倡议涵盖广泛，不仅局限于商业领域，更构建了两国文化、社会与文明的对话平台，增进两国民心相通。

政治上，埃及大力支持中国"一带一路"倡议，特别是塞西总统在2015年访华期间指出，埃及全面支持"一带一路"倡议，强调双方在"一带一路"框架下执行相关项目的紧密关系。随后，埃及加快同中国"一带一路"倡议进行合作对接，充分利用基础设施建设和产能合作两大抓手，不断扩大双方在经贸、金融、机械、电子、能源开发利用等领域的相互优势，推动埃及经济复苏，实现互利共赢。2016年1月，为进一步改善中埃贸易质量和水平，在两国商务部门主持下，中埃共签署了12项贸易协定，贸易金额达6040万美元。

习近平主席在2016年正式访问埃及，两国政府签署关于埃及参加"一带一路"倡议的谅解备忘录，共同促进两国在基础设施建设与国家级大型项目的合作，特别是苏伊士运河经济区和新行政首都建设。中国还组织了轻纺、医药、农产品、石化、商贸等领域企业的中国贸易促进团赴埃及开展经贸交流活动。在第一届"一带一路"高峰论坛期间，中埃双边签署了投资额约180亿美元的多个合作项目，在埃及有1080个中国企业，涵盖各个投资领域，特别是工业、通信、信息技术和发展经济区等。

中埃两国围绕"一带一路"合作倡议、"新行政首都计划"和"苏伊士运河走廊经济带"建设开展了广泛合作。中埃两国这一系列合作建设工程也就成为"一带一路"合作倡议中中国企业先期突破的领域。近年来，中方对埃及的投资迈向了新的领域。除了传统的基础设施建设外，还包括新能源与可再生能源、纺织品和皮草。比如中国对Ruwiki新皮革城第三阶段的投资以及对萨达特城纺织服装业的投资，可以说这些投资是埃及改革工业部门和整体经济努力的结果。特别是埃及颁布了新《投资法》，再加上有专业技能的劳动力、基础设施以及强大的物流能力，引起了中国投资者对埃及各行各业的极大兴趣。

2. 摩洛哥：积极对接"2020工业加速发展计划"与"一带一路"倡议

摩洛哥是首个加入"一带一路"倡议的马格里布国家。2017年，中摩两国签署共建"一带一路"谅解备忘录，为两国在"一带一路"框架下推进各领域合作提供了重要支持。摩洛哥在2014年提出了"2014—2020工业化加速发展战略"，"一带一路"倡议与摩洛哥国家发展战略高度对接，得到摩方积极回应与支持。双方明确了中摩在产能合作方面的主要合作领域，分别是汽车、航空、家电和新能源。

2016年摩洛哥国王穆罕默德六世对中国进行了国事访问，中摩两国元首共同签署了《关于建立两国战略伙伴关系的联合声明》，开启了双边关系新篇章。在"一带一路"倡议引领下，中摩两国经贸合作不断发展，亮点纷呈。摩洛哥是中国在非洲的第十大贸易伙伴，中国是摩洛哥第三大贸易伙伴。近年来，中摩双边贸易稳定发展，中国对摩洛哥出口额稳定在30亿美元左右，承包工程业务也有新的突破。山东电建三公司承建的杰拉达350兆瓦火电站项目2017年底建成。山东电建三公司还与西班牙企业共同承建努奥太阳能光热电站二期和三期工程，其承建部分合同额达8亿多美元，这是目前世界上在建最大规模的光热电站之一。以华为公司为代表的中国企业成为摩洛哥三大电信运营商的主要合作伙伴。中国银行和中国进出口银行相继在摩洛哥设立代表处，摩洛哥外贸银行也将在上海设立分行。中国对摩洛哥投资合作规模不大，主要涉及渔业、塑料加工、摩托车组装等领域。目前，中国企业正探讨与摩方合作建设工业区，在摩洛哥投资设立汽车配件生产厂,并积极寻求参与港口、电站、天然气、太阳能等一系列项目建设。中摩两国经贸合作正在提速,并向更广领域拓展,电力、港口、铁路、工业区、金融、新能源等领域的合作有望成为两国经贸合作的新动力。

3. 突尼斯:共建"一带一路"

自2013年习近平主席提出"一带一路"倡议以来,突尼斯一直高度重视并积极参与其中,随着"一带一路"建设的持续推进和突尼斯国内政治安全局势恢复稳定,中突关系近年来在各个领域都取得了快速发展。中国国务委员兼外长王毅于2016年对突尼斯进行了访问,突尼斯外长杰希纳维于2017年和2018年对中国进行了访问,突尼斯总理优素福·沙赫德2018年9月出席中非合作论坛北京峰会。此外,新成立的中国—突尼斯商务理事会已成为两国商界沟通的重要平台。密切的高层互访和商界交流进一步增进了中突关系。目前,中国已成为突尼斯第四大贸易伙伴和第三大出口国。突尼斯目前也积极努力增加对华出口,逐步实现双边贸易平衡发展。

2018年沙赫德访华期间,两国就突尼斯南部梅德宁省的基础设施建设签署了协议,该协议涉及铁路、桥梁和工业区等项目。2018年7月,中国与突尼斯签署了"一带一路"发展协议。双方签署了关于发展数字经济的合作协议,重点关注电信、光纤、网络计算和电子商务。2019年4月,亚投行理事会已批准突尼斯等四国为新一批成员。

中突两国间学术和科学交流也硕果累累。近年来,两国互换留学生的人数持续上升。两国科学家2018年在突尼斯南部10处遗址进行的联合科考活动也取得了巨大成功。

4. 阿尔及利亚：共建"一带一路"

2013年习近平主席提出"一带一路"倡议以来，阿尔及利亚积极响应并参与。2014年，阿尔及利亚成为阿拉伯国家中第一个与中国建立全面战略伙伴关系的国家，两国关系由此进入了全面深入发展的新阶段。2018年9月中非合作论坛北京峰会期间，中阿签署了共建"一带一路"谅解备忘录。

阿尔及利亚地理位置优越，基础设施相对完善，政局长期稳定，可以在"一带一路"建设中发挥欧洲与非洲"中间站"以及非洲"桥头堡"的作用。同时，阿尔及利亚正在大力实施经济多元化和工业化战略。中阿完全可以对接发展战略，实现优势互补、合作共赢，为两国共建"一带一路"合作提供更广的空间和领域。

近年来，中阿双方在共建"一带一路"框架内，在政治、经贸、文化等各领域开展了富有成效的合作。目前双方政治上高度互信，保持高层互动，在国际事务中始终相互支持与配合。经贸合作上，中国连续多年成为阿尔及利亚最大贸易伙伴，务实合作成果丰硕，大清真寺、新机场等一大批基础设施项目建成或在建。基础设施领域的合作卓有成效，并正在不断拓展合作领域，提高合作水平。中国为阿尔及利亚成功发射阿尔及利亚一号通信卫星，双方还在阿尔及利亚"中心港"项目、新能源、汽车组装、旅游、金融等多领域积极研讨合作。两国在人文领域的交流也不断取得新成果，促进了两国人民间的友谊。

5. 苏丹：积极共建"一带一路"

苏丹是中国在非洲和中东地区的重要合作伙伴。历史上苏丹在红海沿岸的港口是中国通往非洲古商队的集合点，是中国与阿拉伯、非洲国家之间的纽带。中国帮助苏丹建设铁路、公路和港口等，为苏丹带来巨大益处。中苏间的石油合作被两国领导人称为"南南合作的典范"。2015年中苏建立战略合作伙伴关系，两国关系进入新时代。2019年苏丹发生政变后，中苏双方在各层面的合作并未受到重大影响。

21世纪以来，苏丹政府发展对外关系的主要目标是重新融入国际社会，扩展合作伙伴。苏丹是最早积极响应"一带一路"倡议、并与中国签署共建"一带一路"协议的国家之一。两国间的合作是全方位的，并非仅限于石油领域，中国已连续多年保持苏丹第一大投资国、第一大贸易伙伴、第一大承包工程伙伴国的地位。中国公司很早就参与苏丹的港口开发，中国港湾工程有限责任公司承建了苏丹港多个重要工程，将苏丹港发展为具有一定规模、设施相对完备的海运枢纽。苏丹政府也希望和中国一道在东部建立一个经济自贸区，使之成为"一带一路"框架下东非主要新兴商业线的重要补给站和港口基地。中国与苏丹在石油领域的全产业链合作，即使放在整个非洲也是成功的。在中国公司的帮助下，苏丹建立了涵盖勘探开发、管道运输、炼油化工和油品销售等上中下游一体化的完整的石油工业体系，推动苏丹从贫油国一跃成为产油国。农业是中苏两国在"一带一路"倡议下最重要的合作领域之一，双方在粮食安全领域建立了合作。农业全产业链合作是合作亮点和主要扩展方向。中苏之间在棉花生产加工领域的全产业链合作已经开展，由山东外经投资设立的新纪元农业发展有限公司，依托农业示范中心的技术优势，积极构建棉花育种、种植、加工、物流等为一体的全产业链，在此基础上启动了中苏农业合作开发区建设。中苏在畜牧业的全产业链合作也已起步，当前正在进行的中国援苏丹屠宰厂项目，通过项目以点带面，促进当地农牧业上下游全产业链良性发展。未来，中苏在尼罗河沿岸农耕区农产品深加工，在西部畜牧区的皮革制造业等领域都有较大的合作潜力。苏丹已经成为"一带一路"建设的重要节点。

新冠病毒感染疫情暴发期间，中国苏丹双方高层领导保持紧密联系，双方政治互信不断增加。2020年2月，中国国务委员兼外长王毅应约同苏丹外长阿斯玛就新冠病毒感染疫情通电话。4月，李克强总理应约同苏丹过渡政府总理哈姆杜克就新冠病毒感染疫情通电话。

6. 南苏丹：积极响应"一带一路"倡议

2011年7月9日南苏丹宣布独立，随后被联合国接纳为第193个会员国。在独立之前，南苏丹与北苏丹曾发生持续多年的内战。该国目前半数以上的人口处于绝对贫困状态。随着南苏丹逐步走向和平，国家建设和经济发展成为南苏丹的紧迫课题，南苏丹通过响应"一带一路"倡议，希望更多参与"一带一路"建设，促进本国的发展。

当前，中南共建"一带一路"已取得积极成果，中国企业正在积极参与南苏丹基础设施建设，两国在教育、卫生、传媒等领域的交流合作不断拓展，2019年南苏丹加入"一带一路"税收征管合作机制，新冠病毒感染疫情暴发后，中南开启医疗合作，援南苏丹医疗专家组是中非团结抗疫特别峰会后中国向非洲派出的首批专家组，是中国支持非洲国家抗疫的又一重要行动。期待双方在"一带一路"框架下合作取得更多成果，更好地造福两国人民。

7. 利比亚：希望加强与"一带一路"合作

利比亚与欧洲隔海相望，地理位置十分重要，素有"非洲北大门"之称，也是撒哈拉沙漠的一部分。它位于非洲北部边缘的中点，环绕地中海沿岸，西起祖瓦拉，与阿尔及利亚和突尼斯接壤，东至巴蒂亚，与埃及交界，东南与苏丹为邻，南部同乍得和尼日尔毗连，北部临地中海，沿海平原多为沼泽地。

近年来，利比亚政局动荡，国家经济濒临崩溃，基础设施遭到破坏，人民生活举步维艰。利比亚希望中国企业早日返回利比亚参与重建，帮助利比亚改善民生，希望加强与中国在住房建设、电力、水利、通信、职业培训等领域合作，尽早实现国家稳定，更好地促进新时代中利关系发展。

（二）总结

北非国家对"一带一路"接受度比较高，是因为中国在开展对外合作时，更强调经济发展而不干涉其政治事务。随着中国合作模式的合理性日益显现，中国在北非的商业影响力也逐渐增大。目前，在"一带一路"框架下，双方的合作主要集中在贸易、基础设施建设、港口、航运、金融合作、旅游和制造业，可以促进北非国家增加贸易额、外商投资、旅游收入和建设制造业基地。

三、北非经济走廊建设的成果

北非地区地缘位置优越，北邻发达的欧洲，南邻广阔的非洲热土，东临人口众多、资源丰富的阿拉伯世界。在非洲和阿拉伯世界中，北非国家的发展水平也相对较高。因此，北非国家的支持对中国外交战略的成功具有重要意义。从历史上看，北非与中国关系较好，在国际事务中大多为中国提案的支持国。近年来，北非国家更加积极响应中国"一带一路"倡议，在共建"一带一路"框架下加快推进全方位合作，实现发展战略对接。随着中亚—西亚经济走廊项目和具体工程在北非持续落地，技术培训和文化交流次第展开，为北非国家经济增长和社会发展增添了新的亮点和能量。

（一）政策沟通

作为"一带一路"建设的"五通"之首，政策沟通是"一带一路"建设的重要保障，也是沿线各国实现互利共赢的根本前提。共建"一带一路"关系到沿线国家发展大计，需要将国家间良好的信任作为前提和基础。否则，在"一带一路"合作协议签署之初便可能顾虑重重，涉及大型合作项目时更加举步维艰。互信的建立非一日之功，既受国际和地区形势变化影响，又与国家间的历史交往和现实利益息息相关。中国与北非国家具有良好的政策沟通基础和传统。1955年万隆会议上，北非国家大力支持中国"求同存异"的方针。1971年，在阿尔及利亚等北非国家的提案和投票支持下，中国得以重返联合国。近10年来，中国与北非国家政策沟通不断深化，进行了有益探索，取得了显著成效。

1. 高层频繁互访

总体上看，中国与北非国家的高层往来互动频繁，为中国—北非"一带一路"合作提供了高屋建瓴的战略指引。自2013年中国"一带一路"倡议提出以来，国家主席习近平与北非七国领导人多次举行会晤和通话。

以埃及为例，近年来，中国和埃及两国领导人频繁互访，不断加强政治互信，双方以中非合作论坛、中阿合作论坛、"一带一路"国际合作高峰论坛等为平台，加强经贸、重大项目、人文等领域合作，推动中埃关系不断迈上新台阶。

2014年12月，埃及总统塞西访华期间，两国签署《中埃关于建立全面战略伙伴关系的联合声明》。① 2016 年 1 月，中国国家主席习近平对埃及进行国事访问，两国签署《中华人民共和国和阿拉伯埃及共和国关于加强两国全面战略伙伴关系的五年实施纲要》。② 2018 年以来，埃及外长舒凯里、总理马德布利、议长阿里相继访华。2018 年 10 月，中国国家副主席王岐山访问埃及，并同塞西、马德布利举行会见。2019 年 4 月，塞西参加第二届"一带一路"国际合作高峰论坛，这是他 2014 年就任总统以来第六次访华。③ 2022 年 2 月 4 日，塞西受邀出席北京冬奥会开幕式，并于次日与习近平主席举行会晤。④ 中埃两国领导人频繁互访，在讨论共同关心问题的同时，不断为两国合作开创新领域，推动了两国关系不断向前发展。更难能可贵的是，双方共同努力切实落实所签署的协议，促进了双方在经贸、工业等领域的合作。

2. 保持地区与国际问题上的相互支持

北非国家与中国同为第三世界的发展中国家，在建立合理的国际政治经济新秩序方面具有广泛的共同利益。在重要的国际和地区问题上，中国与北非国家常常相互协作、相互扶持，在多个场合共同发出代表广大发展中国家利益的声音。

在地区热点问题上，中国与北非国家共同捍卫国家主权和国际道义。2020 年 9 月 25 日，中国常驻联合国副代表戴兵大使在安理会

---

① 《习近平同埃及总统塞西举行会谈》，中国一带一路网，2014 年 12 月 23 日，https：//www.yidaiyilu.gov.cn/xwzx/xgcdt/6710.htm。（上网时间：2022 年 9 月 5 日）

② 《习近平同埃及总统塞西会谈 中埃签署共建"一带一路"合作文件》，中国一带一路网，2016 年 1 月 22 日，https：//www.yidaiyilu.gov.cn/xwzx/xgcdt/76992.htm。（上网时间：2022 年 9 月 5 日）

③ 《习近平会见埃及总统塞西》，中国一带一路网，2019 年 4 月 25 日，https：//www.yidaiyilu.gov.cn/xwzx/xgcdt/87636.htm。（上网时间：2022 年 9 月 5 日）

④ 《第二十四届冬季奥林匹克运动会在北京隆重开幕 习近平出席开幕式并宣布本届冬奥会开幕》，中国一带一路网，2022 年 2 月 6 日，https：//www.yidaiyilu.gov.cn/xwzx/xgcdt/219701.htm。（上网时间：2022 年 9 月 5 日）

苏丹问题公开会上发言指出，鉴于苏丹政治进程取得积极进展，安理会应根据最新形势发展，及时审查对苏丹制裁，设立解除制裁路线图，释放积极信号。中方呼吁有关国家尽快将苏丹从"支恐"国家名单中除名，取消对苏丹的单边制裁，为苏丹政府和人民抗击疫情提供有利条件。[①] 中国的这一主张为苏丹处理内部问题提供了良好的外部环境。10月3日，苏丹过渡政府与反政府武装在南苏丹首都朱巴签订最终和平协议，该协议对苏丹国内政治经济及社会发展具有里程碑的意义。

在达尔富尔问题上，中国作为负责任的大国，始终坚定履行国际责任和义务。一方面，中国主张达尔富尔问题的实质是发展的问题，因而持续推进中苏合作，协助苏丹发展本国经济，坚决反对以达尔富尔问题为借口干涉他国内政的做法。另一方面，中国多次派出维和部队，协助维持当地和平与稳定。中国第三批赴苏丹达尔富尔维和直升机分队自2019年8月部署至苏丹达尔富尔以来，先后圆满完成陌生地域侦察、要员专机运输、伤员紧急转运等任务60余项，安全飞行172架次，被联合国和非洲联盟驻达尔富尔特派团（简称"联非达团"）誉为"不可或缺的航空力量"。2020年10月1日，中国第三批赴苏丹达尔富尔维和直升机分队140名官兵被联非达团授予"和平荣誉勋章"，每名官兵获颁嘉奖令，以表彰他们在维护苏丹达尔富尔地区和平事业中作出的贡献。[②]

面对来势汹汹的新冠病毒感染疫情，中国主动为医疗能力不足的北非国家提供支持。2022年2月20日，中国与埃及联合向被以色

[①]《常驻联合国副代表戴兵大使出席安理会审议联合国苏丹综合过渡援助团工作时的发言》，中国外交部官网，2020年9月25日，https://www.fmprc.gov.cn/dszlsjt_673036/202009/t20200925_5372901.shtml。（上网时间：2022年9月5日）

[②]《中国赴苏丹达尔富尔维和直升机分队全体官兵荣获联合国"和平荣誉勋章"》，中国一带一路网，2020年10月2日，https://www.yidaiyilu.gov.cn/xwzx/gnxw/150579.htm。（上网时间：2022年9月5日）

列长期封锁的加沙地带捐赠了50万剂疫苗。① 这是两国政府通力合作,帮助巴勒斯坦加沙地带民众抗击疫情、缓解人道主义危机的一项重要举措,很大程度上缓解了当地的资金紧张问题,帮助加沙地带安全度过第四波疫情高峰期,也充分反映了中埃双方对巴勒斯坦人民的健康和巴勒斯坦问题的高度重视,体现了中埃全面战略伙伴关系的高水平。

2020年7月11日,"新冠肺炎疫情下中国与中东合作:传统友谊与共创未来"线上论坛在北京举行。在这场由中国社会科学院国家高端智库、中国非洲研究院、阿联酋沙迦大学主办,上海外国语大学、北京语言大学协办的会议上,来自中东和北非近10个国家的19名学者代表与中国多个科研院校的26名专家学者,通过云端连线的方式,围绕"中国与中东国家的抗疫合作"和"后疫情时代的中国与中东合作展望"等主题展开深入交流。② 与会嘉宾普遍认为,团结合作是国际社会战胜疫情的最有力武器。作为国际舞台上的重要政治力量,中国与中东国家应当捍卫国际公平正义,支持以联合国为中心的多边国际体系,为充满不确定性的世界注入更多确定因素。

针对2022年8月2日美国众议院议长佩洛西窜访台湾一事,北非国家政党和政要纷纷予以谴责并支持中国维护主权和领土完整的立场。埃及外交部发言人、埃及社会主义党、埃及前总理、埃中友协等陆续发表声明,表示恪守一个中国原则。③ 阿尔及利亚驻华大使哈桑·拉贝希表示,阿尔及利亚坚持一个中国原则,希望美方以实

---

① 《巴勒斯坦官员:中国疫苗缓解加沙地带防疫压力》,中国一带一路网,2022年3月7日,https://www.yidaiyilu.gov.cn/xwzx/hwxw/226569.htm。(上网时间:2022年9月5日)

② 《深化友谊 共创未来——"新冠肺炎疫情下中国与中东合作"线上论坛侧记》,中国一带一路网,2020年7月12日,https://www.yidaiyilu.gov.cn/xwzx/gnxw/136816.htm。(上网时间:2022年9月5日)

③ 《埃及政党领导人:坚定支持一个中国原则 佩洛西窜访台湾是对世界和平的挑衅》,中华人民共和国驻阿拉伯埃及共和国大使馆网站,2022年8月7日,http://eg.china-embassy.gov.cn/chn/zagx/202208/t20220807_10736533.htm。(上网时间:2022年9月5日)

际行动恪守中美三个联合公报，停止干涉中国内政。① 摩洛哥非洲中国合作与发展协会主席纳赛尔·布希巴在接受记者采访时指出，佩洛西不顾中方强烈反对和严正交涉，窜访中国台湾地区，这是严重干预中国内政的行为，应给予严厉谴责。② 突尼斯人民运动党对佩洛西的窜访表示坚决反对，表示一个中国原则是国际社会的普遍共识，无论美国如何破坏，台湾是中国的台湾，台湾问题纯属中国内政，将全力支持中国捍卫其主权、安全和发展利益的权利。③ 苏丹外长萨迪克发表声明表示，苏中建交以来，两国致力于互利共赢，在国际和地区场合相互支持、相互帮助。苏丹支持一个中国原则，认为台湾是中国领土不可分割的一部分，支持中方维护国家主权和领土完整的努力。④ 南苏丹副外长达乌接受媒体采访时表示，中南关系友好，南方支持一个中国原则，反对干涉中国内政。⑤ 其他国家也通过种种方式声援中国的立场。

3. 加强治国理念经验交流

在政治制度、经济制度、文化制度、社会制度、军事制度、生态文明、民生保障等层面，中国与北非国家深入交流经验。在苏丹，

---

① 《阿尔及利亚外交和海外侨民部重申坚定支持一个中国原则》，中华人民共和国驻阿尔及利亚民主人民共和国大使馆网站，2022 年 8 月 6 日，http://dz.china-embassy.gov.cn/xw/202208/t20220806_10736480.htm。（上网时间：2022 年 9 月 5 日）

② 《摩洛哥学者：坚决反对美国政客为了个人或集团利益，践踏国际关系基本准则》，中华人民共和国驻摩洛哥王国大使馆网站，2022 年 8 月 4 日，http://ma.china-embassy.gov.cn/xwdts/202208/t20220804_10734807.htm。（上网时间：2022 年 9 月 5 日）

③ 《张建国大使会见人民运动总书记马格扎维》，中华人民共和国驻突尼斯共和国大使馆网站，2022 年 8 月 3 日，http://tn.china-embassy.gov.cn/sgxw/202208/t20220803_10733597.htm。（上网时间：2022 年 9 月 5 日）

④ 《驻苏丹大使马新民会见苏丹外长阿里·萨迪克》，中华人民共和国驻苏丹共和国大使馆网站，2022 年 8 月 3 日，http://sd.china-embassy.gov.cn/sgxw/202208/t20220803_10733474.htm。（上网时间：2022 年 9 月 5 日）

⑤ 《南苏丹政府重申坚持一个中国原则》，中华人民共和国驻南苏丹共和国大使馆网站，2022 年 8 月 3 日，http://ss.china-embassy.gov.cn/sbwl/202208/t20220803_10733657.htm。（上网时间：2022 年 9 月 5 日）

中国为推动苏丹政治过渡、实现国家长治久安作出贡献。此前，中国出版了三卷多语种版本的《习近平谈治国理政》，中国高层官员多次在苏丹主流媒体撰文介绍中国经验，双方也组织过一些党员、官员研修活动，为双方交流治国理政经验搭建了平台。

2020年12月21日，中国共产党同埃及12个主要政党及政治组织共同建立中埃政党共建"一带一路"交流机制，并通过视频方式举行第一次会议。中共中央对外联络部部长助理朱锐与埃及祖国未来党、共和人民党、华夫脱党、埃及共产党等主要政党领导人都参与其中。[①] 双方通过党际渠道为两国"一带一路"合作出谋划策、凝聚共识，对推动中埃共建"一带一路"高质量发展、共建中埃命运共同体具有重要意义。

2021年4月13日，中国共产党同摩洛哥7个主要政党共同建立中摩政党共建"一带一路"交流机制，并通过视频方式举行第一次会议。中共中央对外联络部部长助理朱锐，驻摩洛哥使馆政务参赞茅俊，摩洛哥公正与发展党、真实性与现代党、独立党、人民运动、人民力量社会主义联盟、宪政联盟、进步与社会主义党等政党领导人出席并致辞。[②] 这一交流机制的建立有利于加强治国理政经验交流互鉴、为两国共同应对当前机遇与挑战建言献策，推动双方共建"一带一路"合作不断走深走实，助力后疫情时期中摩关系和合作持续健康发展。

2021年6月15日，中国共产党同突尼斯9个主要政党共同建立中突政党共建"一带一路"交流机制，并通过视频方式举行首次会

[①] 《中埃（及）政党共建"一带一路"交流机制正式建立并举行首次"云交流"》，中华人民共和国驻阿拉伯埃及共和国大使馆网站，2020年12月31日，http://eg.china-embassy.gov.cn/chn/zagx/202012/t20201231_7058784.htm.（上网时间：2022年9月5日）

[②] 《中国—摩洛哥政党共建"一带一路"交流机制 正式建立并举行首次"云交流"》，中国一带一路网，2021年4月17日，https://www.yidaiyilu.gov.cn/xwzx/bwdt/170535.htm.（上网时间：2022年9月6日）

议。突尼斯复兴党、"突尼斯之心"党、民主潮流党、人民运动党、祝福突尼斯党、计划运动党、变革党、前景党、民主爱国人士统一党等政党领导人参加会议。① 各党高度评价中突友好合作关系特别是两国抗疫合作，赞赏中共倡议建立中突政党共建"一带一路"交流机制，就在共建"一带一路"框架内深化中突各领域交流合作积极建言献策，强调愿同中共加强交往、密切合作，共同推动突中共建"一带一路"取得更多务实成果，造福两国和两国人民。

4. 实现国家发展战略对接

近年来，中国的经济实力突飞猛进，并且走出了一条符合自身国情的发展道路，对北非国家具有重大借鉴意义。因此北非国家热烈响应中国提出的"一带一路"倡议，积极将本国发展战略与之对接。

2015 年，埃及政府提出"振兴苏伊士运河走廊"经济发展战略，大力推进埃及工业化进程以改变单一的经济结构。2016 年，塞西总统宣布并出台中长期发展战略——《埃及 2030 愿景》，提出将经济发展、环保、就业、提升劳动力素质相结合，以一种公平的方式全面推进埃及社会进步和发展，最终建成一个具有创造力、国际竞争力、重视民生、可持续发展的新埃及。具体来看，该愿景预计吸引外资 300 亿美元，将经济增长率增至 12%，并将在世界经济体中的排名（以国民生产总值计算）由现在的第 41 位提升至第 30 位。② 在此背景下，埃及主动将两大国家战略与"一带一路"倡议

---

① 《共商合作共赢之道，共筑携手发展之路——中国—突尼斯政党共建"一带一路"交流机制正式建立并举行首次"云交流"》，中华人民共和国驻突尼斯共和国大使馆，2021 年 6 月 16 日，http：//tn.china-embassy.gov.cn/sgxw/202106/t20210616_9089246.htm.（上网时间：2022 年 9 月 6 日）

② 丁锋：《"一带一路"视角下的中国埃及产业合作路径研究》，《经济体制改革》，2016 年第 5 期，第 50 页。

对接，推动了埃中两国在基础设施建设、经贸、太空、教育、国防等领域的全方位合作。[①] 其中，中埃苏伊士运河经济合作区堪称"一带一路"在埃及甚至北非地区的旗舰项目。

在具体合作领域，中国与埃及的国家战略也实现了紧密对接。例如，在新能源领域，埃及提出《2035年综合可持续能源战略》，要求对能源结构进行调整。[②] 这一需求为中埃能源合作创造了新机遇，多个中埃合作建设的光伏产业园和光伏发电站项目随即落地。

2014年，摩洛哥国王穆罕默德六世提出了"2020工业加速发展计划"，这是一项有关摩洛哥经济社会综合发展的刺激计划，主要聚焦于稳定国内形势、提升产品竞争力和加大基础设施建设力度上。2019年，摩洛哥又提出了"2021—2025年工业加速计划2.0"，除巩固第一阶段成果外，还加大了对物联网技术、航天制造业等高新技术产业的支持力度。而中国在基础设施建设、制造业和航天科技等领域都有较大优势。因此，中摩双方积极推动"一带一路"倡议与摩洛哥自身发展战略的对接。2022年1月5日，摩洛哥与中国签署共建"一带一路"合作规划，成为首个与中国签署合作规划的马格里布地区国家。[③]"穆罕默德六世丹吉尔科技城"等项目成为中摩全方位深入合作的典范。

此外，"一带一路"倡议还与阿尔及利亚提出的"2035愿景"、中非之间的"中非战略伙伴关系2035年愿景"以及非盟提出的《2063年议程》实现了深度对接。

[①] 《埃及贸工官员："埃及2030愿景"与"一带一路"完全契合》，中国一带一路网，2019年9月9日，https：//www.yidaiyilu.gov.cn/ghsl/hwksl/102721.htm。（上网时间：2022年9月6日）

[②] 郭晓莹、刘星雨：《"一带一路"背景下中埃产能合作的新形势及应对》，《对外经贸实务》，2022年第1期，第28页。

[③] 《中国与摩洛哥政府签署共建"一带一路"合作规划》，中国一带一路网，2022年1月5日，https：//www.yidaiyilu.gov.cn/xwzx/bwdt/212457.htm。（上网时间：2022年9月6日）

中国与北非国家的政策沟通充分尊重了政策沟通主体的多元化需求，高度重视了政策沟通内容的全域性，显著促进了政策沟通参与方的广泛性并建立健全了诸多长效沟通机制，极大助力了双方互信和双边关系的发展，为"一带一路"倡议的顺利推进和落实打下了坚实的政治基础，擘画了顶层设计。

（二）设施联通

设施联通在"一带一路"建设和发展中发挥着先导性的作用。主要包括以公路、铁路、空运、水运等搭建起的交通设施网络，以光缆、卫星等搭建起来的通信设施网络，以石油、天然气、电力等搭建起来的能源互通设施网络，不仅对"一带一路"沿线的相关国家有着重要的经济贡献，而且也为政策沟通、贸易畅通、资金融通、民心相通提供着强有力的基础性支撑。北非国家地域较为辽阔、资源和能源极为丰富，但由于地形地貌复杂、经济发展水平不一，设施联通程度亟待提高。"一带一路"倡议则为北非国家完善基础设施建设提供了绝佳契机。截至目前，中国已与北非国家在铁路、公路、航空、港口、电力、通信等方面建立了合作，互利共赢、共同发展的新格局日渐成型。

1. 基础设施建设

2015年3月，中港集团作为主要承包商和运营商参与苏哈纳港和杜米亚特港两个港口的扩建工程（合同金额为60亿美元），成为中国公司参与埃及海港建设的重大突破。[1] 2018年，中国港湾与迪

---

[1] 赵军：《中国参与埃及港口建设：机遇、风险及政策建议》，《当代世界》，2018年第7期，第64页。

拜世界港口公司（DP WORLD）合作，在埃及建设艾因·苏赫纳第二集装箱码头，项目建成后将大幅提升港口货物吞吐能力，改善地区物流交通条件，推进"一带一路"倡议下中埃基础设施建设合作。①

2019年1月17日，中国进出口银行与埃及国家隧道局在开罗签署埃及首条电气化铁路——"斋月十日城"市郊铁路项目贷款协议，协议总金额达12.39亿美元。"斋月十日城"电气化轻轨项目是埃及也是非洲首条电气化轻轨铁路，位于埃及"东部经济走廊"的中轴线上，连接开罗、新行政首都、"斋月十日城"三大重要城市，总承包方为中国中铁—中航国际联合体。轻轨线全长约66千米，预计每天运送乘客35万人，列车运行速度可达每小时120千米。贷款将用于轻轨列车和相关基础设施建设，预计轻轨建成后将有效缓解开罗交通压力，方便开罗卫星城居民通勤。② 作为首批中埃产能合作优先项目清单的重要内容，该项目的成功签署也标志着中埃在"一带一路"倡议下务实合作取得重大成果。2022年7月3日，"斋月十日城"电气化轻轨项目正式通车，中国驻埃及大使廖力强应埃及总统塞西邀请陪同出席庆典。该项目建成通车将为往返于开罗老城区及新首都的500万居民提供高效便捷的通勤服务，对发展埃及东部地区经济和推动埃及工业化进程产生重要作用。③

2020年，中国土木工程集团和中国铁建中标埃及高铁建设项目。这是埃及首个高铁项目，时速可达250千米，连接苏伊士省的

---

① 张诗卉：《中国与埃及基础设施建设合作进展、挑战与推进路径》，《中阿科技论坛（中英文）》，2022年第1期，第5页。
② 《中埃签署埃及首条电气化铁路贷款协议》，中国一带一路网，2019年1月17日，https://www.yidaiyilu.gov.cn/xwzx/hwxw/77696.htm。（上网时间：2022年9月7日）
③ 《塞西总统出席中企总承包的埃及曼苏尔车站启用暨斋月十日城电气化轻轨项目通车典礼》，中华人民共和国驻阿拉伯埃及共和国大使馆网站，2022年7月4日，http://eg.china-embassy.gov.cn/chn/zagx/202207/t20220704_10714662.htm。（上网时间：2022年9月7日）

艾因·苏赫纳和马特鲁省的阿拉曼，将红海到地中海的行程缩短至3小时，被称为第二个"苏伊士运河"。①

埃及苏伊士运河铁路桥旧桥改造升级和新桥建设项目由中建材集团中材国际成都院和四川路桥集团联合体承建。该工程将原有单线铁路桥改造为双向通行标准火车的双翼平旋桥，开启时间由原来的25分钟缩短到18分钟，改造升级技术整体难度大，在全世界范围内均属首例。改造后的大桥采用全数字化的控制系统，关键部件全部由中国制造。新桥于2021年11月16日完成了首次转桥对接测试，主体结构已于2022年6月顺利完工。② 两座铁路平转开启桥的两端分别连接亚非大陆，对"一带一路"和埃及苏伊士运河经济区建设将发挥重要作用。

2022年3月31日，由中国港湾工程有限责任公司承建的阿布基尔集装箱码头项目在埃及第二大城市亚历山大正式启动。该项目施工内容包括码头、疏浚、吹填、航道整治、护岸、防波堤，以及消防、水电、管网等相关配套设施，将建设1.2千米的集装箱码头岸线和60多万平方米的堆场，建成后阿布基尔港的年吞吐量可达200万标准集装箱。地基处理开工后3个月内，将为当地提供1800多个就业岗位。项目建成后也将极大促进当地经济社会发展，辐射周边经济生活圈，持续带动就业。③

2021年年初，中国化学工程第十六建设有限公司承接了开罗"城市之星"翻新装修工程。开罗"城市之星"是集商场、酒店、

---

① 张诗卉：《中国与埃及基础设施建设合作进展、挑战与推进路径》，《中阿科技论坛（中英文）》，2022年第1期，第5页。
② 《中企承建苏伊士运河铁路桥旧桥改造升级和新桥建设主体工程完工》，中国一带一路网，2022年6月7日，https://www.yidaiyilu.gov.cn/xwzx/hwxw/250064.htm。（上网时间：2022年9月7日）
③ 《中企承建埃及阿布基尔集装箱码头陆上施工正式启动》，中国一带一路网，2022年4月2日，https://www.yidaiyilu.gov.cn/xwzx/hwxw/232405.htm。（上网时间：2022年9月7日）

公寓、写字楼为一体的大型综合体，曾拥有非洲最大的综合商场和世界上最大的洲际酒店。与大型基础设施建设项目不同，此次工程的要求主要集中在布局设计、内部装饰、家具翻新等方面，考验的是"软实力"。中方在设计方案、家具翻新、疫情防控等方面都给出了物美价廉的解决方案，得到了业主的高度赞扬。该项目预计2023年6月完工，将切实帮助埃及旅游业转型升级，为疫情下中埃"一带一路"合作贡献力量。[1]

苏丹上阿特巴拉水利枢纽是三峡集团、中水电公司继麦洛维大坝工程、罗塞雷斯大坝加高工程之后在苏丹建设的第三个大型水利枢纽工程。2010年5月，工程开工建设。2017年2月，该工程项目首台发电机开始发电，目前已形成一个约30亿立方米的水库，项目建成后可灌溉面积50万公顷，将为700万人口解决灌溉用水、为300万人口提供饮用水保障、为上百万人提供电力供应，苏丹1/3的人口将因此直接受益。时任苏丹总统巴希尔肯定了中国企业在项目建设过程中的出色表现，并表示该项目将为苏丹经济和社会发展提供强劲动力和支撑。[2]

西迪艾士隧道项目是铁建国际北非区域公司参与"一带一路"建设的重要项目，于2020年6月28日实现贯通。该项目是阿尔及利亚东西高速公路贝佳亚至哈尼夫连接线项目的控制性工程，北起阿尔及利亚贝佳亚港，南与东西高速公路相连，途经5座城市，全长100千米，项目合同金额为13.02亿美元，是阿尔及利亚自东西高速公路之后又一条由中国铁建参与施工的高速公路。[3] 项目建成

---

[1] 《高标准、可持续、惠民生——中企在埃及发展结出累累硕果》，中国一带一路网，https://www.yidaiyilu.gov.cn/xwzx/hwxw/208335.htm。（上网时间：2022年9月7日）

[2] 《中资建设苏丹上阿特巴拉水利枢纽开始发电》，中国一带一路网，2017年2月4日，https://www.yidaiyilu.gov.cn/wtfz/sslt/6056.htm。（上网时间：2022年9月7日）

[3] 《中企承建阿尔及利亚高速公路隧道贯通》，中国一带一路网，2020年7月2日，https://www.yidaiyilu.gov.cn/xwzx/hwxw/134985.htm。（上网时间：2022年9月7日）

后，对更好地发挥贝佳亚港口作用、促进沿线经济社会发展、拉动投资、促进当地旅游业并增加就业具有重要意义。

2020年12月20日，由中国建筑集团修建的阿尔及利亚南北高速公路奇法至贝鲁阿其亚路段举行落成仪式，宣布这条高速公路正式通车。项目位于地中海褶皱带，地应力较高，同时又有大量泥灰岩分布，地质环境十分复杂，业界有"工程师灾难博物馆"之称。为了完成该路段的建设，中建团队修建了一条单洞9.6千米的隧道和一条2.7千米的路桥，长度均为阿尔及利亚之最。该公路贯穿阿特拉斯山脉，连接起了长期被地形阻隔的阿尔及利亚北部沿海地区和广大南部腹地，不仅有利于阿尔及利亚经济发展，更具有维护国家安全的重要战略意义。据悉，该高速公路将继续向南延伸修建，连接萨赫勒地区的马里、尼日尔等国家。①

阿尔及利亚贝蒂瓦港矿业码头项目于2016年底开工，设计靠泊能力为15万吨级，主要施工内容包括泊位、引堤、基槽挖泥和港池疏浚，中国港湾公司参与建设。该工程由54件2000吨级双排圆筒沉箱布置形成，基槽挖泥和港池疏浚42.3万方，是阿尔及利亚交通部重点项目，也是当地钢铁厂配套的铁矿石卸料码头。基于现场展现的良好履约能力和施工质量，在业主主动协调下，中国港湾阿尔及利亚公司多次协助当地公司完成码头胸墙预制与现浇、挡浪墙预制与安装、连接处水毁修复块石抛填和护面块体安装等，使合同占比从49%增加到57%。② 项目的投入使用，对推动钢铁厂降本增效、扩大产能，促进当地社会经济发展有着重要意义。2021年4月，项目通过验收，正式移交业主。

---

① 《中企修建的阿尔及利亚南北高速正式通车》，人民网，2020年12月21日，http://world.people.com.cn/n1/2020/1221/c1002-31973625.html。（上网时间：2022年9月7日）
② 《阿尔及利亚贝蒂瓦港矿业码头项目通过竣工验收》，中国一带一路网，2021年4月9日，https://www.yidaiyilu.gov.cn/ydylsdzjjq/hwxw/rdxw/174675.htm。（上网时间：2022年9月7日）

2021年，中资企业承担了位于突尼斯卡夫省的新梅莱格大坝的建设工作，预计于2022年完工。突尼斯梅莱格大坝在突尼斯西北部卡夫省。这个与阿尔及利亚接壤的山区省份，经济以燕麦种植为主。由于当地蒸发量远大于降水量，全省24万多人主要依靠梅莱格河生活。因此，这座大坝的修建对当地农业和社会发展至关重要，是突尼斯农业和水利部已计划投资9.36亿突第修建的4座大坝之一，将保护让都巴省免受洪水侵袭，并提供新的灌溉区。水坝设计正常蓄水能力为1.9亿立方米，建成后将不仅能够满足卡夫省居民生产生活用水储备，还有望改善水坝周边区域的小气候环境。①

2021年1月，中国政府援建的南苏丹朱尔河大桥项目动工。该大桥是瓦乌市与东部地区城市联通的必经之路，是保障西加扎勒河州南部地区人道主义援助物资运输、日常生活物资供给、当地交通贸易的唯一通道，建成之后将为地区经济发展发挥重要作用。大桥设计长240米、宽14米，加上两边连接线全长1480米，建成后将实现双向两车道通行。大桥预计2023年完工并投入使用。目前，桥梁下部结构已经全部施工完成，上部结构施工也全面展开。②

2020年9月6日，中国驻苏丹大使马新民会见苏丹过渡政府代理交通部长哈希姆、代理财政部长希芭，就中苏经贸合作、抗疫合作等共同关心的问题交换看法。双方共同见证了苏丹铁路公司和中车资阳公司签署机车组订购合同。据了解，中国企业将根据苏方技术要求生产干线机车、调车机车及配件，助力苏丹铁路提高货运能力。③ 这是

---

① 《通讯：中企承建梅莱格大坝助力突尼斯经济社会发展》，新华网，2022年9月9日，http：//www.news.cn/2022-09/09/c_1128989996.htm.（上网时间：2022年9月10日）
② 《筑梦路上：援南苏丹朱尔河大桥项目疫情中开工》，中华人民共和国驻南苏丹共和国大使馆经济商务处网站，2021年4月16日，http：//nsd.mofcom.gov.cn/article/jmxw/202104/20210403053221.shtml.（上网时间：2022年9月7日）
③ 《驻苏丹大使马新民出席中苏铁路合作项目签字仪式》，中华人民共和国商务部网站，2020年9月7日，http：//sd.mofcom.gov.cn/article/todayheader/202009/20200902999546.shtml.（上网时间：2022年9月7日）

中苏基础设施合作领域中的一项最新成果。

2021年6月28日，首列中欧班列"长安号"（西安—巴黎—北非三国）在西安国际港站发车。未来18天里，该班列将途经哈萨克斯坦、俄罗斯、白俄罗斯、波兰、德国等国家，抵达法国巴黎。随后部分集装箱再由巴黎经铁路至马赛港，海运至北非的突尼斯、阿尔及利亚和摩洛哥三国。中欧班列"长安号"首次通过海铁联运的方式，将货物发往非洲，是一次新的跨越和尝试。[①] 该线路的开通，将有利于吸引更多优质货源。

2. 资源能源设施建设

埃及EETC500千伏输电线路项目是中埃产能合作下首个成功签约项目，也是该国规模最大、电压等级最高的输电线路工程。该项目由中国电建集团所属湖北工程有限公司承建。2019年1月9日，布鲁斯—沙曼诺、沙曼诺—本哈两条线路段实现送电成功。此次送电的两条线路均采用同塔双回路四分裂设计，全长共约174千米，约占建设公司在埃及所有承建线路总长度的1/3。两条输电线路均位于埃及北部三角洲地带，线路大部分处于农田和果园内，征地协调难度极大，且跨越多处河流、高速公路、普通公路、铁路、既有高压线路等，施工难度大。两条线路的投产送电，将进一步优化埃及尼罗河三角洲地区电网结构，提高电网安全运行能力，对促进埃及经济发展和电力能源合理利用具有重要作用。[②]

埃及电力控股公司汉纳维（Hamrawein）超临界燃煤电站承建项目是由中国两大电力设备企业——东方电气和上海电气组成的项目

[①]《中欧班列"长安号"（西安—巴黎—北非三国）线路班列发车 首次通过海铁联运发货到非洲》，中国一带一路网，2021年6月30日，https://www.yidaiyilu.gov.cn/xwzx/dfdt/178756.htm。（上网时间：2022年9月7日）

[②]《中企承建埃及最大输电线路投产送电》，中国一带一路网，2019年1月9日，https://www.yidaiyilu.gov.cn/xwzx/hwxw/76818.htm。（上网时间：2022年9月8日）

联营体共同中标的大型能源项目。2016年1月21日,上海电气与埃及电力控股公司签署了埃及汉纳维燃煤项目有条件性EPC项目总承包合同,将以EPC项目总承包方式分两期为埃方建造燃煤电站,第一期为4台660兆瓦燃煤机组,第二期为2台1000兆瓦燃煤机组。2018年6月,联营体已获得埃及电力发布的授标函,成功中标6台1000兆瓦超临界燃煤机组以及配套的煤码头EPC(设计、采购、施工)总承包项目,联营体将尽快与埃及电力开展最终商务及融资合同谈判等工作。东方电气和上海电气将各自负责合同的50%份额。[①]此次中标对中国企业开拓埃及电力市场、深化中埃在该领域的合作具有重要意义。

阿布塔磷酸厂项目是全球一次性投资建设装置规模最大的磷化工项目之一,也是目前中国企业在海外承接的合同体量最大的磷化工项目,打破了长期以来欧美公司在此类体量磷化工项目上的垄断局面。此前,承接该项目的瓮福集团已经于2014年在突尼斯建设了加夫萨洗选矿项目,积累了国际合作经验,也赢得了国际声誉。[②]2019年12月,中国建筑与瓮福集团联营体同埃及磷酸盐及化肥公司共同签署了金额达8.48亿美元的磷酸厂项目工程总承包合同,埃及石油部部长塔瑞克·莫拉、新河谷省省长默罕默德·扎莫、中国驻埃及大使廖力强等出席。该项目位于埃及西南部新河谷省阿布塔地区,项目将建设一个50万吨/年的磷酸生产装置,包括配套160万吨/年的硫酸装置及相应的公用工程、余热回收装置等。该项目作为埃及政府最重要的工业项目之一,受到埃及政府高度关注。项目的成功实施将会更好地开发利用埃及丰富的磷矿资源,推进埃及产业

---

① 《出海记 | 上海电气和东方电气联合中标埃及火电EPC项目》,《参考消息》网,2018年6月29日,http://www.cankaoxiaoxi.com/finance/20180629/2285737.shtml。(上网时间:2022年9月8日)

② 赵平、李亚芳:《中国企业"走出去"成功竞标的实践与启示——以埃及磷化工项目为例》,《中国经贸导刊(中)》,2021年第5期,第36页。

升级及工业化进程,解决当地就业,并带动区域经济发展。[1]

埃及埃克萨迪亚变电站紧邻苏伊士运河经济区,是该区域重要电力基础设施建设项目,也是埃及国家电网主干网络重要组成部分。该项目由中国西电集团所属西安西电国际工程有限责任公司以联合体形式总承包,涵盖了从 22 千伏—500 千伏的埃及主要输电网络全部电压等级,通过不同电压等级的输电线路连接苏赫奈泉发电厂、新行政首都,以及该区域重要工业用户和周围城镇,为当地发展提供了稳定的电力支持。变电站中的 14 台变压器、57 个间隔的高压开关及户外设备,全部由中企生产。目前,变电站各项建设有序推进,2022 年内完工。[2]

2021 年 10 月 5 日,埃及电力和可再生能源部与沙特能源部在开罗就两国电力互联项目签署一系列合作备忘录,埃及输电公司与沙特电力公司签署了埃及—沙特电力互联项目合同,其中中国能源建设股份有限公司(简称"中国能建")、中国西电集团有限公司和埃及吉萨电缆工业公司组成的联合体,成功签约埃及—沙特±500 千伏超高压直流输电线路 EPC 项目。该项目是中东北非区域电压等级最高、输送距离最长的直流输电项目,中标金额约 1.26 亿美元,是中国能建在海外中标的第一个超高压直流输电 EPC 项目。线路总长 335 千米,被视为埃及输电公司与周边地区电网互联互送的标杆性项目,也是全球能源互通跨洲互联规划的重要组成部分。该项目的建设将有助于缓解埃及电力供应过剩局面,对优化埃及电力系统结

---

[1] 《8.48 亿美元!中企拿下埃及阿布塔磷酸厂工程总承包合同》,中国一带一路网,2019 年 12 月 26 日,https://www.yidaiyilu.gov.cn/xwzx/hwxw/113853.htm。(上网时间:2022 年 9 月 8 日)

[2] 《通讯:为当地发展提供稳定电力支持——记中埃电力合作项目中方建设者》,中华人民共和国驻阿拉伯埃及共和国大使馆网站,2022 年 5 月 4 日,http://eg.china-embassy.gov.cn/zagx/index_1.htm。(上网时间:2022 年 9 月 8 日)

构、解决当地就业、促进当地经济社会发展具有重要意义。①

阿德拉尔水泥厂项目是整个撒哈拉地区最大的综合性水泥生产项目，由中国建材集团（简称"中国建材"）北京凯盛建材工程有限公司承建并参与运营管理。2013年12月10日下午，阿尔及利亚STG共用工程与房地产开发公司与中国建材国际工程集团有限公司的阿尔及利亚阿德拉尔4200吨/天水泥生产线总承包合同签约仪式于人民大会堂北京厅举行。② 2016年2月，第一罐基础混凝土浇筑。2016年8月，完成设备安装。2017年2月，单机试车开始。2017年8月，成功生产出第一袋水泥。2017年10月，水泥厂项目顺利通过业主方对生产线的考核验收，目前已全面进入生产管理阶段。目前，该厂日产熟料水泥4200吨，预计全年生产各类水泥可达150万吨以上，这不仅极大填补了阿尔及利亚建材市场的缺口，还将辐射周边马里、尼日尔等国的水泥市场。同时，阿德拉尔水泥厂油井水泥的年产量可达30余万吨，这将帮助阿尔及利亚首次并全面实现油井水泥国产化。此外，阿德拉尔水泥厂的建立将拉动上下游企业发展，直接或间接创造4600个工作岗位，带动周边塔曼拉塞特、提米蒙等多个地区的经济发展。③

2022年3月7日，中建三局集团有限公司与中钢国际工程技术股份有限公司签约阿尔及利亚综合钢厂项目土建工程。该项目位于阿尔及利亚西北部奥兰地区，为土耳其钢铁生产商Tosyali Holding公司投资、中钢国际EPC总承包建设的大型低碳、现代化、高水平短

---

① 《中企承建埃及—沙特超高压直流输电线路项目签约》，中国一带一路网，2021年10月7日，https://www.yidaiyilu.gov.cn/xwzx/hwxw/189181.htm。（上网时间：2022年9月8日）
② 靳惠怡：《中国建材国际工程集团签署阿尔及利亚水泥生产线总承包合同》，《中国建材》，2014年第1期，第110页。
③ 《撒哈拉沙漠见证中国奇迹》，2017年12月5日，中华人民共和国国务院新闻办公室网站，http://www.scio.gov.cn/31773/35507/35510/35524/document/1612675/1612675.htm。（上网时间：2022年9月8日）

流程综合钢厂。项目包括新建一座年产250万吨直接还原铁车间、一座230万吨电炉炼钢车间和一条热连轧生产线。① 双方将致力于把本项目打造成为阿尔及利亚现代化低碳、清洁的标杆钢厂项目。

阿尔及利亚地处北非，磷酸盐和油气资源丰富。2022年3月22日，中国五环工程有限公司与阿尔及利亚国家化肥公司（ASMIDAL）、阿尔及利亚国家工矿集团（MANAL）和中国云南天安化工有限公司在阿尔及利亚首都阿尔及尔共同签订阿中化肥公司（Algerian Chinese Fertilizers Company）《股东协议》，开展阿尔及利亚矿肥综合体项目的前期工作。该项目是阿尔及利亚首个矿肥综合体项目，规划总投资额约70亿美元，共分三期建设。该项目是中国五环工程有限公司继突尼斯、埃及之后，在北非市场上的再次亮相。②

2022年5月28日，中国石油化工集团国际石油勘探开发有限公司与阿尔及利亚石油天然气公司在首都阿尔及尔举行签约仪式，双方将投资4.9亿美元合作开发位于阿尔及利亚东部伊利济省的扎尔扎伊廷油田，其中中方投资占比为70%。扎尔扎伊廷油田位于阿尔及尔东南约1500千米处。新合约包括该区块内12口开发井的钻井工作、6口现有井的重新完井作业、现有设施的维护以及减少碳排放等。阿尔及利亚能源和矿产部长穆罕默德·阿尔卡卜在签约仪式上表示，阿尔及利亚制订了与外国伙伴合作增加石油产量以保障能源安全的计划。他称赞中国石化集团技术先进，期待双方企业在互利共赢基础上继续合作。③

突尼斯化工集团硫酸项目是中企近年来在突尼斯承建的最大工业总承包项目。2019年12月26日，由隶属于中国化学工程集团有限公

---

① 《中建三局签约阿尔及利亚综合钢厂项目土建工程》，中国一带一路网，2022年3月8日，https://www.yidaiyilu.gov.cn/qyfc/zqzx/228247.htm。（上网时间：2022年9月8日）
② 《中国五环签约阿尔及利亚首个矿肥综合体项目》，澎湃新闻，2022年5月5日，https://www.thepaper.cn/newsDetail_forward_17937034。（上网时间：2022年9月8日）
③ 《中企投资开发阿尔及利亚扎尔扎伊廷油田》，一带一路能源合作网，2022年6月2日，http://obor.nea.gov.cn/detail/17556.html。（上网时间：2022年9月8日）

司的东华工程科技股份有限公司（简称"东华科技"）承建的年产60万吨硫酸和年产40万吨重过磷酸钙（TSP）项目在突尼斯加夫萨省麦迪拉举行机械竣工仪式。这两个项目于2020年投产，其生产的精品磷酸盐的1/3将用于出口，有望在增加当地就业、改善当地因落后工艺造成的污染问题及增加突尼斯出口创汇等方面发挥重要作用。①

2021年2月，摩洛哥矿业巨头Managem与中国万宝矿业集团（简称"万宝"）签署合作协议，共同在苏丹开发金矿项目。该项目预计投资2.5亿美元，年产黄金5吨。除了刚果（金）的铜钴矿以外，万宝和Managem还于2020年12月签署了一项由Managem和其他中国公司持有的苏丹三个黄金点的开采协议，万宝的加入能使Managem持有多年的苏丹金矿产能大大增加，预计2021年黄金产量2吨左右。Managem在苏丹开展业务已有10多年的历史，负责开发了苏丹第一座工业煤矿Gabgaba矿。此前，上述两家企业曾签署合作协议，共同开发在刚果（金）的铜钴矿。该项目年产4.5万吨铜和5000吨钴，2020年9月已投产。②

在2021年10月于山东青岛举办的第二届"一带一路"能源部长会议上，摩洛哥能源转型与可持续发展部长莱拉·贝纳尔线上参会并致辞。本次会议上，摩洛哥正式加入"一带一路"能源合作伙伴关系，并与其他成员国共同通过并发布《"一带一路"能源合作伙伴关系章程》。③摩洛哥可再生资源丰富，中摩双方在该领域的合

---

① 《中国化学工程突尼斯硫酸项目并网发电成功》，国务院国有资产监督管理委员会网站，2020年1月19日，http：//www.sasac.gov.cn/n2588025/n2588124/c13569362/content.html。（上网时间：2022年9月8日）

② 《中国与摩洛哥企业合作参与苏丹矿业开发》，中华人民共和国驻苏丹共和国大使馆经济商务处网站，2020年12月17日，http：//sd.mofcom.gov.cn/article/jmxw/202012/20201203025757.shtml。（上网时间：2022年9月8日）

③ 《古巴、摩洛哥等国加入"一带一路"能源合作》，央视网，2021年10月21日，http：//news.cctv.com/2021/10/21/ARTIc2rIPHRe1J5w2wQQ1mqa211020.shtml。（上网时间：2022年9月8日）

作方兴未艾。2022年5月，由中国商务部主办、中国电建集团中南勘测设计研究院有限公司承办的"中国—摩洛哥可再生能源及能源效率双边研修班"结业典礼在线上举行，摩方政府部门、企业界29名学员线上参加。通过此次研修班，双方加强了经验交流，为共同研讨可再生能源开发的新方法、新思路，不断深化该领域互利合作奠定了坚实基础，为促进双边经贸关系做出了贡献。[①]

3. 航天科技

阿尔及利亚是北非国家中较早与中国开展航天科技合作的国家。2012年起，阿尔及利亚开始就通信卫星出口问题与中国交涉。同年8月，中国卫通率先与阿尔及利亚航天局签署咨询合同。随后，中国航天局与阿尔及利亚航天局也紧锣密鼓地开展高层会谈，于同年11月签署了两国航天合作协议，奠定了该卫星合作的基础。此后，双方经过多轮谈判，在2013年12月正式签订"阿星一号"项目合同。2014年3月，中国正式启动"阿星一号"项目，卫星和火箭的研制工作陆续展开。在以往的项目中，中国主要提供卫星和发射服务，即把卫星生产出来，再用运载火箭将其发射到预定轨道。而"阿星一号"项目则采用了全新的商业模式。中方提供了从前期的轨位和频率咨询到卫星和火箭研制，从地面测控站和地面应用系统建设到技术人员培训、保险支持等客户支持工作，特别还提供了地面段的土建设计和施工，项目内容十分丰富，足可以称之为"交钥匙工程"。2018年12月11日0点40分，我国长征三号乙运载火箭成功将阿尔及利亚一号通信卫星（简称"阿星一号"）送入预定轨道。中国与阿尔及利亚的首个航天合作项目首战告捷，开创了中国同阿

---

① 《杨佩佩参赞出席摩洛哥可再生能源及能源效率研修班线上结业仪式》，中华人民共和国商务部网站，2022年5月25日，http://ma.mofcom.gov.cn/article/todayheader/202205/20220503314196.shtml。（上网时间：2022年9月8日）

拉伯国家开展航天领域合作的成功先例。[①]

　　埃及国家评估中心及科技评估体系的建立是中国与埃及之间科技合作的重要见证。2017年9月6日，科技部评估科技中心与埃及教研部在宁夏银川举办的中非创新论坛上签署了合作备忘录。科技部副部长黄卫等领导见证了签约仪式。2018年11月5—13日，由埃及教研部组织，包括埃及国家研究中心、埃及科技发展基金、埃及科学研究与技术研究所和埃及石油研究院等在内的6家机构代表组成科技代表团，参加了科技部科技评估中心举办的为期一周的科技创新评估高端培训，并在科技部科技评估中心开展了两天的研修活动。[②]中国科技部科技评估中心，将为构建埃及科技评估体系和埃及国家评估中心提供全方位技术支撑，并据此推动在"一带一路"沿线国家中传递中国科技评估理念和经验。目前，中埃科技评估合作已作为重要议题纳入"一带一路"科技创新合作中，预期科技评估未来将在促进两国科技创新合作中发挥越来越重要的作用。

　　中国亨通集团与埃及HitekNOFAL集团合资建设的光缆厂是埃及本地第一家光纤光缆工厂。2018年3月8日，该工厂正式投产，埃及通信和信息技术部长亚西尔·卡迪、中国驻埃及大使馆公使衔商务参赞韩兵出席了投产仪式。该合资工厂位于埃及首都开罗近郊的巴德尔工业城，第一期投资金额约1500万美元，年生产光缆100万芯千米。合资工厂的建立将助推埃及加速进入数字化社会，并有望在未来实现对非洲和中东国家出口。中埃企业合作成立合资工厂，

[①]《阿拉伯国家迎来首颗中国星——我国与阿尔及利亚首个航天合作项目纪实》，国务院国有资产监督管理委员会网站，2018年1月4日，http://www.sasac.gov.cn/n2588025/n2641616/c8406436/content.html。（上网时间：2022年9月8日）

[②]《苏伊士运河上的友谊之"桥" 中国援助埃及创建科技评估中心纪实》，中工网，2019年1月15日，https://www.workercn.cn/32855/201901/15/190115084028161.shtml。（上网时间：2022年9月8日）

在帮助埃及实现光缆国产化的同时，也将协助埃方培养一批本地化人才，帮助埃及通信产业实现可持续发展。目前，埃及政府正在规划建设包括新行政首都在内的 16 个新城，需要新建大量信息与通信配套基础设施，光缆是其中至关重要的一环。合资工厂的建立将助推埃及加速进入数字化社会，并有望在未来实现对非洲和中东国家出口。①

援埃及二号卫星是中国政府根据共商共建共享原则深入推进"一带一路"倡议建设的标志性项目之一，也是落实中非合作论坛"八大行动"的具体项目之一。同时，该项目也是中国航天科技集团首个由中国国家国际发展合作署援助的海外卫星项目。这一合作项目包括一颗小型遥感卫星、一个地面测控站和一套地面应用系统。2016 年，由中国航天科技集团所属单位负责的埃及卫星总装集成测试中心（简称"埃及 AIT 中心"）项目合作协议签署。2019 年 1 月，中埃签署埃及二号卫星实施协议。2020 年 7 月，援埃及二号卫星项目全面进入研制生产阶段。② 该项目的建设将对提升埃及航天能力、增进中埃友好合作关系发挥重大作用，也体现了中国航天已成为中国在高技术领域国家形象的重要名片，充分展现了中国高新技术水平、综合国力和国际影响力。

2019 年 11 月 3 日，苏丹首颗人造卫星在太原卫星发射中心发射升空。此次发射的卫星由中国民营企业深圳航天东方红海特卫星有限公司研制，对几十年来致力于发展太空技术的苏丹来说至关重要。苏丹主权委员会称，在中国的坚定支持下，苏丹成功发射首颗人造卫星，该卫星将主要用于经济和太空研究等领域。

---

① 《中埃合建光缆厂投产　助推埃及加速进入数字化社会》，中国一带一路网，2018 年 3 月 8 日，https：//www.yidaiyilu.gov.cn/xwzx/hwxw/49756.htm。（上网时间：2022 年 9 月 8 日）

② 《中国援埃及二号卫星项目全面进入研制生产阶段》，中国一带一路网，2020 年 7 月 16 日，https：//www.yidaiyilu.gov.cn/xwzx/hwxw/137777.htm。（上网时间：2022 年 9 月 8 日）

中阿北斗中心是中国北斗卫星导航系统首个海外中心，也是加快北斗服务阿盟地区乃至全球发展的重要环节。2018年4月10日，中阿北斗中心在位于突尼斯的阿拉伯信息通信技术组织总部正式成立。① 2019年4月，第二届中阿北斗合作论坛在突尼斯举行。这是北斗系统开通全球服务后，首次在"一带一路"国家和地区举办的重要活动，标志着北斗系统"走出去"又迈出重要一步。该中心主要面向阿拉伯及非洲地区国家，集宣传展示、应用演示、测试评估、教育培训和联合研究等功能于一体，通过人才培训、参观展览、论坛建设和双边协议等形式提高北斗在阿拉伯世界的知名度，是全面展示北斗卫星导航系统建设应用成果的窗口，也是推动国际交流与合作的平台。②

4. 产能合作园区

中埃苏伊士经贸合作区是中国与北非国家共建"一带一路"的样板。中埃苏伊士经贸合作区位于苏伊士湾西北经济区内，地处亚非欧三大洲的金三角地带。1997年，中埃两国政府签署谅解备忘录，中国同意为埃及在苏伊士西北经济区内建设一个自由区提供建设经验，并鼓励中方企业参与自由区的项目建设。经过多年努力，2008年，天津泰达成功中标，开始建设中埃苏伊士经贸合作区。2015年11月30日，二期两平方千米首块土地正式移交。2016年1月21日，中埃两国政府在开罗签署了"一带一路"建设谅解备忘录。两国共同在开罗发表《中华人民共和国和阿拉伯埃及共和国关于加强两国全面战略伙伴关系的五年实施纲要》，一致同意加倍努

---

① 《中国北斗系统首个海外中心落成》，人民网，2018年4月12日，http://world.people.com.cn/n1/2018/0412/c1002-29920848.html。（上网时间：2022年9月8日）

② 《第二届中阿北斗合作论坛在突尼斯成功举办》，北斗网，2019年4月2日，http://www.beidou.gov.cn/yw/xwzx/201904/t20190402_17672.html。（上网时间：2022年9月8日）

力，发展中埃苏伊士经贸合作区，继续鼓励和支持有意愿的中方企业在该地区或埃及其他地区投资。①

园区除为入区企业提供保洁、保安、绿化、维修等基本物业服务外，还提供包括法律咨询、证件代办、招聘代理等软性服务。目前，园区内共有中、外方的配套服务机构35家，其中包括苏伊士运河银行、法国兴业银行、中海运公司、韩进物流、阳明海运、苏伊士运河保险公司、广告公司等机构；此园区内还设有中餐厅、面包房，并修建了体育馆、健身房、员工俱乐部和图书馆等设施，丰富了入驻企业员工的业余文化生活。由此，包括核心商务区、工业区、仓储物流区、生活区，且集生产和生活于一体、经济价值聚集、供应链完备、可持续发展的高标准现代工业新城区初见端倪。目前合作区已成为一个以工业项目为主，涵盖加工制造、物流、保税、技术开发、商贸和现代服务等主要产业，融合各功能区为一体的国际化产业基地和现代化新城。②

从2008年成立到2016年底，合作区共吸引企业近70家，协议投资额近10亿美元，年销售额1.8亿美元，进出口额2.4亿美元。截至2017年，泰达合作区共吸引中外企业68家，实际投资额超10亿美元，已初步形成了新型建材、石油装备、高低压设备、机械制造四大主导产业。合作区年总产值约8.6亿美元，销售额约10亿美元，上缴埃及税收10亿埃镑，直接解决就业3500余人，产业带动就业约3万人，已经成为"一带一路"倡议下中埃合作的标志性项

---

① 范平平、陈明：《中国境外经贸合作区存在的问题与对策建议——以中埃泰达苏伊士经贸合作区为例》，《对外经贸务实》，2020年第6期，第29—30页。
② 《中埃·泰达苏伊士经贸合作区成共赢典范 产业带动就业约3万人》，中国一带一路网，2018年8月6日，https://www.yidaiyilu.gov.cn/xwzx/hwxw/62054.htm。（上网时间：2022年9月9日）

目，对中东、北非甚至整个地区均具有巨大的影响力和示范作用。[1]

2016 年，习近平主席访问埃及期间，与塞西总统一起为中埃苏伊士经贸合作区二期揭牌。2018 年 8 月，中国巨石埃及公司在苏伊士经济区举办 20 万吨玻璃纤维生产基地投产典礼。该项目是中国在埃制造业领域投资规模最大的项目，也是中国在海外最大玻纤生产基地。同时，该项目是非洲唯一的玻纤生产基地，不仅填补了非洲玻纤制造业空白，也使埃及一跃成为世界第五大玻纤生产国。[2]

为加强沟通协调，围绕泰达合作区还建立了部委、地方政府和企业三级磋商机制：第一级是中国商务部和埃及苏伊士经济特区总局签署战略合作磋商机制，第二级是天津商务委和特区总局联合成立管理委员会，第三级是中埃泰达投资公司作为管理企业对园区进行管理。目前，特区建有一站式服务中心，为入区投资企业提供公司设立、注册、登记以及相关政府文件的办理，并实行保税区制度，享有"免证、免税、保税"政策，为企业进出口提供更加优惠和优越的发展条件。2019 年 4 月，在第二届"一带一路"国际合作高峰论坛期间，埃及苏伊士经济特区管理总局和天津市政府共同签署《关于共同推动中埃泰达苏伊士经贸合作区加快发展谅解备忘录》。本次谅解备忘录的签署标志着泰达合作区成为中国境外经贸合作区中首批升级试点项目。在中埃两国政府及企业的共同参与、积极配合之下，提档升级后的泰达合作区将成为探索实践"一带一路"倡议的重要平台。[3]

---

[1]《埃及苏伊士经贸合作区》，新华丝路，2017 年 7 月 20 日，https://www.imsilkroad.com/news/p/41073.html。

[2]《中国在海外最大玻纤生产基地建成投产》，中华人民共和国商务部网站，2018 年 8 月 30 日，http://eg.mofcom.gov.cn/article/todayheader/201808/20180802781264.shtml。（上网时间：2022 年 9 月 9 日）

[3]《中埃泰达苏伊士经贸合作区创新升级工作全面启动》，中华人民共和国商务部驻天津特派员办公处网站，2019 年 4 月 30 日，http://tjtb.mofcom.gov.cn/article/zt_ydyl/lanmutwo/201904/20190402859002.shtml。（上网时间：2022 年 9 月 9 日）

为缓解开罗不断增长的人口压力，埃及政府于 2015 年起开始建设新首都。2017 年 10 月 11 日，中国建筑股份有限公司（简称"中建股份"）与埃及住房部签署了金额为 30 亿美元的埃及新首都中央商务区项目总承包合同。新首都中央商务区（CBD）项目位于新首都一期核心区，总占地面积约 50.5 万平方米，包括 1 栋 345 米高的非洲第一高楼、12 栋高层商业办公楼、5 栋高层公寓楼和 2 栋高档酒店，共计 20 个高层建筑单体及配套市政工程，总建筑面积约 170 万平方米，合同工期 43 个月。该项目是埃及政府目前正在实施的头号重点工程，其成功实施将极大缓解开罗的人口及交通压力，打造埃及政府新的政治及金融中心，为埃及吸引外资创造良好环境，有力带动苏伊士运河经济带和红海经济带的开发，助推埃及国家复兴计划的实现。新首都中央商务区项目的成功承接，是中建股份在"一带一路"沿线国家取得的又一重大经营成果，也是迄今为止中资企业在埃及市场上承接的最大项目，其成功实施将打造中埃两国合作的典范。[①]

2021 年 2 月 8 日，中国建筑集团有限公司与埃及住房部签署埃及阿拉曼新城高层综合体项目总承包合同，合同额达 19.2 亿美元。阿拉曼新城是埃及政府继新首都开发建设之后的又一重大新城开发工程，其建成后将成为埃及的"夏都"。[②]

阿尔及利亚江铃经济贸易合作区是中国为实施外贸转型，鼓励和支持有条件的企业扩大对外投资的一项重要举措。早在"一带一路"倡议提出之前的 2008 年，阿尔及利亚江铃经贸合作区项目就正式动工开建，承建企业为江西省江铃汽车集团公司和江西省煤炭集

[①] 《中企承建埃及新首都中央商务区 总建筑面积约 170 万平方米》，中国一带一路网，2017 年 10 月 12 日，https://www.yidaiyilu.gov.cn/xwzx/hwxw/30221.htm.（上网时间：2022 年 9 月 9 日）

[②] 张诗卉：《中国与埃及基础设施建设合作进展、挑战与推进路径》，《中阿科技论坛》，2022 年第 1 期，第 5 页。

团公司，并得到了江西省政府和商务部的大力支持。该合作区规划面积5平方千米，分期建成，计划投资38亿元人民币，将吸引30—50家中国企业入区建厂。这一经贸合作区规划引进汽车、建筑材料及其相关企业100家，预计总体投资额为38亿元人民币。[①] 该项目的建成有利于带动国内相关企业在更高层次上"走出去"，增加对阿尔及利亚投资和实现长期发展，对中国企业在阿尔及利亚建立永久性战略基地，提升阿尔及利亚乃至整个非洲的影响力，进而做强做大海外产业具有十分重要而深远的意义。

摩洛哥丹吉尔地中海港位于直布罗陀海峡附近，是连接亚洲、欧洲、美洲和非洲各大航线的交汇点。基于丹吉尔地中海港的战略定位，以及其航程20天往来中国的便利条件，中国在"一带一路"倡议中将直布罗陀海峡划入航线范畴。[②] 继中国与摩洛哥建立战略伙伴关系后，丹吉尔科技城项目的落成将为瞄准国际市场的中国投资者提供一个完善的产业平台，并为丹吉尔地中海港的物流项目提供辅助作用。摩洛哥穆罕默德六世丹吉尔科技城项目位于摩洛哥丹吉尔—得土安大区，是一个占地2167公顷的自由贸易区，距离丹吉尔地中海港不到35千米，距离欧洲14千米。项目规划总占地面积计划分六期实施，将打造集工业、商业、居住、公共服务和娱乐休闲为一体的现代化产业新城，该项目已经被划入55项摩洛哥自由贸易协议，签署协议的国家可以在此进行自由贸易往来，并且实现部分免征关税政策。而定居在丹吉尔科技城的中国投资者，将能够获得物流和经济优势，取得行业集群资源，并且能够更便捷地接触到供应商和客户。该项目作为中摩的合作典范，将成为两国国际合作的

[①] 《江西计划投资38亿元在阿尔及利亚建江铃经贸合作区》，央视网，2008年5月4日，http：//news.cctv.com/china/20080504/102067.shtml。(上网时间：2022年9月9日)

[②] 《为加强"一带一路"倡议　摩洛哥丹吉尔科技城正式开放》，中国一带一路网，2019年7月24日，https：//www.yidaiyilu.gov.cn/xwzx/hwxw/97895.htm。(上网时间：2022年9月9日)

新亮点。

除科技城外，丹吉尔地中海港项目本身所具有的物流优势也极大地吸引了中国投资者入驻。目前，该港口拥有6个工业区，分布在距离港口40千米的辐射范围之内，并已吸引900多家公司入驻。为了加强"一带一路"倡议，丹吉尔地中海港还将港口容量增加两倍，并进一步增加了工业区的面积。[①]

2016年9月，中国—苏丹农业合作开发区项目正式启动，标志着中苏两国农业合作迈上了新台阶；2017年8月，"中苏农业合作开发区"入选中国首批境外农业合作示范区，2019年12月，"中苏农业合作开发区"正式成为省级境外经贸合作区。中国—苏丹农业合作开发区（简称"园区"）位于苏丹共和国格达立夫州，距离首都约260千米，园区规划面积2.2平方千米，是以农作物种植、加工、深加工以及农业科技、农资贸易、农机服务等为主的农业综合性园区。园区实施企业为山东高速集团全资子公司——中国山东对外经济技术合作集团有限公司（中国山东国际经济技术合作有限公司），2012年开始建设，截至2019年底，共有入区企业7家，生产棉花、花生、植物油等，累计完成投资4555万美元，产值约5000万美元。作为目前中国在苏丹投资额最大的非资源领域生产性合作区，成立至今一直得到苏丹政府的高度重视和大力支持，为振兴苏丹棉花产业起到了良好的带头和示范作用。[②]

"一带一路"设施联通的诸多成果改善了北非国家和地区发展环境和条件，促进了区域和经贸人文往来，带动了当地经济和社会发

[①] 《摩洛哥丹吉尔地中海港：非洲及地中海区域第一大港口扩建，深入推进"一带一路"建设》，人民政协网，2019年8月1日，http://www.rmzxb.com.cn/c/2019-08-01/2399824.shtml。（上网时间：2022年9月9日）

[②] 《[苏丹] 中国—苏丹农业合作开发区》，全国工商联一带一路信息服务平台，2020年6月2日，http://ydyl.acfic.org.cn/ydyl/jwmhzqgbzn/fz/sd/20200602154052 63275/index.html。（上网时间：2022年9月9日）

展,创造了大量就业岗位,并推动了当地科技水平的提升,为沿线国家和地区发展注入了不竭的内生动力。未来,顺应全球新一轮基础设施战略发展形势,中国与北非国家将继续全方位推进务实合作,在现有基础上提高互联互通的质量,构建更加安全高效、智能绿色、互联互通的现代基础设施网络体系。

(三) 贸易畅通

贸易畅通是共建"一带一路"的重要载体和主要动力,有利于提升"一带一路"相关国家经济开放性水平,促进当地社会经济的全面发展,是共建"一带一路"利益共同体、命运共同体和责任共同体的最大利益交汇点。北非国家资源丰富、物产丰饶,其产品与中国商品的互补性较高。此外,北非凭借其优越的地缘经济位置还成为了中国产品向南进入非洲市场和向北打开欧洲销路的重要窗口。2013年以来,在经济全球化、区域一体化的时代大潮下,中国通过深化与北非各国的经济交流与合作,取得了一系列丰硕成果,打开了对外开放发展的新空间,绘就了互利共赢发展的新蓝图。

1. 双边贸易保量提质

改革开放后,鉴于自身实力和经济建设的需要,中国与北非的合作逐渐从政治领域向经济领域拓展,双方的经贸合作蓬勃展开。20世纪90年代起,中国开始扩大与北非经济合作的目的在于拓展海外市场,进口原油、磷矿石等战略资源,出口国内劳动密集型产品。

近年来,中国与北非国家的贸易往来和投资合作越来越多,尤其是在埃及、摩洛哥和阿尔及利亚。2017年,中埃两国贸易额达到108.7亿美元,埃及从中国的进口额超过80亿美元,为北非地区最高。2018年前8个月,中埃双边贸易额增长约26%。摩洛哥与中国的贸易额不高，但每年都在增长。2017 年，摩洛哥从中国进口的货物价值为 31.4 亿美元，仅次于法国和西班牙。阿尔及利亚是中国在北非合作时间最长、规模最大的经济伙伴之一。从 2000 年到 2017 年，它对中国的出口额增长了 60 倍。中国和突尼斯之间的贸易也有所增长，2017 年突尼斯从中国进口的货物价值 18.5 亿美元，仅次于法国和意大利。近年来，中国与苏丹经贸合作取得了丰硕的成果。2019 年，中苏双边贸易额达到 30.33 亿美元，同比增长了 19.2%。中国连续多年保持苏丹第一大贸易伙伴国地位。[1]

关于"一带一路"倡议提出以来中国与北非国家双边贸易的具体情况，详见图 4-1：

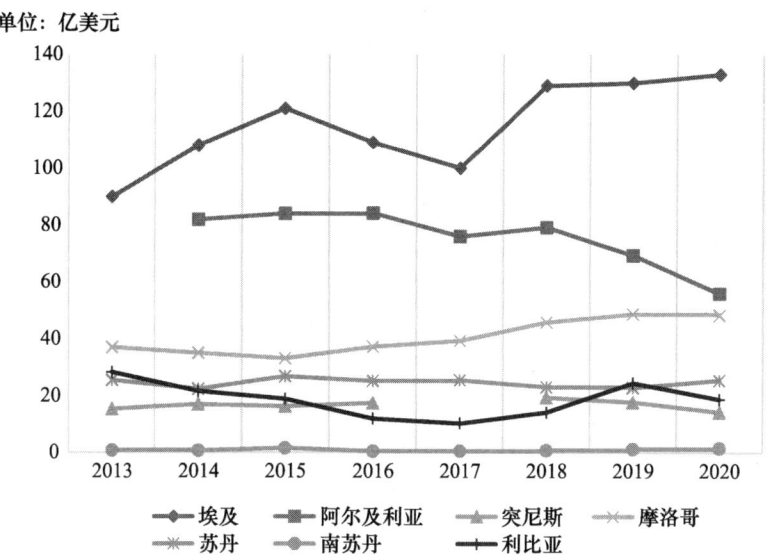

图 4-1　2013—2020 年起中国对北非国家出口情况

资料来源：笔者自制，OEC Trade，https：//oec.world/en。

---

[1] 《外媒｜"一带一路"在北非：目标一致，接受度高》，澎湃新闻网，2020 年 7 月 24 日，https：//www.thepaper.cn/newsDetail_forward_8431390？ivk_sa=1023197a。（上网时间：2022 年 9 月 10 日）

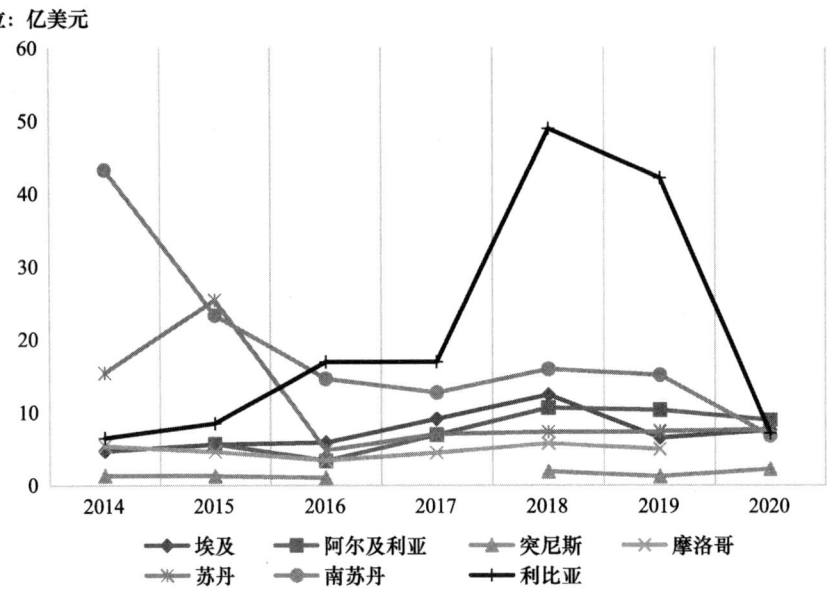

图 4-2 2014—2020 年起北非国家对中国出口情况

资料来源：笔者自制，OEC Trade，https：//oec.world/en，由于 2013 年各国数据缺失较多，故而从 2014 年开始统计。

根据图 4-1、图 4-2 可见，"一带一路"倡议提出以来，中国与北非国家的贸易总体上保持了平稳态势。在中国对北非国家出口上，埃及和摩洛哥实现了较为明显的增长。突尼斯、苏丹、南苏丹和利比亚总体保持了平稳，唯独阿尔及利亚出现了下降。在北非国家对中国出口上，除苏丹、南苏丹和利比亚波动较大外，其余四国总体保持了稳步增长态势。

部分国家与中国贸易额出现波动的主要原因有：

第一，也是最主要的原因，是北非国家产业结构和出口结构的优化。传统上，北非埃及、摩洛哥、突尼斯和阿尔及利亚四国是重要的油气资源出口国，因此中国的能源进口多元化战略影响到了与这些国家的贸易总额。但是，"一带一路"倡议的落实使北非国家的其他产业部门得以迅速发展，当地经济结构愈发健康，出口结构也随之优化。以埃及和摩洛哥为例，2020年，埃及对华出口的最主要产品仍是汽油，但出口额比过去3年降低了0.88%。同时，埃及电子和机械设备对华出口额增加了56.2%，家具出口额增加了67.3%，汽车出口额增加了153%，以橙子为代表的水果出口额也有增长，为中埃贸易增添了新亮点。2020年，摩洛哥对华矿石出口额比过去3年下降了40.5%，但同时电子和机械设备出口额增长了32.5%，纺织品出口额增长了59.1%，汽车出口额增长了72.4%。[①]这说明在"一带一路"倡议的扶持下，北非国家的制造业发展取得了巨大成就。相比不可再生的油气和矿产资源，北非国家对华工业产品出口的增加不仅拥有更广阔的前景，而且显著提升了双边贸易的质量，让两国的经贸关系实现了深度交融。

第二，政治局势不稳影响国内生产和国际贸易。2011年中东变局发生以来，北非局势持续动荡。近几年，北非各国都爆发过大规模群众运动或政治危机，不仅直接导致了生产停滞，还使得国际社会降低了对这些国家营商环境的信心，从而一定程度上影响了"一带一路"倡议的落实。例如，2019年阿尔及利亚爆发的大规模抗议运动就明显影响了其进出口贸易；利比亚长期受到分裂和内战的困扰，导致中利贸易波动剧烈。有学者还指出，北非政治局势的动荡导致中国与北非国家的"制度距离"拉大，从而影响了双边贸易的开展。所谓"制度距离"指的是"对物质资本、人力资本和技术水平等要素产生激励影响的规则、法律和政策，是相对于文化、价值观、语言等因素的正式制度"。经测算，中国与北非国家的政治和经济制度的距离为每降低10%，双边贸易额就将增加1.77%和4.74%。[②]

第三，受能源市场特性和中国能源进口多元化战略实施的影响。

[①] 数据来源：OEC Trade, https://oec.world/en.（上网时间：2022年9月10日）
[②] 王晓宇：《"一带一路"背景下制度距离对我国向中东和北非出口贸易影响研究》，《国际商务研究》，2020年第1期，第20、26页。

苏丹、南苏丹和利比亚等国对中国出口的产品几乎全部为原油等能源资源。油气是重要的战略资源，对国际形势变化的敏感性较高，因此国际油气生产和贸易的不稳定性极大。另外，由于中国实施了能源进口多元化战略以更好地维护国家能源安全，增加了从北方和瓜达尔港等线路的能源进口，并加大了天然气进口以替代污染较大的石油，中国与上述三国的贸易必然出现一定的波动。同时，部分国家以能源为主的产业和贸易结构也意味着其对外贸易极易受到单一产业发展波动的影响。例如，利比亚在2010年的产油量为180桶/天，但内战爆发后，利比亚石油产业几乎停产，直到2021年才勉强恢复130桶/天，严重影响了中利双边贸易额。[①]

第四，中国对北非直接投资的增加一定程度上影响了双边贸易额。在"一带一路"倡议的支持下，大量中企直接将工厂设在北非东道国，其生产出的产品可以直接在当地销售，因此并未计入进口额。这种现象虽然在数据上表现为两国贸易量较低或走低的态势，却为北非东道国带去了实实在在的经济红利，并提供了就业岗位、先进生产和管理经验等社会效益，实质上反映出了中国与北非地区经济联系强化。

第五，新冠病毒感染疫情也对中国与北非的经贸往来产生了消极影响。受疫情和防控措施影响，中国—北非之间的人员和货物往来受到了极大限制，导致2020年中国与北非部分国家的贸易额有所下跌。随着中国国内疫情形势的稳定和中国对北非国家防疫物资和疫苗援助的到位，双方贸易恢复正常将指日可待。

2. 经贸合作平台不断丰富

为扩大双方经贸往来，中国与北非国家搭建了一系列双边合作

[①] 张燕云、任重远：《中国在利比亚油气合作前景分析》，《中国石油经济》，2022年第30卷第3期，第90—91页。

平台以便利双方政府和企业的合作。

2017年1月4日,第一届中国与苏丹矿业交流大会在喀土穆举行。苏丹矿业部长艾哈迈德·卡鲁里表示,苏丹矿业领域期待获得更多中国投资,目前有超过360家外国公司在苏丹进行矿业合作。中国企业有成熟的投资经验,苏丹愿为中方在其矿业领域投资提供便利和安全保障。①

2019年4月2日,中阿合作论坛第八届企业家大会暨第六届投资研讨会在突尼斯举行。这一机制于2005年创立。近年来,在共建"一带一路"倡议引领下,中阿关系进入全新的发展阶段。这一机制成为中阿经贸合作的重要平台。600多名中阿企业家参加了本届为期一天的会议,会议结束后发表了《突尼斯宣言》。②

突尼斯地理位置独特,具有联通欧非两大市场的区位优势且太阳能、风能等绿色能源丰富,开发潜力巨大。2022年4月22日,中国机电产品进出口商会与突尼斯外国投资促进局以在线方式共同主办中国—突尼斯绿色发展论坛。会议邀请中突两国政府、企业及商协会代表就绿色能源合作机遇、绿色基础设施发展规划及绿色产业合作展开分享,150余名代表在线上及线下参加论坛。会上,突尼斯相关部门官员就本国可再生能源政策、项目信息、招标优惠政策等内容展开介绍,中企亦就公司基本情况、海外业务情况及对突尼斯合作意向展开分享,为两国未来开展相关领域投资合作奠定了坚实的基础,让绿色成为了中突共建"一带一路"的鲜明底色,为应对气候变化和推进全球可持续发

---

① 《苏丹矿业领域期待更多中国投资》,新丝绸之路媒体联盟,2017年1月6日,http://www.ydylnews.com.cn/nd.jsp?id=330&id=330。(上网时间:2022年9月10日)
② 《中阿合作论坛第八届企业家大会在突尼斯成功举行》,中华人民共和国驻突尼斯共和国大使馆经济商务处网站,2019年4月10日,http://tn.mofcom.gov.cn/article/todayheader/201904/20190402851495.shtml。(上网时间:2022年9月11日)

展做出了中突贡献。①

2021年5月21日，中国（重庆）—阿尔及利亚经贸合作交流会在重庆外事大楼举行。会上，双方推介投资优势，以深化了解、拓展合作为出发点，进行友好交流。中阿双方决定共建"一带一路"以及在中非合作论坛框架内积极探讨基础设施建设、机械制造、电子信息、可再生能源、文化教育、旅游等领域的合作，并倡议阿尔及利亚城市安纳巴与重庆缔结友好城市关系，更好地造福两个城市及其人民。②

2021年1月18日，摩洛哥企业家联合会同中国贸促会以视频方式签署加强两国疫情背景下经贸关系的谅解备忘录，鼓励两国数字和工业领域企业投资，建立和加强信息交流共享机制，特别是经贸趋势、法律法规、政策措施、工业标准、市场分析和投资项目等。

2021年7月29日，为帮助在摩洛哥中资机构进一步了解当地风俗文化、社会和商务礼仪等方面的特点，提升日常经营和开拓业务的能力，驻摩洛哥使馆经商处通过视频方式举办专题讲座。讲座邀请摩洛哥著名汉学家纳赛尔博士用中文讲授，杨佩佩商务参赞主持，40余家在摩中资机构通过在线视频和现场聆听等方式参与。讲座着重介绍了摩洛哥的行政结构、土地类型及投资注意事项、来摩开展商务活动的合作伙伴建议等内容，从文化习俗和营销学等方面，介绍了摩洛哥营商环境，推荐了摩洛哥具有发展潜力的投资领域和地区。随后，部分企业就实际中遇到的问题与纳赛尔

---

① 《张建国大使出席中突绿色发展论坛并致辞》，中华人民共和国驻突尼斯共和国大使馆，2022年4月22日，http://tn.china-embassy.gov.cn/sgxw/202204/t20220423_10672475.htm。（上网时间：2022年9月11日）

② 贺煜：《中国（重庆）—阿尔及利亚经贸合作交流会 探讨多领域合作 为发展注入新活力》，《重庆与世界》，2021年第6期，第38—39页。

博士进行了务实交流。①

2022年2月28日，非洲桥服务平台启动仪式暨山东—摩洛哥合作对话会活动以线上线下相结合的方式举行。外交部非洲司、中国驻摩洛哥大使馆、摩洛哥驻华大使馆、山东省商务厅、山东省文化和旅游厅、山东省文化产业发展协会等协会及机构，山东省16市外办及各区县外办，60余家山东在非投资发展企业及有意向开展对非合作企业代表参加活动。②

除上述机制外，中国与北非七国还在"一带一路"倡议的框架下通过金砖国家机制、中非合作论坛、中阿合作论坛、中国国际进口博览会等多边平台广泛开展合作。例如2015年起，在"一带一路"科技创新行动计划和中阿科技伙伴计划框架下，中国与众多阿拉伯国家已举办四届"中阿技术转移与创新合作大会"，来自阿盟、埃及、摩洛哥、阿尔及利亚等国际组织和国家的官员、企业、高校和科研机构参与其中。③ 截至2021年第四届大会闭幕，各方已通过这一平台达成合作协议或意向近180项。④

2021年6月29日，中国驻南苏丹使馆、浙江省义乌市联合南苏丹贸工部、工农商会共同举办首次"中国—南苏丹促进中小企业和贸易发展视频交流会"，旨在分享义乌中小企业发展经验，帮助南苏丹中小企业实现特色经济新发展，共寻"一带一路"新商机。交流

---

① 《驻摩洛哥使馆经商处举办摩"营商环境"线上专题讲座》，中华人民共和国驻摩洛哥王国大使馆，2021年7月30日，http://ma.mofcom.gov.cn/article/zxhz/gzdt/202107/20210703182071.shtml。（上网时间：2022年9月11日）
② 《非洲桥服务平台启动仪式暨山东—摩洛哥合作对话会在济南举行》，中央广电总台国际在线，2022年3月1日，https://news.cri.cn/20220301/42fac3f7-5171-5f4f-c19b-20fbe685dfae.html。（上网时间：2022年9月11日）
③ 《构建"一带一路"科技创新共同体——中国与亚非国家科技创新合作硕果累累》，人民网，2018年12月18日，http://ip.people.com.cn/n1/2018/1218/c179663-30472981.html。（上网时间：2022年9月11日）
④ 《在中阿博览会的沃土耕耘 院地科技合作"拔节生长"》，光明网，2021年8月25日，https://politics.gmw.cn/2021-08/25/content_35107390.htm。（上网时间：2022年9月11日）

会上，南苏丹中小企业代表就税收政策、营商环境、女性创业和交流培训等话题踊跃提问，义乌市政府有关负责人和企业代表做了解答。这一机制通过分享"义乌经验"，为南苏丹探索适合本国国情的中小企业发展道路提供了借鉴，有利于扩大两国贸易往来，让双方合作成果更多惠及两国人民。①

多年来，中国和北非国家在"一带一路"机制下努力消除投资和贸易壁垒、扩大经贸往来，使得区域营商环境明显改善，贸易投资合作"蛋糕"越做越大，为当地社会发展带去红利，进一步激活了域内国家的合作愿望。在全球贸易摩擦加剧、贸易环境局部恶化的大背景下，中国与北非国家的贸易畅通将有望成为"一带一路"倡议排除杂音、持续推进的压舱石。当然，我们也应该看到，目前中国与大多数北非国家还存在贸易不平衡的情况。因此，中国更应该进一步对北非国家开放国内市场。这既是与北非国家提升"一带一路"合作质量的重要保证，也是丰富进口产品、满足人民群众对美好生活向往的重要手段，更是坚定拥护多边主义和经济全球化、反对单边主义和保护主义逆流的应有之义。

（四）资金融通

资金融通是"一带一路"沿线项目建设的"血液"。资金犹如项目建设的血液，是推动项目建设、拉动经济发展的主力。北非国家全部为发展中国家，经济发展水平不一，一方面具有经济发展的显著需求，另一方面却难以独自承担建设所需的庞大资金。尤其是近年来，北非国家频频发生政治动乱甚至内战，导致国际资本纷纷

---

① 《中南促进中小企业和贸易发展视频交流会成功举办》，中华人民共和国驻南苏丹共和国大使馆经济商务处网站，2021年6月30日，http://nsd.mofcom.gov.cn/article/jmxw/202106/20210603171303.shtml。（上网时间：2022年9月12日）

外逃，进一步加剧了经济发展需求和资金缺乏现实之间的紧张。因此，实现"资金融通"是北非国家落实"一带一路"的迫切愿望，也是中国在北非推进"一带一路"的坚实保障，更是中国推动人民币国际化的重要步骤。

1. 金融合作不断深化

2016年12月12日，突尼斯央行行长率领突尼斯银行和金融部门高级官员代表团访问北京，旨在加强两国间的银行和金融合作。在这次访问中，两国央行签署了关于在央行不同领域交流信息和经验的谅解与合作协定。访问过后，两国还签署了几项谅解备忘录，包括金融市场监管当局之间的合作协议、突尼斯央行与原中国银监会之间的合作协议等。一些中国的金融机构也表示，愿意与突尼斯的对应机构保持广泛的金融合作关系。值得注意的是，此次访问之后，为了促进双边贸易，突尼斯央行决定用突尼斯第纳尔对人民币进行报价（首份报价于2017年2月1日公布），便于中国游客兑换突尼斯货币。[①]

2018年8月，2018中国—摩洛哥"一带一路"创新创业对接洽谈会在摩洛哥菲斯隆重举行。非洲中国合作与发展协会主席纳赛尔博士（Dr. Nasser Bouchiba）、极地国际创新中心（GeeDee）创始人冯芳和执行合伙人王柏华、瑞锝投资（Revoneeds Invest）董事长王永葆，以及来自中国的20余位企业家代表和摩洛哥20余位青年创业者共同出席。摩洛哥9个创业团队进行了路演和投资对接。路演项目中既有基于互联网技术为摩洛哥传统工艺匠人服务的平台，也有基于人脸识别技术的企业Saas工具等，创业方向涵盖了互联网、

---

① 《中国人民银行与突尼斯央行签署合作谅解备忘录》，中国人民银行网站，2016年12月12日，http://www.pbc.gov.cn/goutongjiaoliu/113456/113469/3209910/index.html。（上网时间：2022年9月12日）

人工智能、新材料、文化创意等多个领域，向人们展示了摩洛哥青年活跃的创新思维和不俗的创新实力。① 此次洽谈会对于促进中摩两国共同搭建合作新平台、开辟增长新动力、探索发展新路径，以及促进两国企业家交流、吸引中方对摩投资、支持摩洛哥青年创新创业具有重要意义。

2010 年，摩洛哥宣布，将在卡萨布兰卡修建一个主要面向非洲的国际商业金融平台，并邀请中国企业进驻。② 2018 年 10 月，摩洛哥卡萨布兰卡金融城（CFC）与陆家嘴金融城签署了谅解备忘录，以促进绿色金融领域研究的交流和发展，为两国可持续合作奠定基础。2019 年 6 月，由清华大学和卡萨布兰卡金融城共同主办的"构建非洲绿色金融体系"国际研讨会在摩洛哥卡萨布兰卡举行。与会者分享了绿色银行、绿色债券市场及合作方面的最佳实践，确定了在非洲发展绿色金融所面临的障碍，并讨论了对当地绿色分类、政策激励、环境信息披露和能力建设的需求。③ 2020 年 4 月 8 日，由陆家嘴金融城发起的"链接全球　共赢未来"国际金融城视频圆桌会成功举行。包括摩洛哥卡萨布兰卡金融城在内的全球六大金融城和各大国际金融机构参与会议。会上，陆家嘴金融城发起"陆家嘴倡议"，呼吁各国际金融中心城市发挥资源优势，加强沟通合作，保障全球供应链、产业链的开放、稳定、安全和顺畅运行，服务经济企

---

① 《中国与摩洛哥首个创新创业平台启动仪式暨首场投融资对接成功举办》，中国网，2018年 8 月 13 日，http://home.china.com.cn/txt/2018-08/13/content_40457351.htm。（上网时间：2022 年 9 月 12 日）

② 《卡萨布兰卡金融城（CFC）介绍》，中华人民共和国商务部网站，2017 年 3 月 29 日，http://ma.mofcom.gov.cn/article/jmjg/zwjrjg/201703/20170302543015.shtml。（上网时间：2022 年 9 月 12 日）

③ 《清华与卡萨布兰卡金融城共同举办非洲绿色金融论坛》，2019 年 10 月 30 日，http://greenfinance.pbcsf.tsinghua.edu.cn/index.php?m=content&c=index&a=show&catid=103&id=372。（上网时间：2022 年 9 月 12 日）

稳复苏。①

2. 提供资金支持

北非国家大部分基础设施相对落后且经济发展水平有待提高，建设资金匮乏。中国通过多种形式向北非国家提供资金支持，实现了中国与北非的双赢。

在阿尔及利亚，中国企业的投资集中在建筑、住房和能源领域。他们投资或建设了许多地标性建筑，例如，阿尔及尔歌剧院、喜来登酒店、阿尔及尔大清真寺、东西高速公路。在摩洛哥，中国的投资集中在工业区、自由贸易区和金融中心，例如，盖尼特拉的大西洋自贸区、卡萨布兰卡金融城、丹吉尔地中海港工业区。在埃及，中国十分关注新行政首都、苏伊士运河经济区和各种工业园区的建设和投资。在苏丹，两国经济技术合作涉及石油、地矿勘探、建筑、路桥、农业、纺织、医疗和教育等多个领域。超过130家中资企业投资苏丹经济、民生等广泛领域，累计金额超过130亿美元。

以阿尔及利亚为例，阿尔及尔歌剧院项目由北京城建集团承建。该项目占地面积4公顷，建筑面积1.8万平方米，属大型甲等剧场，能容纳1400名观众，是阿尔及尔条件最好的演出场所之一。2016年7月，歌剧院正式启用，得到了阿尔及利亚政要的高度重视。总理萨拉勒和国民议会议长乌尔德·哈利法出席了仪式，外交和国际合作事务部长拉马拉、文化部长米胡比等多名部长陪同。②

---

① 《聚焦金融科技和资产管理　六大国际金融中心首次"云对话"》，人民网，2020年4月29日，http://sh.people.com.cn/n2/2020/0429/c134768-33985534.html。（上网时间：2022年9月12日）

② 《阿尔及尔歌剧院正式启用》，中华人民共和国驻阿尔及利亚民主人民共和国大使馆经济商务处，2016年7月22日，http://dz.mofcom.gov.cn/article/jmxw/201607/20160701363991.shtml。（上网时间：2022年9月12日）

2012年起，中国公司环球石材与中建开始承包建设阿尔及利亚嘉玛大清真寺。2017年，大清真寺顺利封顶，成为全非洲最高的建筑。2018年9月，大清真寺全部完工。[①] 作为"一带一路"上耀眼的明珠，它是中阿友谊的见证，更是中国企业高超技术的完美体现。在建设过程中，中企不仅展现了高超的技术水平，而且充分考虑了当地的文化特点。

2019年10月，中国进出口银行和埃及电力与可再生能源部签署了埃及国家电网升级改造项目融资框架协议。据了解，该项目商务合同金额约7.58亿美元，是埃及有史以来规模最大的输变电网络项目，项目线路将连接埃及多个重要电站，实现电力传输贯通，对埃及未来10年的能源供应和产业发展具有重大意义。中国进出口银行相关负责人表示，本次协议的签署，明确由中国进出口银行牵头国内金融机构组成银团为项目提供融资支持，将推动首个中埃产能合作优先项目加速落地，对进一步带动中国电力建设工程"走出去"，实现国内优势产能输出发挥良好的示范效应。[②]

2019年6月21日，中国商务部投资促进事务局副局长李勇与突尼斯发展、投资与国际合作部外国投资促进局局长甘米签署了两国加强投资促进的双向合作谅解备忘录。根据合作谅解备忘录，双方将积极推动建立畅通的信息交流渠道，以充分沟通投资政策和法律法规、投资项目以及经济特区及开发区成功经验；合作开展各类投资促进活动并定期就优先发展的领域提出建议；协助挑选有产业基础和合作意向的企业、地方政府或产业园区与来访团组对接交流等，

---

① 《中国承建阿尔及利亚大清真寺项目基本完工，系非洲最高建筑》，澎湃新闻，2019年1月4日，https://www.thepaper.cn/newsDetail_forward_2813516。（上网时间：2022年9月12日）
② 《引进中国输电技术 改造埃及老旧电网》，国务院国有资产监督管理委员会，2019年1月28日，http://www.sasac.gov.cn/n2588025/n2588139/c10359332/content.html。（上网时间：2022年9月12日）

为中突双方后续投资合作搭建了良好的平台和框架。①

2017年9月，中国国家开发银行与埃及阿拉伯国际银行（SAIBANK）在开罗签订2.6亿元人民币专项贷款及4000万美元非洲中小企业专项贷款合同，标志着中国国家开发银行"一带一路"人民币专项贷款项目首次落地埃及。本次签订的2.6亿元人民币专项贷款将用于支持埃及基础设施、电力、能源、通信、交通、农业、中小企业、中资企业"走出去"等领域项目建设；4000万美元非洲中小企业专项贷款则用于支持埃及中小企业项目。通过与埃及中央银行、埃及国民银行、埃及银行及埃及阿拉伯国际银行等当地重要金融机构合作，中国国家开发银行已向埃及提供超过20亿美元贷款，重点支持了中埃金融、电力、能源、交通等多个领域，同时有力支持了埃及中小企业和社会民生发展。② 中信戴卡摩洛哥铸件工厂项目位于盖尼特拉大西洋自贸区，由中国企业投资建设，计划总投资18亿迪拉姆（约合12亿元人民币）。项目自2019年建成投产以来，为摩洛哥汽车行业发展作出了积极贡献。2022年2月，项目正式完工，预计将为当地创造760个就业岗位。项目分两期进行，一期年产铸件500万只。目前中信戴卡还计划在北部海边的丹吉尔科技城建设另一座铸件工厂。③

2020年11月3日，中国交建、中国路桥及中交投资与摩洛哥外贸银行、摩洛哥地中海港集团、摩洛哥丹吉尔—得土安—胡塞马大区政府通过视频签署摩洛哥穆罕默德六世丹吉尔科技城项目入股协议及

---

① 《中突签署加强投资促进的双向合作谅解备忘录》，中华人民共和国驻突尼斯共和国大使馆经济商务处网站，2019年6月26日，http://tn.mofcom.gov.cn/article/todayheader/201906/20190602876328.shtml。（上网时间：2022年9月12日）
② 《投融资合作机制是中阿共建"一带一路"的重要支撑》，人民网，2018年10月17日，http://world.people.com.cn/n1/2018/1017/c187656-30347327.html。（上网时间：2022年9月12日）
③ 《驻摩洛哥大使李昌林出席中信戴卡摩洛哥铸件工厂开工仪式》，中华人民共和国驻摩洛哥王国大使馆经济商务处网站，2022年2月17日，http://switzerlandemb.fmprc.gov.cn/zwbd_673032/gzhd_673042/202202/t20220217_10642892.shtml。（上网时间：2022年9月12日）

股东协议。① 2021年1月15日，摩洛哥外贸银行（BMCE）与中非发展基金以视频会议形式签署合作协议。双方此次合作旨在通过组建合资企业或依靠BMCE网络直接提供银行融资，共同支持中国对非投资。该合作协议还将为希望入驻丹吉尔科技城的中国企业提供资金支持。

3. 推动人民币本地结算

2015年12月1日，阿尔及利亚中央银行向国内各银行发文，准备从2016年起逐步使用人民币进行与中国的双边贸易结算。阿尔及利亚央行前行长巴德尔丁表示，中国是阿尔及利亚最大贸易伙伴，使用人民币进行双边贸易结算将减少对美元和欧元的使用，降低货币兑换损失和银行手续费用，对阿尔及利亚非常有利。他同时建议阿尔及利亚政府考虑将人民币作为外汇储备货币之一。②

2016年底，中国人民银行与埃及中央银行签署双边本币互换协议，规模为180亿元人民币/470亿埃及镑，旨在便利双边贸易和投资，维护两国金融稳定。截至2019年底，埃及银行、埃及商业国际银行、卡塔尔国民银行（埃及）、汇丰银行（埃及）等主要商业银行均获得埃及监管部门批准开通人民币业务，可为企业办理汇兑、结算、出具信用证等业务。③

中国在北非的资金融通措施形式多样、成绩斐然。中企通过为当地注资的方式盘活了东道国的经济发展，让北非各国切实感受到了中国资金带来的发展成果，也为中国企业"走出去"和人民币国

---

① 《中国交建签署摩洛哥穆罕默德六世丹吉尔科技城项目入股协议、股东协议》，中国交建，2020年11月4日，https://www.cccltd.cn/news/gsyw/202011/t20201104_118733.html。（上网时间：2022年9月12日）

② 《阿尔及利亚准备逐步使用人民币进行与中国贸易结算》，《2015年国际货币金融每日综述选编》，第13页。

③ 《中埃两国央行签署双边本币互换协议 规模为180亿元》，《中国日报》网，2016年12月6日，http://caijing.chinadaily.com.cn/finance/2016-12/06/content_27588614.htm。（上网时间：2022年9月12日）

际化提供了广阔的机遇。

(五) 民心相通

民心相通是"一带一路"倡议的重要内容,也是"一带一路"建设的人文基础。民心相通能够有力增进相关国家民众的友好感情,推动相关国家的经济合作。中国与北非国家拥有悠久的人文交往历史和良好的民间友好基础。早在公元8世纪,唐代旅行家杜环就曾抵达非洲,游历了埃及和马格里布地区。14世纪,摩洛哥旅行家伊本·白图泰曾到达中国,并将这段经历记录在了著名的《伊本·白图泰游记》中。中华人民共和国成立后,中国人民积极支持北非国家的反帝反殖运动并提供了力所能及的援助,非洲国家也在诸多领域支持中国,以占五大洲数量最多的赞成票将中国"抬进了联合国"。在大国博弈加剧的背景下,中国与北非国家更应致力于民心相通,培育良好的民意基础,为"一带一路"倡议的顺利落实铸就坚实底座。

1. 人文交流日益活跃

中国与北非国家文化交往历史悠久。中埃两国于1956年签署文化合作协定,此后双方共签署10个文化合作执行计划。2002年中国在开罗设立中国文化中心。1963年中国应邀派出的第一支援外医疗队就是赴阿尔及利亚,一代代援阿医疗队员们以精湛的医术和高尚的医德,赢得了阿尔及利亚政府和人民的高度赞扬,为发展阿尔及利亚健康事业和两国人民的友谊发挥了重要作用,截至2022年已派出27批、共3516人次,通过传帮带,为当地培养了大批医务骨干。[1] 自20世

---

[1] 《[大国外交]这个国家庆祝独立革命胜利60周年阅兵式为何充满着"中国印记"?——专访中国驻阿尔及利亚大使李健》,央广网,2022年7月17日,http://china.cnr.cn/qqhygbw/20220717/t20220717_525919133.shtml。(上网时间:2022年9月13日)

纪70年代，中国武汉杂技团帮助苏丹培养出一大批杂技艺术人才，并协助组建苏丹杂技团。该艺术团被苏丹人民称为"苏中友谊之花"，在非洲具有较大影响。[①] 1970年8月，两国签订了《中苏科学、技术、文化合作协定》，此后连续签署了10个文化协定执行计划。中国从1971年开始向苏丹派遣医疗队，迄今已派出36批。近年来，中苏教育合作稳步发展，中方每年接收一定数量的苏丹奖学金留学生。2008年10月，国家汉办与喀土穆大学签署合作建设孔子学院正式协议，2009年11月举行揭牌仪式。

随着"一带一路"倡议在北非的推进，中国与北非国家的人文交流进一步密切。

人员流动愈发便利。签证限制取消后，北非的旅游业迅速发展，到摩洛哥和埃及的中国游客数量飙升。根据统计，每年中国旅埃游客达30万人次。埃及希望前往埃及旅游的中国游客能够增长到百万水平，这个数字也与埃及的旅游业与历史地位相符。但是仍旧有一些困扰中国游客前往埃及旅游的因素存在，特别是航班次数。

文化交流日渐密切。近年来，中国与埃及双方举办了文化周、电影节、文物展、图片展等丰富多彩的活动，深受两国人民欢迎。2016年1月，中国国家主席习近平和埃及总统塞西共同在卢克索出席中埃建交60周年暨中埃文化年开幕式活动。[②] 中埃文化年共执行项目100个，其中在埃及举办56个、在中国举办44个。在由中国宋庆龄基金会联合海外中国文化中心共同举办的"文化小大使"活动中，3位埃及少年萨吉德、朱玛娜、拉娜获选入围，其

[①] 《中国驻苏丹大使马新民署名文章：风雨同舟度甲子，面向未来谱新篇》，新华网，2019年2月2日，http://www.xinhuanet.com/world/2019-02/02/c_1210053928.htm。（上网时间：2022年9月13日）

[②] 《习近平和埃及总统塞西共同出席中埃建交60周年庆祝活动暨2016中埃文化年开幕式》，中华人民共和国中央人民政府网站，2016年1月22日，http://www.gov.cn/xinwen/2016-01/22/content_5035430.htm。（上网时间：2022年9月13日）

中萨吉德荣获"文化小大使"称号，朱玛娜、拉娜均获优秀作品奖和最佳人气奖。14岁的埃及少年萨吉德获得"文化小大使"殊荣的消息一经发布，迅速引起埃及当地新闻媒体广泛关注，掀起一股中国文化热潮。①

教育往来日益深入。近来，有越来越多的埃及学生赴华留学，同时也有越来越多的中国学生在埃及学习。2019年4月，中方提出，将在埃及设立鲁班工坊，向埃及青年提供职业技能培训。随后，天津轻工职业技术学院与天津交通职业学院等机构开始在埃筹建两所鲁班工坊。鲁班工坊创新采用"3+2"教育模式，即前三年进行基础课程的学习，后两年学习专业领域高级技术，帮助学生毕业后进入工程学院或应用技术大学深造。② 2022年秋季，在孔子学院的协助下，埃及将在中小学中设立中文教育试点，其中就包括了两所鲁班工坊。从2017年起，突尼斯连续多年举办"中国高等教育展"，吸引了超过20所中国大学派遣代表团参与其中，使突尼斯在华留学生数量显著增长，达到400余人。③

同时，人文交流也可以直接为"一带一路"倡议提供智力支持。2019年1月13日，由中国人民大学与埃及艾因夏姆斯大学共建的"一带一路"合作研究中心在艾因夏姆斯大学举行揭牌仪式，标志着埃及首个"一带一路"研究中心正式成立。双方将以研究中心为平

---

① 《廖力强大使为"筑梦冬奥·相约北京——文化小大使"活动获奖埃及青少年颁奖》，中华人民共和国驻阿拉伯埃及共和国大使馆网站，2022年3月7日，http://eg.china-embassy.gov.cn/zagx/202203/t20220307_10648547.htm。(上网时间：2022年9月13日)

② 《"这一切，都是为了埃及青年的未来"——探访埃及艾因夏姆斯大学鲁班工坊》，中华人民共和国驻阿拉伯埃及共和国大使馆网站，2021年12月22日，http://eg.china-embassy.gov.cn/zagx/index_2.htm。(上网时间：2022年9月13日)

③ 《突尼斯驻华大使：中突共建"一带一路"重点集中在这些领域》，中国一带一路网，2021年3月31日，https://www.yidaiyilu.gov.cn/ghsl/hwksl/168953.htm。(上网时间：2022年9月13日)

台，共享相关研究成果。① "一带一路"合作研究中心的建立，不仅能令共建双方在学术交流领域开展全新合作，更能进一步促进埃中两国在经济、文化等领域协同发展，从而使"一带一路"倡议为埃及乃至中东、非洲地区带来更多发展良机。

2. 卫生领域合作日益加强

医疗卫生合作是中国与北非地区合作的传统项目。2000年后，中国和北非地区医疗合作在中非合作论坛机制带动下乘势而起。中国政府先后在北非地区建设医院，并配备先进的诊疗设备。近年来，中国与该地区的医药贸易额稳步增长。此外，中方还向该地区提供了大量医药卫生领域的奖学金和培训名额。

新冠病毒感染疫情发生后，中国与北非国家在公共卫生领域的合作再上新台阶。首先是相互扶持、直接给予物资和人员帮助。疫情初期，北非国家在应对公共卫生危机时遇到了困难。中国政府、地方省市、民间机构及有关企业积极向各国捐赠医用口罩、防护服、检测试剂、医用手套等抗疫物资。

例如，阿尔及利亚是最早向中国提供紧急医疗物资援助的国家之一，特本总统并就疫情向习近平主席致慰问信。② 中国政府、中国驻阿大使馆、中国在阿尔及利亚企业、侨民等也向阿尔及利亚提供了包括防护口罩、核酸检测试剂、呼吸机等在内的大量抗疫物资。2021年初，中国向阿尔及利亚捐赠了20万剂国药疫苗，并通过世卫组织"新冠疫苗实施计划"向阿尔及利亚捐赠了近320万剂科兴疫

---

① 《埃及首个"一带一路"合作研究中心成立》，国务院新闻办公室网站，2019年1月13日，http://www.scio.gov.cn/31773/35507/35510/Document/1645354/1645354.htm。（上网时间：2022年9月13日）

② 《中国驻阿尔及利亚大使李连和：后疫情时代中阿合作前景可期》，《中国日报》中文网，2021年3月21日，http://ex.chinadaily.com.cn/exchange/partners/82/rss/channel/cn/columns/h72une/stories/WS6059596fa3101e7ce97454fb.html。（上网时间：2022年9月13日）

苗，是迄今为止向阿尔及利亚提供疫苗数量最多的国家。① 截至2021年底，中国已经向埃及援助了四批新冠疫苗，并通过商业采购和本地化生产等方式向埃方另外交付3350万剂疫苗。

其次是授人以渔，提升北非国家抗疫经验和能力。中埃专家通过线上会议交流中国的抗疫经验。2020年5月，中国政府向苏丹派遣抗疫医疗专家组并提供大量物资援助，协助苏丹抗击疫情。② 疫情发生以来，中苏卫生专家多次举行视频会议，分享抗疫经验。

2020年4月7日，中国与埃及首个口罩生产合作项目在埃及首都开罗的一个工业区内正式投产。项目全部投产后口罩日均产能可超100万只，当时埃及日均产能只有60万只。该项目缓解了埃及市场口罩紧缺的现状。③

2020年12月8日，中国国家行政学院主办了中阿（阿尔及利亚）抗疫经验交流视频会议。会议以"地方政府在抗击新冠肺炎疫情中的作用：中国的经验"为主题，来自中国国家行政学院、中国驻阿使馆的中方代表和阿内政部、外交部、驻华使馆、国家行政学院官员和阿尔及利亚8个省省长共50余人参加了会议。④

2022年5月26日，中国援助阿尔及利亚医疗队举办线上学术沙龙，以增进医疗队员对本地医疗状况、法律法规的了解，提升在阿

---

① 《中国通过"新冠疫苗实施计划"供应的疫苗运抵阿尔及利亚》，央视网，2021年8月18日，http://news.cctv.com/2021/08/18/ARTIcyCQMv56msNurGZ54ADC210818.shtml。（上网时间：2022年9月13日）

② 《中国是苏丹最值得信赖的真朋友和好伙伴——中国政府援助苏丹抗疫物资运抵喀土穆》，人民网，2020年6月19日，http://world.people.com.cn/n1/2020/0619/c1002-31753571.html。（上网时间：2022年9月13日）

③ 《中埃合作口罩工厂助力埃及抗击疫情》，新华网，2020年12月7日，http://www.xinhuanet.com/video/2020-12/07/c_1210918997.htm。（上网时间：2022年9月13日）

④ 《中阿联合举办抗击新冠肺炎疫情经验分享线上研讨会》，中共中央党校（国家行政学院）网站，2020年12月11日，https://www.ccps.gov.cn/bmpd/gjhzb/xwdt/202012/t20201217_145697.shtml。（上网时间：2022年9月13日）

服务水平。①

2020年8月19日，中国专家组乘机抵达南苏丹首都朱巴，应南苏丹政府邀请为当地疫情防控提供支持。此次中国专家组由国家卫生健康委员会组建、安徽省卫生健康委员会选派。在南苏丹期间，他们将与南方和有关国际组织开展经验分享与交流，实地走访有关医疗设施，为南方医务人员提供培训指导，协助南方评估、提升疫情防控工作，讨论中南对口医院合作。南苏丹副总统兼国家应对新冠疫情特别委员会主席阿卜杜勒巴吉亲自接见了专家组，并称中国为南苏丹"患难见真情"的好朋友。②

最后是中国也和这些国家在新冠病毒感染方面开展了科研合作。中方支持北非企业同中方有关企业密切沟通合作，在疫苗研发使用方面达成共识。科兴公司已同阿尔及利亚签署供应1500万剂疫苗的合作，2021年9月，疫苗正式投产，生产线的规划目标是年产9600万剂科兴新冠疫苗，可满足阿尔及利亚国内需要并出口到国际市场。③

2022年4月14日，中国科兴公司援建埃及的全自动疫苗冷库项目正式开工。项目储存量高达1.5亿剂，建成后将大大提升埃及的疫苗储存能力，助力埃及实现2022年中接种率超过70%的目标。④

2022年6月12日，由上海森松生产的新冠疫苗生产和分装设备运抵摩洛哥卡萨布兰卡港。接下来该设备将被运往本苏莱曼市进行

---

① 《阿拉伯国家改革发展动态第三十期（0516－0531）》，中阿合作论坛网站，2022年6月2日，http://www.chinaarabcf.org/chn/zagx/zaggfzyjzx/202206/t20220602_10697899.htm。（上网时间：2022年9月13日）
② 《中国抗疫医疗专家组抵达南苏丹》，新华网，2020年8月20日，http://www.xinhuanet.com/world/2020-08/20/c_1126389115.htm。（上网时间：2022年9月13日）
③ 《驻阿尔及利亚大使李连和应邀出席科兴疫苗在阿投产仪式》，中华人民共和国驻阿尔及利亚民主人民共和国大使馆网站，2021年9月30日，http://dz.china-embassy.gov.cn/xw/202110/t20211001_9558710.htm。（上网时间：2022年9月13日）
④ 《全球连线｜中国援建埃及疫苗冷库项目开工》，新华网，2022年4月18日，http://www.news.cn/2022-04/18/c_1128568774.htm。（上网时间：2022年9月13日）

组装，用于当地的疫苗生产基地建设。①

3. 中国企业加强在当地的社会责任

华为作为掌握高新技术、代表中国形象的企业，是中企强化在当地社会责任的代表。自1999年进入埃及以来，华为联合埃及运营商一起帮助埃及从通信2G、3G时代逐步走到现在的4G时代，让海上的岛屿（Gouna）、沙漠地区的锡瓦绿洲、埃及的著名景点帝王谷都能够高效连接互联网，有效改善埃及整体通信水平。新冠病毒感染疫情暴发以来，华为向埃及高教部、卫生与人口部捐赠设备，助力智慧校园网建设、远程教育和远程医疗沟通。华为联合埃及通信部、高教部、劳工部开展的信息通信技术（ICT）青年人才培训项目2019年启动，已在埃及设立77所华为ICT学院，培养了178名讲师，完成1700多人次的学生培训。华为"未来种子"人才培训活动已连续在埃及举办了5年，每年挑选10名优秀学生去中国参加两周培训；2020年是第6年，因疫情原因，将把培训放到线上举行。②除埃及外，华为公司还扎根突尼斯20余年，连续7年实施"未来种子"计划，资助106名优秀学子完成培训和实践，同56所大学签署ICT网院协议，免费提供线上课程，4000多名学生因此受益，③是中突人才合作、校企联合培养、促进教育公平的成功案例。

除华为外，其他中国企业和商会等组织也在东道国积极履行社会责任。

---

① 《我企业出口新冠疫苗生产设备抵摩》，中华人民共和国驻摩洛哥王国经济商务处，2022年7月18日，http://ma.mofcom.gov.cn/article/zxhz/gzdt/202207/20220703334321.shtml。（上网时间：2022年9月13日）

② 《华为埃及公司"实习生"项目培训ICT专业青年》，新华丝路，2020年10月3日，https://www.imsilkroad.com/news/p/429583.html。（上网时间：2022年9月14日）

③ 《华为突尼斯"未来种子"计划结业式在突举行》，中华人民共和国商务部网站，2021年11月19日，http://tn.mofcom.gov.cn/article/zxhz/hzjs/202202/20220203281162.shtml。（上网时间：2022年9月14日）

2018年12月，由中国全国各地企业家组成的"中国一带一路公益经济访问团"（简称"访问团"）抵达突尼斯，并受到突尼斯总理沙赫德的接见。双方就中突"一带一路"合作中的精准扶贫、灾后重建以及乡村振兴等方面进行了深入交流。双方一致同意在当时突尼斯受水灾较严重的纳卜勒省开展公益赈灾，并利用中国全民小康、人类命运共同体的智慧把突尼斯作为中非合作的新窗口和突破口，早日完成中突"一带一路"公益经济自贸区建设。[1]

2022年5月，由苏伊士运河大学同埃及中国商会合作举办的中资企业校园招聘会已经连续3年成功举办，共为埃及青年累计提供近1300个就业岗位，特别是2022年活动的水平和规模再创新高，吸引了25家不同领域的中资企业和来自埃及多所高校的大量毕业生参加，岗位类别覆盖翻译、电气工程、产品设计、建筑、通信、畜牧等诸多热门行业，成为在埃及中企同埃及各大高校毕业生间务实高效的重要双向选择平台，为埃及年轻人带来无数机遇和红利。[2]

另外，中国企业对东道国风俗文化予以高度尊重，并将其与自身社会责任紧密结合。例如，中国驻埃及大使就曾鼓励中企在伊斯兰教斋月期间开展慈善活动。[3] 2022年7月10日，驻阿尔及利亚大使李健在会见华侨商会代表时指出：要重视合规发展，严格遵守阿法律法规、尊重当地风俗习惯，积极发挥以"侨"为"桥"的作用，指导与帮助在阿尔及利亚侨胞履行社会责任、融入当地、促进

---

[1] 李宏：《发扬丝绸之路精神 逐步携手互利共赢——中国一带一路公益经济访问团在突尼斯取得重大成果》，《现代企业文化》，2018年第12期，第128、129页。

[2] 《廖力强大使出席第三届苏伊士运河大学中资企业校园招聘会》，中华人民共和国驻阿拉伯埃及共和国大使馆，2022年5月18日，http://eg.china-embassy.gov.cn/zagx/202205/t20220518_10688264.htm。（上网时间：2022年9月14日）

[3] 《廖力强大使出席埃及中国商会举办的2022年斋月慈善活动》，中华人民共和国驻阿拉伯埃及共和国大使馆，2022年4月18日，http://eg.china-embassy.gov.cn/zagx/202204/t20220418_10669120.htm。（上网时间：2022年9月14日）

中阿友谊与合作，展现中国海外侨胞的良好形象。①

中国与北非国家的民心相通促进了中华文明与阿拉伯文明两大灿烂的古文明的交流互鉴，成为不同文明和谐共处、相互交融的典范。同时，民心相通增进了中国与北非国家人民的相互了解和友好情谊，在国内政治层面为"一带一路"倡议扫除了阻碍。最后，新冠病毒感染疫情蔓延期间中国与北非的相互扶持、守望相助书写了构建人类命运共同体进程中的感人篇章，进一步巩固了双方的情谊。通过援助防疫物资和疫苗、派遣医疗队和分享防疫经验等措施，中国和北非还在公共卫生领域开辟了新的合作空间，使之成为带动双方关系升级的新抓手。

四、北非经济走廊建设的困境

2010年底以来，突尼斯"茉莉花革命"引发了阿拉伯国家和其他地区一些国家的社会运动，革命浪潮席卷阿拉伯世界。尤其在北非地区，不断发生的政治动荡和军事冲突使得该地区的社会和政治局面陷入混乱，北非地区进入到一个空前动荡、持续分化的历史时期。北非的政治动荡，引发了西亚地区和整个非洲大陆的政治连锁反应，导致多国政权更迭，大国博弈加剧，世界动荡不安，并直接导致国际原油市场价格急剧动荡，其后续影响仍在发酵。

---

① 《驻阿尔及利亚大使李健会见华侨商会代表》，中华人民共和国驻阿尔及利亚民主人民共和国大使馆，2022年7月10日，http://dz.china-embassy.gov.cn/xw/202207/t20220711_10718182.htm。（上网时间：2022年9月14日）

(一) 国内政治风险

北非在政治上是最动荡的地区,从突尼斯开始了中东变局,之后席卷了整个北非中东地区,所到之处国家都出现了动荡,冲突不断。像利比亚、苏丹、埃及和阿尔巴尼亚等国,出现了很高的政治风险。

1. 政治不稳定

(1) 国内党派政治斗争长期处于胶着状态

以埃及为例,自2011年埃及革命以来,埃及国内政局始终处于动荡状态。2013年埃及再次爆发的多轮示威游行不仅迫使第一位民选总统穆尔西下台,更是暴露了埃及在向文官型政府过渡时所要面临的来自各方势力的博弈。这一多方对决直接引发了波浪式的暴力冲突,造成了相当程度的人员伤亡,使埃及的政治局势面临着前所未有的挑战。2014年5月,阿卜杜勒·法塔赫·塞西当选新一任埃及总统,将埃及重新带回军人统治的政治传统中,此时的埃及被称为后穆巴拉克政权以来"最分裂"的时期,塞西的民间反对者们不断用爆炸等致命性手段表达自身的抗议和不满,亦对原本已经混乱不堪的埃及国内局势增加了更多不稳定的变数。混乱和未知的政治局势会降低外方投资者对埃及的投资信心和期待,并在客观上增加投资者的安全成本。2013年7月军方领导人塞西罢黜前总统穆尔西后,军队、警察、司法系统结成利益联盟,牢牢控制国家机器,不惜武力镇压穆斯林兄弟会(简称"穆兄会")。截至2014年底,仅官方数字即逾千人死亡,1.6万人被捕,包括穆兄会总训导师在内的千余人被判死刑。穆兄会遭遇历史上最沉重打击,虽然始终未放弃反抗,但已无力回天。同时,政府出台比穆巴拉克时期更为严苛的《游行示威法》和《反恐法》，严打"革命"青年等自由派，认定"破坏社会秩序和公共利益"即为恐怖组织，10人以上集会即为非法。反对派领袖多已入狱，动员、破坏能力被削弱。

（2）政治权力过于集中，严重的腐败问题

这些国家政治权力过于集中且执政者在位时期过长，导致权力寻租、石油财富分配不均和严重的腐败问题。执政者不依赖税收收入维持统治，因此没有对纳税人负责并实行民主政治的意识和动力，反而由于可以轻易地利用石油收入而维持强硬的政治控制，即便面对民众的不满和反对也难以改弦易辙。

在苏丹，执政长达30年的巴希尔政府依靠出售石油及有限的农产品获得的收入维持统治。政府不吝补贴汽油和食品行业，用国家行政权力代替市场调控，造成财富分配不均，资金大量流向石油行业。

（3）发展受外部干预影响严重

北非很容易受到外部经济和政治波浪的冲击。这些国家财政收入严重依赖外部市场，经济极其脆弱。如2008年全球经济危机爆发后，主要消费国石油需求下降，而美国页岩气革命在一定程度上导致非洲轻质油的被替代和国际油价的下行。同时，外部政治势力利用这些石油生产国的对外依赖性很容易对其进行政治干预乃至军事干预。

2. 社会治安恶化

中东变局后，由于经济萎靡、失业率高企等原因，北非国家政局动荡、社会治安形势不断下滑。

（1）示威游行持续增加

近年来，由于经济下滑和政局动荡，北非各国国内示威游行的发生频率不断增加。以苏丹为例，因抗议经济状况不断恶化、物价高涨、生活必需品供应短缺，自 2018 年 12 月中旬开始，苏丹首都喀土穆、恩图曼市、青尼罗州、北达尔富尔州等地开始出现游行示威活动，后逐步蔓延至全国多地。随后，苏丹北部尼罗州阿特巴拉市、红海州苏丹港市等地的示威活动有所升级，游行民众队伍达数千人，防暴警察向民众发射催泪瓦斯，试图驱散聚集人群未果，苏丹执政党"全国大会党"阿特巴拉市总部大楼和多间商铺遭示威者焚毁。临近的达玛尔市政府大楼也被纵火焚烧。

（2）犯罪率不断攀升

刑事犯罪案件从 2010 年开始飙升，该地区的暴力抢劫事件增加。2012 年 1 月 31 日，25 名中国工人在西奈半岛被当地部落人员扣留，经使馆营救，1 天之内平安获救。新冠病毒感染疫情的暴发给北非国家的社会治安带来了严重冲击。以阿尔及利亚为例，阿尔及利亚首都安全部门表示，在由于新冠病毒传播而导致的健康危机时期，犯罪率在一定程度上高涨。自疫情以来，警察部门共计登记 9363 起各类犯罪案件，尤其是携带和使用刀具案件增加，累计发生该类案件 321 起。在整个首都地区，共计对 18575 个地点进行检查，逮捕 1418 人，其中包括 445 名妇女，367 人被通缉。

3. 激进主义与世俗主义的矛盾继续被激化

在埃及，伊斯兰激进主义随着 20 世纪 70 年代伊斯兰复兴运动的兴起而逐渐突出。伊斯兰激进主义与世俗主义的冲突在 20 世纪 70 年代末达到了巅峰，其中的代表性事件便是萨达特总统遇刺身亡。在穆巴拉克时代，埃及政府对穆斯林兄弟会由原本的高压政策转为怀柔性政策，试图对极端宗教势力分化瓦解。然而 2011 年埃及革命后，在一系列根源性社会经济问题的刺激下，埃及国内的伊斯兰激进主义重新抬头，埃及混乱的局势在某种程度上否认了前半个多世纪埃及发展所采取的世俗主义路径，这使得伊斯兰激进主义与世俗主义的冲突被重新放大,并成为可能进一步引发社会局势动荡的又一颗定时炸弹。

(二) 大国博弈风险

1. 美国"非洲战略"和"新非洲战略"

非洲历来在美国的对外战略中占有重要地位。美国对非洲事务的大规模介入始于冷战之初。当时,为在非洲与苏联展开激烈争夺,美国采取政治、经济和军事等多种手段控制和拉拢非洲,在安哥拉和埃塞俄比亚等国通过扶植"代理人"从军事上对抗苏联在非洲的势力。由此,非洲大陆成为美苏战略角力的主要阵地之一。冷战结束后,随着苏联在非洲影响力的衰退,非洲在地缘政治和经济利益方面的重要性降低,美国逐渐将非洲议题置于其对外战略的底端。美国非洲军事战略强调只发挥有限作用,解决非洲安全问题只能依靠非洲自己。

"9·11"事件促使美国改变对非洲战略环境的判断。美国对非洲在全球反恐战争中的战略价值进行重新评估,认为非洲在能源市场、大国竞争和地区危机方面对美国有重大关系。自此,美国对非政策表现出反恐至上、经济先行的特点。为统一协调美国对非事务,加强美国对非洲事务的发言权,美国于2007年正式成立美军非洲司令部,驻地设在德国斯图加特,并逐渐增加其在非洲的军事存在。2017年底,美军在非军事人员已达6000人左右,一年后更是增加到7200人。这些部队部署在西非、北非等地区,主要采取以空中打击、训练和支援为主要形态的军事行动。美国在非洲的军事行动,名曰"为增加非洲国家的安全能力和维护地区稳定",实则是将反恐当作实现其地缘政治目标和国家利益的政策工具。在小布什和奥巴马执政时期，美国对非战略基本以此为主要考量。

2017年特朗普就任美国总统后，美国全球战略在"美国优先"原则下出现重大转向。2018年1月，美国《国防战略报告》抛出大国竞争比打击恐怖组织更重要的判断，正式将俄罗斯等国家列为主要竞争对手，声称美国将按照最新的优先级别重新审视美国在世界各地的作战行动和军事投资，以应对其国家利益所面临的威胁。在此背景下，美国对非战略出现重大调整。

2018年底，美国出台"新非洲战略"，声称美国将致力于加强与非洲国家的经贸联系、促进双方获益；应对"伊斯兰国"等极端势力和地区暴力冲突；确保对非洲援助的效果最大化。"新非洲战略"在经贸、反恐、援助三方面基本延续了冷战后美国历任政府的做法，但反恐不再是美国对非战略的至上之选，遏制俄罗斯在非洲的影响成为其核心目标。2018年12月，美国总统国家安全事务助理博尔顿在传统基金会发表演讲时称，维护非洲大陆的持久稳定、繁荣、独立和安全符合美国的国家安全利益，但俄罗斯等国在非洲"迅速扩大的经济和军事影响"对美国国家安全利益构成"重大威胁"，因此防范这种威胁是美国在该地区的首要战略目标。2019年5月，美国国防部长埃斯珀强调，必须将军事资源转向针对俄罗斯等国，这是五角大楼的首要任务。

在这一原则指导下，美国声称今后非洲反恐作战的主体将是非洲国家军队，美国和伙伴国只负责提供训练、装备、顾问服务。这意味着美国在非洲的反恐部署进入"减员增效"调整期，如削减驻扎在非洲萨赫勒地区的特种部队，从战术层面支持转为更多地依赖区域层面的建议、训练和情报共享；维持在索马里、吉布提等国的军事存在，继续提供军事训练和支援行动。美国的"新非洲战略"主要服务于"美国优先"，具有明显的大国竞争色彩，将给北非和平与发展造成严重影响。

2. 俄罗斯"重返"非洲

近年来，俄罗斯正在"重返"非洲。尽管动作缓慢，但俄罗斯在对非关系上越来越投入。俄罗斯除了扩大对非洲武器出口、增强能源合作，还加强了与非洲国家的外交、安全与战略互动；除了深化与传统友好国家的关系，还加大与其他国家的经济和政治合作力度，推动与非洲整体在经济、人文等领域的合作步伐。由此，俄罗斯对非洲战略更具全面性和有效性。俄罗斯的对非洲战略调整和国际时局息息相关。

自2014年起，美国对俄罗斯的防务领域实施制裁，欧盟推出禁止与俄罗斯的军事物资直接贸易。为缓解困局，俄罗斯探索在"俄罗斯制造"计划下，推动工业产品对拉美、亚洲和非洲市场的出口。随着非洲一体化进程逐步加速，在全球发展、气候变化、国际治理体系改革等重大问题上，非洲正发挥越来越大的作用。加强与非洲关系对于俄罗斯外交政策的施行具有特殊意义。俄罗斯以能源、安全与军事等领域合作为媒介，加强与非洲各地区主要大国的合作，这是俄罗斯在非洲布局的一个重要特点。在北非，俄罗斯加强与埃及、苏丹等国的传统合作关系。俄罗斯介入叙利亚内战后，已经把叙利亚在地中海的塔尔图斯港这个曾经是苏联海军在地中海的补给基地改造成了永久性基地。2020年11月，俄罗斯总理米舒斯京批准了一个关于在苏丹建立海军补给基地的协议草案，提交总统签署。俄罗斯将在红海战略要地建海军基地，这是苏联解体后俄罗斯海军首次在非洲建立基地，被俄罗斯防务专家称为"重返世界海洋"之举。

3. 地区干预力量的重要性上升

在域外大国划分势力范围的同时，中东地区国家或忙着选边站队，或暗中扩充自己的势力范围。其中，土耳其成为地区第一"玩家"。

另外，在苏丹的和平、稳定中，该地区国家、联合国和非盟的作用不断加强。联合国和非盟支持成立民间力量主导的过渡政府。但是，苏丹过渡军事委员会领导人穆罕默德·本·扎耶德和抗议方都在争取周边国家如沙特阿拉伯、阿联酋和埃及的支持。阿尔及利亚变局在一定程度上可以说是海湾国家进一步分化的蔓延，海湾国家将会继续支持各自阵营，进而加剧阿尔及利亚国内的分裂。

（三）经济运行风险

北非三国石油储备丰富、地理位置优越，它们以石油资源为基础的经济和政治发展模式早在几十年前就埋下了"石油诅咒"的隐患。当油气资源枯竭或国际油价长期处于较低位时，"石油诅咒"的影响便开始显现。

1. 经济发展乏力

2011年中东变局发生后，北非经济在海湾国家资金的支持下获得了稳定。然而，经济发展动力仍然缺少有力支撑。北非地区政府官僚体制改革尚未触及。目前推出的一系列大项目，急于求成却又拘泥传统思路，政策推行缺少审慎和严谨的考虑，对经济发展缺少全盘谋划。

目前，北非国家的经济发展形势仍然阻碍重重。以阿尔及利亚和突尼斯为例：对于阿尔及利亚来说，经济增长势头乏力的主要原因是作为该国经济支柱的能源产业在近几年价格有所下降，同时居民消费水平的下降和公共投资的缩水也严重阻碍了经济增长。阿尔及利亚第纳尔近年来持续贬值，平均汇率从2012年的77.6第纳尔兑 1 美元贬值到 2019 年的 120 第纳尔兑 1 美元。仅在 2018—2019 年，阿尔及利亚政府财政赤字占 GDP 的比重由 7.0% 上升至 7.9%。此外，受疫情影响，阿尔及利亚的失业率预计将从 2019 年的 12.6% 上升至 2020 年的 13.7%；而作为中东变局的发源地，在经历了几年的经济回弹后，2019 年突尼斯的实际 GDP 增速放缓至 1.5%，其中农业和渔业的增速从 2018 年的 9.8% 降至 2019 年的 1.7%。2010—2019 年间，该国的公共债务（其中 70% 为外债）增加了 95%，这使突尼斯面临遭受严重冲击的风险大大增加。此外，突尼斯 2019 年第一季度的失业率为 15.3%，其中 15—24 岁的失业率是 34.3%。同时，由于生活成本的增加，该国的贫困率在 2014—2018 年增加了 30%。

2. 基础设施不能满足经济发展的需要

该地区公路、铁路系统陈旧落后，急需升级改造，特别是铁路货运能力不足。即使发电能力在非洲及中东地区居首位的埃及，由于电价倒挂现象严重，天然气补贴高，加上油气产量不足，电厂发电能力不足，无法满足需要，经常出现断电现象。

3. 外汇紧张

由于国际油价大跌，北非国家国际收支持续逆差，外汇一直较为紧张，各个银行的外汇资金都处于供不应求的状态。尽管政府为了维护国家形象、吸引外资，强调优先保证投资者利润汇回，但一般银行都规定了一次性兑换外汇的最高金额。由于公开市场美元供应紧缺，企业难以换到足够美元进行生产经营活动，同时造成黑市活动猖獗，以上因素将影响企业进口所需用汇和企业利润的汇回。

4. 外债累累

北非各国的外债负担沉重，资金短缺直接限制了自然资源的开发和经济的可持续发展。而西方国家利用一些国际金融组织向非洲施压，要求其开放市场和实施产业私有化，力促北非乃至整个非洲民族工业再次"西方化"，最终将其纳入自己的势力范围。从某种意义上讲，这就等于变相地控制了北非国家的经济主权，强化了不平等的经济依附，从而加强了西方国家在北非的政治影响力和控制力。

（四）新冠病毒感染疫情带来的经济下行和社会不稳定

新冠病毒感染疫情的暴发对于本就脆弱的北非各国经济来说无异于雪上加霜。以埃及为例，相关数据显示，2020年3月新冠病毒感染疫情在埃及的蔓延中断了其经济自中东变局后逐渐进入的相对稳定期。疫情的冲击导致政府债务的上升、居民收入增速放缓。同时，受疫情影响，大量的财政资金流向卫生和教育领域，导致生产部门的发展受到限制。预计埃及的经济增长率将从2019财年的5.6%降至2020财年的3.5%。据估计，在新冠病毒感染疫情持续到2021年初的情况下，埃及2021财年的经济增长率将下降至2.3%。在2020年4月—2020年6月，埃及的采购经理人指数（PMI）降至38.3，为有记录以来的最低水平，这一数据表明非石油私营部门活动大幅收缩。同期，埃及失业人数增加了270万，失业率从上一季度的7.7%上升至到9.6%，主要集中在贸易、制造业、旅游业、运输和建筑业。

（五）宗教文化冲突

宗教文化冲突在北非地区一直存在。从公元 7 世纪伊斯兰教传入北非继而往南部非洲传播开始，伊斯兰教和基督教就展开了争夺非洲人心灵归属的斗争。宗教的彼此互斥性决定西方的基督教要与非洲的伊斯兰教和原始宗教相冲突。近年来，伴随着非洲大陆国家经济失衡、贫富分化差距加大和一些国家持续动荡不安，宗教冲突有上升趋势。埃及国内信仰伊斯兰教的主体阿拉伯人，与信仰基督教的科普特人之间的宗教冲突一直是一个潜在的矛盾冲突点。埃及和突尼斯自"革命"以来爆发的宗教冲突造成数百人丧生。宗教冲突也是造成 2011 年南北苏丹的分离的主要因素之一，独立后南北苏丹宗教冲突并没有出现缓和迹象。

（六）传统安全因素

恐怖袭击威胁增大。在西方安全研究的演进中，恐怖主义相对于战争也属于非传统的安全威胁，但是对于北非地区而言，该地区自地区主要国家独立以来，除了苏丹内战和利比亚在 2011 年以后的内战，一直是比较平静的地区。反倒是恐怖主义活动，是一项比较传统的安全威胁。在 20 世纪 80 年代以来，北非一直是世界恐怖主义活动中心。其中，埃及、阿尔及利亚等国家是恐怖主义泛滥的重灾区，突尼斯长期面临恐怖威胁。北非的重大恐怖袭击事件呈现长期化特点。

恐怖袭击，直接造成重大伤亡和社会财富的巨大损失，破坏社会与经济发展的正常秩序。绑架人质、恐怖爆炸与袭击不仅对北非国家的旅游业造成灾难性后果，还恶化该地区的投资与市场环境。

面对恐怖主义的长期威胁，中东北非国家必须长期而持续地致力于反恐怖斗争。反恐怖斗争占用了大量的社会资源，自然影响了相关国家的社会与经济发展资源比例和投入。此外，长期而严峻的反恐怖任务还可能耗费政府高层领导的巨大精力，严重分散国家和政府高层领导人对经济、社会发展的应有关注。显然，长期的反恐怖斗争成为一项综合性的社会负担。恐怖活动与反恐怖斗争对国力和国家资源的严重消耗，激化了社会经济矛盾。经济社会问题和矛盾累积削弱了政府的政治基础，一有风吹草动就可能诱发巨大的政治震荡。2010年底以来在突尼斯、埃及、阿尔及利亚等国发生的政治动荡就证明了这一点。[1]

（七）非传统安全因素

1. 劳动生产率低

虽然北非地区劳动力资源十分充裕，平均工资水平较低，但劳动生产效率较低，且该地区劳动法严格限制加班，工人技术化程度较低，接受新技术较慢，管理难度较大。因此，该地区劳动成本与中国发达地区基本持平。

2. 政府部门效率低下

北非整体的官僚主义和腐败现象严重，政府官员在办理相关业务时，有时会索要小费，有时不按正常程序操作，随意性较大。腐败问题是北非社会的一大严重问题，延伸至经济领域会严重破坏参

---

[1] 张金平：《恐怖势力与当前中东北非动荡局势》，《洛阳师范学院学报》，2012年第10期，第24页。

与主体间的公平竞争。根据透明国际2019年的评测报告,埃及的腐败指数水平在180个国家中排名第106位。尽管埃及刑法典中规定了滥用权力、蓄意腐败、行贿和受贿等犯罪行为,但并未明确外国人的行贿行为是否违法,也没有规定企业应承担的相关责任问题。因此,在国际间投标等竞争行为中因法律漏洞而出现不公平竞争现象的可能性大大增加,公平竞争体系遭到破坏的投资环境会降低其吸引外资的能力,并增加外国投资者的投资风险。

3. 投资者安全审查繁琐

北非对于外国投资都设置了严格的安全审查制度。比如,在埃及办理相关手续时,除了须通过埃及投资总局审批,还须通过埃及安全和情报部门的"投资者安全审查",这一环节不透明且周期不确定,审查通常长达两三个月,影响投资项目的实施和业务开展。

结　论

自习近平主席提出"一带一路"倡议以来，中国—中亚—西亚经济走廊建设得到有序推进。在中亚、西亚和北非三个方向上，中国与哈萨克斯坦、乌兹别克斯坦、沙特阿拉伯、伊朗、土耳其和埃及等沿线支点国家，以及其他相关国家在"政策沟通、设施联通、贸易畅通、资金融通和民心相通"五通方面取得了突出的成就。与此同时，也不能忽视中国—中亚—西亚经济走廊建设面临的一系列威胁与挑战。未来如何推进中国—中亚—西亚经济走廊高质量发展，我们认为可以从以下几个方面做出努力。

第一，要加强中国—中亚—西亚经济走廊的合作机制建设。目前，通过与沿线国家建立区域合作机制和高层互访，中国与大多数国家就建设中国—中亚—西亚经济走廊达成基本共识。在此基础上，中方应该致力于完善多边合作机制：一方面，要分别建立深入发展与重点国家双边关系（例如哈萨克斯坦、塔吉克斯坦，西亚的土耳其），以及与沙特阿拉伯等海湾国家沿线国之间的协商机制；另一方面，要增强与沿线现有区域或次区域合作机制的协调对接并根据走廊参与方的特点针对性地增强合作机制建设，例如设施联通协调机制、投融资合作机制、风险联合防控机制以及利益协调与争端解决机制等。

第二，要切实推进标准兼容和对接。标准兼容和对接是提升中国—中亚—西亚经济走廊经济活动效率的关键。中国应发挥政府、行业协会、企业等多类主体的作用，多边、双边合作渠道并举。中国应加强对欠发达国家的技术援助，提升其标准应用能力，引领中国—中亚—西亚经济走廊标准合作；以跨境、边境等国际合作区以及跨境企业项目质检合作为突破口，推动标准互认和新标准制定，"以点带面"推进国家间标准合作。中国—中亚—西亚经济走廊建设标准建设的基本原则应既适应国际标准发展大方向，又要符合走廊发展的现实需要，即兼顾先进性和务实性。

第三，要着力打造一批示范性项目和样板工程。比如，中国—中亚天然气管道网络D线建设，中国—哈萨克斯坦—南高加索/土耳其—欧洲交通走廊建设中的铁路货运班列等。要选择条件较为成熟的地区与项目先行先试，摸索总结经验，打造示范工程，引领后续发展合作，这是中国实现快速稳妥发展的宝贵经验。要围绕中国—中亚—西亚经济走廊核心合作领域，选择典型项目，坚持互惠互利原则，从而增强各方合作信心，为长期合作奠定基础。

第四，要切实加强中国国内统筹协调。可考虑在中央层面成立跨部门的统筹协调小组，建立跨省区的区域合作机制，根据主体定位、核心合作领域，结合部门职责、地方优势，指定牵头部门与相关省市，建立考核体系，开展定期评估，务实推进中国—中亚—西亚经济走廊建设合作，使走廊建设成果更多惠及沿线民众。

后 记

本书是 2020 年度国家发展和改革委员会委托项目《推动中国—中亚—西亚经济走廊高质量发展问题研究》的研究成果。

本书的具体分工如下：

第一章：国际关系学院罗英杰

第二章：国际关系学院罗英杰、中国现代国际关系研究院叶天乐、中国人民公安大学王菲

第三章：中国社会科学院任晶晶、北京市社会科学院马鑫、国际关系学院莫盛凯

第四章：中国社会科学院任晶晶、北京市社会科学院马鑫、国际关系学院陈瑾

结　论：国际关系学院罗英杰等

课题的框架结构设计、全书统稿和校对工作由罗英杰负责完成。

本课题的研究涉及中亚、西亚和北非 31 个国家的政治、经济、外交和安全形势，内容庞杂，研究难度大。由于作者水平有限，研究中难免有遗漏之处，甚至错误，希望学界同仁多加批评指正。本书在撰写过程中参考了许多业内专家学者的观点和成果，在此深表谢意。

罗英杰

2023 年夏于京西万寿寺甲 2 号